高职高专路桥类专业规划教材
GAOZHI GAOZHUAN LUQIAOLEI ZHUANYE GUIHUA JIAOCAI

公路工程造价

舒国明 主 编
陈 晴 副主编
王国伟 史洪江 参 编
邬晓光 主 审

中国电力出版社
www.cepp.com.cn

内 容 提 要

本书为高职高专路桥类专业规划教材，它依据最新的概（预）算及相关定额，全面介绍了公路工程造价的内容和计算方法。全书共7章，以造价工程师应具备的知识、能力为主线，主要介绍了公路工程造价基础知识、公路工程投资估算、公路工程定额、公路工程概预算、公路工程施工招标、投标造价的应制、造价软件应用、公路工程费用结算与竣工决算等内容。

本书可作为高职院校土木工程类和相关工程管理类的教学用书，也可供公路工程管理人员培训使用，或作为公路在职人员继续教育的参考用书。本书还可作为造价工程师、监理工程师执业资格考试参考用书。

图书在版编目（CIP）数据

公路工程造价／舒国明主编. —北京：中国电力出版社，2009.8（2017.1重印）
高职高专路桥类专业规划教材
ISBN 978-7-5083-9272-1

Ⅰ. 公… Ⅱ. 舒… Ⅲ. 道路工程-工程造价-高等学校：技术学校-教材 Ⅳ. U415.13

中国版本图书馆CIP数据核字（2009）第135187号

中国电力出版社出版发行
北京市东城区北京站西街19号 100005 http://www.cepp.com.cn
责任编辑：王晓蕾 责任印制：陈焊彬 责任校对：太兴华
汇鑫印务有限公司印刷·各地新华书店经售
2009年8月第1版·2017年1月第6次印刷
787mm×1092mm 1/16·16.25印张·400千字
定价：32.00元

前　　言

高等职业技术教育培养的是面向生产和管理第一线的应用型技术人才。如何培养适应社会需要的理论功底扎实、实践动手能力强、具有较强创新意识、适应岗位工作快的高素质的技能加学历的实用型人才是职业技术教育的重要任务。

本书根据高职高专院校的教学要求，结合职业教育特点，在多年的教学经验和课改成果基础上进行编写。

教材在编写过程中力求做到：以学生为主体，体现工学结合，突出能力目标，加强学生的能力培养，组织教学内容。

与其他书相比，本书特点：

1. 本书内容深入浅出，概念清晰，体系严谨，层次分明，文字力求简练，通俗易懂，便于学生自学。

2. 本书所有例题、示例均为公路工程中经常遇到的工程项目，学生能够了解工程实际施工过程，了解施工组织设计，计算工程造价费用，把所学内容前后很好地联系起来。

3. 本书通俗易懂，配有每一章节教学目标，让学生知道应掌握的内容及应达到的目的，提高学习效率。

本教材创新之处在于着眼于公路工程的实际施工情况，系统地规划教材内容，精心设计教学示例；针对高职学生接受能力，结合设计、施工单位对造价人员的具体要求，合理控制难度；编写内容以“实用、实际、实效”为原则，以新版的《公路工程预算定额》、《公路工程概算定额》、《编制办法》为指导，充分考虑到教学需要，力求做到理论与实践并重，以利于学生综合素质的提高。

本书由河北交通职业技术学院舒国明主编，长安大学邬晓光教授担任本书主审。本书具体编写情况如下：第 1、3、4 章由河北交通职业技术学院舒国明编写；第 2 章由重庆交通大学应用技术学院王国伟编写；第 5、7 章由天津交通职业技术学院史洪江编写；第 6 章由河北交通职业技术学院舒国明、吉林交通职业技术学院陈晴共同编写。

本书在编写过程中，得到了中国电力出版社王晓蕾编辑的指导，也得到了其他院校的大力支持，在此深表谢意。

由于编者的水平有限，书中疏漏之处在所难免，敬请读者批评指正，以便再版时修改。

编　者

目　录

第 1 章　公路工程造价基础知识

本章学习应掌握内容

1. 公路建设的内容和特点；
2. 公路基本建设的分类；
3. 公路基本建设的组成；
4. 公路基本建设的程序；
5. 公路基本建设资金筹措方式；
6. 工程造价控制与管理内容。

1.1　公路基本建设概述

公路运输是国民经济的命脉，是经济建设不可缺少的重要基础设施。改革开放以来，我国公路建设，特别是高等级公路和桥梁建设得到长足发展，取得很大成就。公路建设的迅速发展不仅改善了我国公路交通的运输状况，而且产生了巨大的经济和社会效益，带来了人们观念上的巨大变革。

1.1.1　公路建设的内容和特点

1. 公路建设的内容

公路建设的内容包括：

（1）公路的小修、保养。小修、保养是实现固定资产的简单再生产，由养护部门自行安排和处理。

（2）公路的大、中修与技术改造。大、中修与技术改造是实现固定资产简单再生产和部分扩大再生产，由养护部门提出计划报上级主管部门批准后，自行管理和安排。

（3）公路基本建设。公路基本建设是通过新建、扩建、改建和重建等形式来实现固定资产的扩大再生产，一般由地方政府主管部门下达任务，对其中列入基本建设投资的必须纳入全国的基本建设计划，按照国家的统一规定和要求进行管理。

用于公路建设以上三方面内容的资金来源有所不同。公路的小修、保养及大、中修与技术改造的资金由国家财政拨款；公路基本建设的资金主要有国家预算拨款、银行贷款及国家批准的自筹资金等。

2. 公路基本建设的特点

公路基本建设的特点是由公路建筑产品的特点决定的。同工业生产相比，公路建筑产品具有许多特点，主要是产品的形体庞大，复杂多样，整体难分，不能移动。由此而引出公路建筑产品生产（施工）的流动性、单件性、生产周期长、受气候影响大等特点。这些特点，对公路施工组织与管理影响很大。

（1）公路建筑产品的特点。公路工程施工的特点由公路建筑产品的特点决定：

1）产品固定性。公路工程是固定于地面上不能移动的构造物，只能在建造的地方供长期使用。

2）产品多样性。公路由于技术等级、技术标准和所采用的材料等不同，使公路的组成复杂多样，结构千差万别。

3）产品形体庞大性。公路工程形体庞大，占用土地及很大的空间。

4）产品部分结构易损性。公路工程构造物暴露在野外，受行车作用及自然因素的影响，部分结构容易损坏。

（2）公路施工的技术经济特点：

1）施工流动性大。公路为线性构造物，线长点多，而且有严格的施工顺序，所以要组织各类工作人员和各种机械在不同的工作面上或不同的时间进行施工。另外，当一个工程完工以后，施工队伍要向新的工地转移，使施工队伍有较大的流动性。

2）施工协作性高。公路工程的施工是一个多环节、多工序的过程，在每项工程中不仅涉及建设、设计、施工单位的密切配合，而且需要材料、动力、运输等各个部门的通力协作。

3）施工周期长。公路工程形体特别庞大，又包括很多工序，使施工周期较长。在施工中，如果优化施工组织设计，可以缩短工期，但是任何一个工程都有它的合理工期，不能无限制地缩短工期，那样只能以质量为代价，所以要合理地、科学地组织施工。

4）受外界干扰和自然因素影响大。由于公路工程暴露在野外，所以受外界干扰和自然因素影响很大，如地质情况、雨雪天气、洪水等，这些都会对工程进度、工程质量、工程成本造成很大影响。

1.1.2 公路工程基本建设

1. 基本建设的定义

基本建设是指固定资产的建筑、购置和安装，是国民经济各部门为了扩大再生产而进行的增加固定资产的建设工作。例如，建设一个港口、一所学校、一座矿山等，均属于基本建设工作。

公路工程基本建设是基本建设的一部分，是指与公路运输有关的固定资产的建筑、购置、安装活动以及与其相关的如勘察设计、征用土地等工作。

2. 公路基本建设的分类

基本建设是由一个个基本建设项目（简称建设项目）组成的。按照不同的分类标准，公路工程基本建设项目划分如下：

（1）按建设项目所具有的建设的性质不同分类

1）新建项目，是指新开始建设的项目或对原有建设项目重新进行总体设计，经扩大建设规模后，其新增固定资产价值远远超过原有固定资产的建设项目。

2）扩建项目，为了扩大原有固定资产的生产能力和效益，在原有的基础上兴建的建设项目。

3）固定资产改建项目，为提高原有固定资产的生产效率或综合生产能力而确定的建设项目。

4）重建项目，也称恢复项目，是指对因重大自然灾害或战争而遭受破坏的固定资产，按原有的规模重新建设或在恢复的同时进行扩建的建设项目。

（2）按建设项目在国民经济中的用途不同分类

1）生产性建设项目，是指直接用于物质生产或满足物质生产需要的建设项目。它包括工业、农、林、水利、气象、运输、邮电等。

公路建设也称流通性建设。流通过程和生产过程密切相连，都是社会总生产过程的一部分，因此一般也把流通性建设包括在生产性建设中。

2）非生产性建设项目，一般是指用于满足人民物质文化生活需要的建设项目。它包括住宅、文教卫生、科学实验研究、公用事业以及其他建设项目。某些为旅游、国防等而修建的专用公路属于非生产性建设。

（3）以计划年度为单位，按建设项目建设过程的不同分类

1）筹建项目，是指在计划年度内，只做准备，还不能开工的项目。

2）施工项目，指正在施工的项目。

3）投产项目，是指全部竣工并已投产或交付使用的项目。

4）收尾项目，是指已经验收投产或交付使用，设计能力全部达到，但还遗留少量扫尾工程的项目。

（4）按建设项目建设总规模和投资的多少不同分类，可分为大型、中型、小型项目。国家对建设项目的大、中、小型划分标准根据不同行业，在不同时期都有明文规定。

3. 公路工程基本建设的内容

公路工程基本建设的内容包括三方面的内容。

（1）建筑安装工程

1）建筑工程。如路基土石方工程、路面工程、桥梁工程、涵洞工程、隧道工程、公路设施及预埋管线、绿化及环境保护工程等。

2）设备安装工程。如高速公路、大型桥梁及隧道工程所需的各种机械、设备、仪器的安装以及测试等。

（2）设备、工具、器具的购置。为公路营运、服务、管理、养护需要购置的设备和工具，如渡口设备、养护用设备等。为保证新建和改建项目初期正常生产，使用和管理所购置的办公和生活家具、用具等。

（3）其他基本建设工作。如征用土地、青苗补偿和安置补助工作、建设单位管理工作、勘察设计工作、研究试验工作等。

4. 公路基本建设的项目组成

每项基本建设工程，就其实物形态来说，都由许多部分组成。为了便于编制各种基本建设概、预算文件，必须将每项基本建设工程进行项目划分。基本建设工程可依次划分为：基本建设项目、单项工程、单位工程、分部工程和分项工程。

（1）基本建设项目（简称建设项目）。一般指符合国家总体建设规划，能独立发挥生产功能或满足生活需要，其项目建议书经批准立项和可行性研究报告经批准的建设任务。如工业建设中的一座工厂、一个矿山；民用建设中的一个居民区、一幢住宅、一所学校；交通基础设施中的一条公路、一座独立大、中型桥梁或一座隧道等均为一个建设项目。

（2）单项工程。单项工程是建设项目的组成部分，是具有独立的设计文件，在竣工后

能独立发挥设计规定的生产能力或效益的工程。公路建设的单项工程一般指独立的桥梁工程、隧道工程。

（3）单位工程。单位工程是单项工程的组成部分，它是单项工程中把具有单独设计、可以独立组织施工、并可单独作为成本计算对象的部分。公路建设项目一条公路中一段路线作为一个单项工程，其中各个路段的路基、路面、桥梁、隧道都可作为单位工程。

（4）分部工程。分部工程是单位工程的组成部分，一般是按单位工程中的主要结构、主要部位来划分的。如土石方工程、打桩工程、砌筑工程等。

（5）分项工程。分项工程是分部工程的组成部分，是根据分部工程划分的原则，再进一步将分部工程分成若干个分项工程。各种分项工程，每一单位消耗的活劳动和物化劳动都是不等的，因为分项工程是按照不同的施工方法、不同的工程部位、不同的材料、不同的质量要求和工作难易程度来划分的，它是概预算定额的基本计量单位，故也称为工程定额子目或称工程细目。如路基土石方分为松土、软石等各类土石成分，基础砌石分为片石、块石等。

1.1.3 公路工程基本建设程序

公路基本建设程序是：根据国民经济长远规划及布局所确定的公路路网规划，通过调查，进行可行性研究，编制项目建议书和可行性研究报告；批准后进行初测和初步设计；经批准后，在列入国家年度计划之后进行定测，编制施工图；组织施工；完工后，进行竣工验收；最后交付使用。一般来讲，这些程序必须循序渐进，不完成上一阶段的工作就不能进入下一个阶段。例如，没有勘察就不能设计；工程竣工未经验收合格，就不能交付使用等。

公路基本建设程序的具体内容如下：

1. 项目建议书阶段

项目建议书是要求建设某一具体建设项目的建议文件，是基本建设程序中的第一个阶段，是投资决策前对拟建设项目的轮廓设想。项目建设书的主要作用是为推荐一个拟进行建设的项目的初步说明，论述拟建项目建设的必要性、条件的可行性和获利的可能性，供有关部门选择并确定是否进行下一步的工作。项目建议书批准后，可进行可行性研究报告阶段的工作，但并不表明项目非上不可，项目建议书不是项目的最终决策。

2. 可行性研究报告阶段

项目建议书批准后，即可着手进行可行性研究，对项目在技术上是否可行和经济上是否合理进行科学的分析和论证，以减少建设项目决策的盲目性。可行性研究报告是确定建设项目、编制设计文件的重要依据，要求其必须有相当的深度和准确性。可行性研究报告批准后，一般不得随意修改和变更。

3. 设计工作阶段

设计是对拟建工程的实施在技术上和经济上所进行的全面而详尽的安排，是基本建设计划的具体化，是组织施工的依据。公路基本建设项目一般进行两阶段设计即初步设计和施工图设计；对于技术上复杂而又缺乏设计经验的项目或建设项目中的个别路段、特殊大桥、互通式立体交叉、隧道等，必要时可进行三阶段设计，即初步设计、技术设计和施工图设计。

4. 建设前准备工作阶段

为了保证施工顺利进行，项目在开工之前应切实做好各项建设准备工作，并取得建设项目施工许可证。如征地、拆迁、准备必要的施工图纸、组织施工招标，择优选定施工单位、报批开工报告等。

5. 编制年度基本建设投资计划阶段

建设项目要根据批准的总概算和工期，合理地安排分年度投资。年度计划投资的安排，要与长远规划的要求相适应，保证按期建成。年度计划安排的建设内容，要和当年分配的投资、材料、设备相适应。配套项目同时安排，相互衔接。

6. 建设实施阶段

在具备开工条件并经主管部门批准后，方可开工建设，组织实施。建设项目开工时间是指建设项目设计文件中规定的任何一项永久性工程第一次正式破土开槽开始实施的日期；不需要开槽的工程，以建筑物组成的正式打桩作为正式开工；需要进行大量土、石方工程的，以开始进行土、石方工程作为正式开工。工程地质勘察、平整土地、旧有建筑物的拆除、临时建筑、施工用临时道路和水、电等施工不作为正式开工。

施工是实现建设蓝图的物质生产活动和决定性环节，需要在较长的时间内耗费大量的资源但却不产生直接的投资效益。因此，管理的重点是工程进度、工程质量和工程成本。

7. 竣工验收阶段

竣工验收是工程建设过程的最后一环，是全面考核基本建设成果、检验设计和工程质量的重要步骤，也是基本建设转入生产或使用的标志，是保证竣工工程顺利投入生产或交付使用的一个法定手续，对促进建设项目及时投产、发挥投资效益及总结建设经验具有重要作用。

8. 后评价阶段

建设项目后评价是工程项目竣工投产、生产运营一段时间后（一般两年），再对项目的立项决策、设计施工、竣工投产、生产运营等全过程进行系统评价的一种技术经济活动，是固定资产投资管理的一项重要内容，也是固定资产投资管理的最后一个环节。通过建设项目后评价以达到肯定成绩、总结经验、研究问题、吸取教训、提出建议、改进工作、不断提高项目决策水平和投资效果的目的。

1.2　公路工程造价基本知识

1.2.1　工程造价概念及其组成

建设项目投资即工程造价，是指工程建设项目有计划地一次性投入费用的总和。建设工程造价由建筑安装工程费用、设备和工器具购置费用、工程建设其他费用和预备费组成。

建筑安装工程费用是指建筑物的建造费用，需要安装设备的安置和装配费用，以及相关的工程和费用，包括直接费、间接费、利润和税金等，也就是支付给施工企业的全部费用。

设备和工器具购置费用是指按照设计文件要求配置的达到固定资产标准的设备和首套工器具及生产家具的购置费用。

工程建设其他费用是指上述两项费用以外，建设项目必须支付的其他费用，包括：土地征用及拆迁补偿费、建设项目管理费、研究试验费、建设项目前期工作费、专项评价（估）费、施工机构迁移费、供电贴费、联合试运转费、生产人员培训费、固定资产投资方向调节税、建设期贷款利息等。工业项目还包括生产准备费等。

1.2.2 公路基本建设的投资与资金筹措

公路基本建设投资是指公路基本建设项目从筹建到竣工验收、交付使用的全部建设费用。

资金筹措是工程项目建设的重要前期工作之一。国家预算拨款是我国工程建设资金的主要来源。近年来国家财政和企业财务进行了一系列改革，实现了投资主体多元化、投资渠道多源化、筹资方式多样化。

1. 国家预算内投资

国家预算内投资简称“国家投资”，是指以国家预算内资金为来源并列入国家计划的固定资产投资。国家预算投资目前虽然占社会固定资产总投资的比重较少，但它是能源、交通、原材料以及国防、科研等建设项目投资的主要来源。随着我国财政实力的壮大，其所占的比重也会逐渐提高。

2. 自筹资金

地方各级财政和各级主管部门、企业的自筹资金，是我国进行工程建设的一种补充财源，但用于工程建设的自筹资金国家应严格进行控制。

3. 发行股票

股票是股份公司发给股东作为已投资入股的证书和索要股息的凭证，是可作为买卖对象或抵押品的有价证券。

4. 银行贷款

根据信贷自愿的原则，依据经济合同所施行的有偿有息投资。贷款时要具备批准的可行性研究和初步设计，并列入国家年度基本建设计划。

5. 发行债券

我国发行的债券有国家债券、地方政府债券、企业债券、金融债券等。

6. 借用国外资金

积极慎重的引进国外资金以弥补我国建设资金的不足，加速我国经济建设的发展。

国外资金包括外国政府贷款、国际金融组织贷款、国外商业银行贷款、在国外金融市场上发行债券等。

1.2.3 公路工程建设项目的投资益损分析

1. 投资损益分析

任何工程问题实质上都是以经济问题为目标的，公路工程也是如此，所以应对公路建设和运营过程中所涉及的费用及收益做出评价，为有关的决策提供依据。

公路工程项目是一种公共投资项目，目的是发展区域经济繁荣社会造福人民。然而修路不可避免会给社会带来某些损失。

公路工程项目的投资运营费用包含很多内容：

（1）修建公路需要占用大量土地，因此公路的修建属于土地开发，而土地是一种不可再生的资源，特别是我国人多地少，在规划时应予充分考虑。

（2）公路的修建难免要拆迁一些原有建筑物，尤其是在城市，这些征地拆迁费应在规划或项目经济评价中考虑。

（3）道路结构物是一种人工建筑物，它的修建将破坏天然植被和原有自然景观，有时可能要大量砍伐树木，减少绿化面积，改变原有地形地貌，这将对环境带来负面影响，因此，修建公路还必须考虑环境保护。

（4）为了延长公路的使用寿命，应不断地对公路进行各种养护，包括日常养护、大中修、改扩建及公路工程防灾救灾等工作。公路使用者在使用过程中还需付出包括油料消耗、轮胎磨耗、机件磨耗、车辆保养和大中修等费用在内的各种费用。

（5）交通事故处理等间接费用。

上述各项费用是在公路建设及运营不同阶段发生的，由不同的部门或不同的公众群体负担。

2. 修建公路工程益处分析

（1）公路工程的修建将大大促进区域经济的发展，这是最主要的经济效益。由于增强了交通的迅捷性，促进了人员和商品的交换，加速了货物的周转，减少了库存，提高了劳动生产率，从而为当地提供了必不可少的开发和发展条件，改善了生活与投资环境；加之流动人口的增加，能够带动商品零售业的发展，这样便可有力地促进当地经济的发展，增加国民收入；公路的建设还将使沿线土地价格上升，为房地产业的发展提供有利的条件；在道路的设计、施工及运营管理方面，将增加许多新的就业机会；收费道路将会增加过路费的收入。

（2）由于道路条件的改善，缩短了运输里程，改善了运输条件，减少了行程时间，使运量增加，运输成本降低，用户费用减少，道路使用者将会受益。

（3）道路工程受益。道路工程项目的受益可分为直接受益和间接受益两类。直接受益是指由道路运输条件改善获得的效益，如由客货运量的增加导致的运输收入的增加；旅客、货物因通达条件改善而节约的在途时间；因道路条件改善而减低的运输成本；或由于建造立体交叉口使汽车延误时间的减少和制动启动费用的降低；建设者（即投资者）征收的过路费、过桥费等。间接受益是指项目影响的区域范围内，由于道路运输的发展而给本地带来巨大的收益，特别是道路建成后，对地方投资者来说，沿路地价上涨得到的收益有时大于过路费的收入。这一点大大提高了地方政府和群众的筑路积极性，对我国道路建设事业起到一定的推动作用。

1.2.4　公路工程造价的构成

公路工程建设项目，不同于一般的商品，它具有一般商品的属性，又具有其特殊性，因而公路工程项目的造价构成具有其特殊性。一般来说，工程项目的造价大致由物料消耗、人工消耗和盈利三大部分构成，具体见表1－1。

表1－1　　建设项目工程造价

建设项目工程造价	物资消耗	土地的价格
		设备、工器具的价格
		建筑材料、构件的价格
		施工机械等固定资产的折旧、维修、转移费

续表

建设项目工程造价	人工消耗	建设单位职工的工资、奖金和费用 勘察设计人员的工资、奖金和费用 施工企业职工的工资、奖金和转移费用 监理单位人员的工资、奖金和费用 质量监督单位人员的工资、奖金和费用 其他相关人员的工资、奖金和费用
	盈利	建设单位的税金 勘察设计单位的利润和税金 施工企业的利润和税金 咨询监理公司的利润和税金 独立核算的开发公司、工程承包公司的利润和税金

1.3 公路工程造价的控制与管理

1.3.1 工程造价计价的特点

工程造价计价除具有与其他一切商品价格计价的共同特点外，同时还有其自身的技术经济特点，这些特点就是单件性计价、多次性计价和按工程构成分部组合计价。

1. 单件性计价

产品的个体差别决定了每项工程都必须单独计算造价。建设工程都有其指定的专门用途，因此就有不同的形态和结构。就公路而言，其用途是供汽车行驶，但构成公路整体的路基、路面、桥梁、涵洞及沿线设施等，各有不同的形态和结构。建设工程都是固定在一定地点的，其结构、造型必须适应工程所在地的气候、地质、水文等自然客观条件，因而形成在实物形态上的千差万别。在建设这些不同的实物形态的工程时，必须采取不同的工艺、设备和建筑材料，因而所消耗物化劳动和活劳动也必定是不同的，再加上不同地区的社会发展不同致使构成价格和费用的各种价值要素的差异，最终导致工程造价各不相同。任何两个公路建设项目其工程造价不可能是完全相同的。因此，对建设工程就不能像对工业产品那样，按品种、规格、质量成批量生产和订价，只能是单件性计价。也就是说，只能根据各个建设工程项目的具体设计资料和当地的实际情况单独计算工程造价。

2. 多次性计价

建设工程一般规模大、建设周期长、技术复杂、受建设所在地的自然条件影响大，消耗的人力、物力和财力巨大，并要考虑投入使用后的经济效益等因素，一旦决策失误，将造成不可挽回的巨大损失。为了满足建设各阶段的不同需要，适应造价控制和管理的要求，合理使用人力、物力和财力，取得最大的投资效益，必须在建设全过程进行多次计价。

（1）在项目建议书阶段编制项目建议书投资估算，作为项目建议书阶段可行性研究进行经济评价的依据。经批准后可进入可行性研究报告阶段。

（2）在可行性研究报告阶段编制可行性研究报告投资估算，作为可行性研究进行经济评价的依据。可行性研究报告经批准后，其投资估算作为控制建设项目投资的依据。

（3）在初步设计阶段编制初步设计概算，按两阶段设计的建设项目，概算经批准后是确定建设项目投资的最高限额和签订建设项目总承包合同的依据。

（4）在技术设计阶段编制技术设计修正概算，按三阶段设计的建设项目，修正概算经批准后是确定建设项目投资的最高限额和签订建设项目总承包合同的依据。

（5）在施工图设计阶段编制施工图预算。施工图预算经批准后，是签订建筑安装工程承包合同，办理工程价款结算的依据。也是实行建筑安装工程造价包干的依据。实行招标的工程，其建筑安装工程费用是编制标底的基础。

（6）实行建筑安装工程及设备采购招标的建设项目，一般都要编制标底，编制标底也是一次计价。

（7）施工单位为参加投标，要根据标书和现场情况编制施工预算，作为本企业的成本价，再根据市场情况编制有竞争性的投标报价。

以上是建设单位在不同阶段对建设项目，施工单位对所投标段作出的预期工程造价。确定中标单位后，按照合同条款的约定签订合同价，一般都根据工程量清单提供的工程量签订单价合同，在施工过程中根据工程变更和市场物价变动情况确定结算价，结算价才是建设项目分部分项工程的实际造价，直至全部工程竣工，并通过验收合格后，建设单位根据各分部分项工程的结算价的基础上编制的竣工决算才是整个建设项目的实际造价。

一个建设项目各个阶段的计价是相互衔接、由粗到细、由浅到深、由预期到实际、前者制约后者、后者修正和补充前者的发展过程。

3. 计价的组合性

建设工程规模大，工程结构复杂，根据建设工程单件性计价的特点，不可能简单直接地计算出整个建设工程的造价，必须将整个建设工程分解，分解到最小的工程结构部位，直至对计量和计价都相对准确的程度。如将公路建设工程分解为路基工程、路面工程、桥梁工程……，对路基工程再分解为土方工程、石方工程、……对土方工程再分解为挖方工程、填方工程、……对挖方工程再分解为机械挖、人工挖、……机械挖再分解为挖掘机挖或推土机推挖……如确定采用推土机推挖，就可以通过推土机推挖土方的工效定额得到推挖 $1m^3$ 土方所需推土机机械台班消耗量，再按推土机的每台班单价计算出所需的费用。各项工程都可以这样分解，然后再将各部位的费用按设计确定的数量加以组合就可确定全部工程所需要的费用。任何规模庞大、技术复杂的工程都可以采用这种方法计算其全部造价。

工程定额就是根据这一原理编制的，为了适应不同设计阶段编制工程造价的需要，编制了施工定额、预算定额、概算定额、估算指标，这几种定额是相互衔接的，其单项定额所综合的工程内容是逐级扩大的。

4. 方法的多样性

工程造价多次性计价有各不相同的计价依据，对造价的精度也各不相同，这就决定了计价方法的多样性特征。计算概预算造价的方法有单价法和实物法等。计算投资估算时要根据具体情况加以选择。

5. 依据的复杂性

由于影响造价的因素多，计价依据复杂，种类繁多。计价依据主要可以分为以下七类。

（1）计算设备和工程量的依据。包括项目建议书、可行性报告、设计文件等。

（2）计算人工、材料、机械等实物消耗量的依据。包括投资估算指标、概算定额、预算定额等。

（3）计算工程单价的价格依据。包括人工单价、材料运杂费及单价、机械台班费等。

（4）计算设备单价的依据。包括设备原价、设备运杂费、机械台班费等。

（5）计算其他工程费、间接费和工程建设其他费用的依据，主要为相关的费用定额和标准。

（6）政府规定的税费。

（7）物价指数和工程造价指数。

依据的复杂性不仅使计算过程复杂，而且要求计算人员熟悉熟悉各种依据，并加以正确地应用。

1.3.2 工程造价的控制与管理

工程造价管理的基本内容就是合理确定和有效地控制工程造价。

1. 工程造价的合理确定

所谓工程造价的合理确定，就是在工程建设各个阶段采用科学的计算方法和切合实际的计价依据，合理确定投资估算、设计概算、施工图预算、承包合同价、结算价、竣工决算价。

（1）在项目建议书阶段，按照有关规定，应编制投资估算，经有关部门批准，作为拟建项目列入国家中长期计划和开展前期工作的控制造价。

（2）在可行性研究报告阶段，按照有关规定编制的投资估算，经有权部门批准，即为该项目国家计划控制造价。

（3）在初步设计阶段，按照有关规定编制的初步设计总概算，经有权部门批准，即为控制拟建项目工程造价的最高限额。

（4）在施工图设计阶段，按规定编制施工图预算，用以核实施工图阶段造价是否超过批准的初步设计概算。经承发包双方共同确认、有关部门审查通过的预算，即为结算工程价款的依据。

（5）对施工图预算为基础招标投标的工程，承包合同价也是以经济合同形式确定的建筑安装工程造价。

（6）在工程实施阶段要按照承包方实际完成的工程量，以合同价为基础，同时考虑因物价上涨所引起的造价提高，考虑到设计中难以预计的而在实施阶段实际发生的工程量和费用，合理确定结算价。

（7）在竣工验收阶段，全面汇集在工程建设过程中实际花费的全部费用，编制竣工决算，如实体现该建设工程的实际造价。

建设程序和各阶段工程造价确定示意图如图 1－1 所示。

2. 工程造价的有效控制

所谓工程造价的有效控制，就是在优化建设方案、设计方案的基础上，在建设程序的各个阶段，采用一定的方法和措施把建设工程造价的发生控制在合理的范围和核定的造价限额以内，以求合理地使用人力、物力和财力，取得较好的投资效益和社会效益。有效控制造价应该体现以下三个原则：

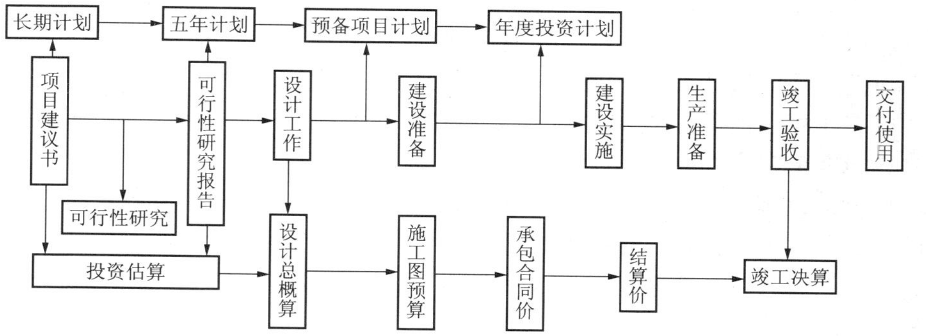

图 1－1　建设程序和各阶段工程造价确定示意图

（1）以设计阶段为重点的建设全过程造价控制。工程造价控制贯穿于项目建设全过程，但是必须重点突出。很显然，工程造价控制的关键在于施工前的投资决策和设计阶段，而在项目作出投资决策后，控制工程造价的关键就在于设计。据西方一些国家分析，设计费一般只相当于建设工程全寿命费用的 1% 以下，但正是这少于 1% 的费用对工程造价的影响度占 75% 以上。由此可见，设计质量对整个工程建设的效益是至关重要的。

（2）采取主动控制，以取得令人满意的结果。一般说来，造价工程师在项目建设时的基本任务是对建设项目的建设工期、工程造价和工程质量进行有效的控制，为此，应根据业主的要求及建设的客观条件进行综合研究，实事求是地确定一套切合实际的衡量准则。只要造价控制的方案符合这套衡量准则，取得令人满意的结果，则应该说造价控制达到了预期的目标。

长期以来，人们一直把控制理解为目标值与实际值的比较，以及当实际值偏离目标值时，分析其产生偏差的原因，并确定下一步的对策。在工程项目建设全过程进行这样的工程造价控制当然是有意义的。但问题在于，这种立足于调查—分析—决策基础之上的偏离—纠偏—再偏离—再纠偏的控制方法，只能发现偏离，不能使已产生的偏离消失，不能预防可能发生的偏离，因而只能说是被动控制。自 20 世纪 70 年代初开始，人们将系统论和控制论研究成果用于项目管理后，将“控制”立足于事先主动地采取决策措施，以尽可能地减少以致避免目标值与实际值的偏离，这是主动的、积极的控制方法，因此被称为主动控制。也就是说，工程造价控制，不仅要反映投资决策，反映设计、发包和施工，被动地控制工程造价，更要能动地影响投资决策，影响设计、发包和施工，主动地控制工程造价。

（3）技术与经济相结合是控制工程造价最有效的手段。要有效地控制工程造价，应从组织、技术、经济、合同与信息管理等多方面采取措施。从组织上采取的措施，包括明确项目组织结构，明确造价控制者及其任务，以使造价控制有专人负责，明确管理职能分工；从技术上采取措施，包括重视设计多方案选择，严格审查监督初步设计、技术设计、施工图设计、施工组织设计，深入技术领域研究节约投资的可能；从经济上采取措施，包括动态地比较造价的计划值和实际值，严格审核各项费用支出，采取对节约投资的有力奖励措施等。

应该看到，技术与经济相结合是控制工程造价最有效的手段。长期以来，在我国工程建设领域，技术与经济相分离。许多国外专家指出，中国工程技术人员的技术水平、工作能力、知识面，跟外国同行相比，几乎不分上下，但他们缺乏经济观念，设计思想保守，设计规范、施工规范落后。国外的技术人员时刻考虑如何降低工程造价，而中国技术人员则把它看成与己无关的财会人员的职责。而财会人员的主要责任是根据财务制度办事，他们往往不熟悉工程知识，也较少了解工程进展中的各种关系和问题，往往单纯地从财务制度角度审核费用开支，难以有效地控制工程造价。为此，迫切需要解决以提高工程造价效益为目的，在工程建设过程中把技术与经济有机结合，通过技术比较、经济分析和效果评价，正确处理技术先进与经济合理两者之间的对立统一关系，力求在技术先进条件下的经济合理，在经济合理基础上的技术先进，把控制工程造价观念渗透到各项设计和施工技术措施之中。

1.3.3 工程造价管理的工作要素

工程造价管理应围绕合理确定和有效控制工程造价这个中心，采取全过程、全方位的管理方针，其具体的工作要素即主导环节可大致归纳为以下几点：

（1）可行性研究阶段对建设方案认真优选，编好、定好投资估算，考虑风险，打足投资。

（2）从优选择建设项目的承建单位、咨询（监理）单位、设计单位，做好相应的招标工作。

（3）合理选定工程的建设标准、设计标准，贯彻国家的建设方针。

（4）按估算对初步设计（含应有的施工组织设计）推行量财设计，积极、合理地采用新技术、新工艺、新材料，优化设计方案，编好、定好概算，打足投资。

（5）对设备、主材进行择优采购，抓好相应的招标工作。

（6）择优选定建筑安装施工单位、调试单位，抓好相应的招标工作。

（7）认真控制施工图设计，推行“限额设计”。

（8）协调好与各有关方面的关系，合理处理配套工作（包括征地、拆迁、城建等）中的经济关系。

（9）严格按概算对造价实行静态控制、动态管理。

（10）用好、管好建设资金，保证资金合理、有效地使用，减少资金利息支出和损失。

（11）严格合同管理，做好工程索赔价款结算。

（12）做好工程的建设管理，确保工程质量、进度和安全。

（13）强化项目法人责任制，落实项目法人对工程造价管理的主体地位，在法人组织内建立与造价紧密结合的经济责任制。

（14）社会咨询（监理）机构要为项目法人积极开展工程造价提供全过程、全方位的咨询服务，遵守职业道德，确保服务质量。

（15）各造价管理部门要强化服务意识，强化基础工作（定额、指标、价格、工程量、造价等信息资料）的建设，为建设工程造价的合理确定提供动态的可靠依据。

（16）各单位、各部门要组织造价工程师的选拔、培养、培训工作，促进人员素质和工作水平的提高。

1.3.4　造价工程师和工程造价咨询制度

1. 造价工程师

造价工程师是指经全国造价工程师执业资格统一考试合格，并注册取得《造价工程师注册证》，从事建设工程造价活动的人员。未经注册的人员，不得以造价工程师的名义从事建设工程造价活动。

2. 公路工程造价人员资质认证与管理

公路工程造价资格证书分甲、乙两个资格等级。持有甲级资格证书的公路工程造价人员可以在全国范围内从事高速公路以及以下各等级公路和独立特大桥梁、长大隧道建设项目的工程造价业务。持有乙级资格证书的公路工程造价人员可以在本省、自治区、直辖市范围内从事一般二级公路及以下各等级公路和独立大桥建设项目的工程造价业务。公路工程造价文件须有持证人员的签名，并注明资格证书编号才能生效。否则，审核部门不予受理。

3. 公路工程造价资格考试及申请条件

凡申请资格证书的公路工程造价人员，均应参照资格考试。凡参加公路工程造价人员资格考试者，由所在单位向本省、自治区、直辖市公路（交通）工程定额站提出书面申请报告，经审查合格后，方可参加考试。凡参加公路工程造价人员资格考试者，应经过交通部组织的公路工程造价人员统一培训或交通部认可的公路工程造价人员培训，考试合格并取得结业证书。

4. 工程造价咨询单位资质管理

工程造价咨询单位系指面向社会接受委托，承担建设项目可行性研究投资估算，项目经济评价，工程概算，预算，工程结算，竣工决算，工程招标标底、投标报价的编制和审核，对工程造价进行监控，以及提供有关工程造价信息资料等业务工作，取得《工程造价咨询单位资质证书》，具有独立法人资格的企业、事业单位。

建设部负责管理全国工程造价咨询单位资质管理工作；省、自治区、直辖市建设行政主管部门负责本行政区的工程造价咨询单位资质管理工作；国务院有关部门负责本部门所属的工程造价咨询单位的资质管理工作。

工程造价咨询单位按资质标准不同可分为甲、乙、丙三级，其工程咨询的业务范围为：

（1）甲级单位可跨地区、跨部门承担各类建设项目的工程造价咨询业务。

（2）乙级单位可在本地区、本部门范围内承担各类中型及以下建设项目的工程造价咨询业务。

（3）丙级单位的业务范围由省、自治区、直辖市建设主管部门和国务院有关部门制定。

工程造价咨询单位的资质实行分级审批和管理。建设部负责甲级单位的资质审核和发证工作。甲级单位的审批应先由省、自治区、直辖市建设主管部门和国务院有关部门进行资质审查后，再报建设部审批。省、自治区、直辖市建设主管部门和国务院有关部门负责本地区、本部门内乙、丙级单位的资质审批和发证工作，并报建设部备案。

复习思考题

1. 公路建设的内容和特点是什么？其资金来源有哪些？

2. 公路基本建设通过哪些形式实现固定资产扩大再生产？
3. 公路基本建设的定义、内容及其组成项目是什么？
4. 公路基本建设程序的定义及内容是什么？
5. 公路基本建设项目通常有几种设计？包括哪些设计文件？各适用什么工程？
6. 我国基本建设投资来源有哪些？

第 2 章　公路工程投资估算

本章学习应掌握内容

1. 估算指标概念及作用；
2. 估算指标的组成；
3. 估算指标的应用；
4. 项目建议书投资估算费用组成及编制；
5. 工程可行性研究报告投资估算费用组成及编制。

2.1　公路基本建设工程估算指标

2.1.1　估算指标的概念

公路工程投资估算是对拟建的公路工程项目的全部投资费用进行的预测估计。

投资估算与初步设计概算、施工图预算一样，在固定资产形成的过程中起着投资预测、投资控制、投资效益分析及确定工程造价的作用。只是由于阶段不同，它们所起的作用不同，因而估算的范围、依据不同而异。

估算指标是固定资产投资管理和控制的重要手段，它为完成建设项目阶段的定价提供可靠的依据和科学手段，其准确与否将直接影响到建设项目决策的科学化、规范化和准确度。

公路工程估算指标根据基本建设前期工作的深度和要求，分为综合指标和分项指标两类。综合指标是编制建设项目项目建议书投资估算的依据，主要用于经济上研究建设项目的选择、研究某条公路或某座桥梁建设的合理性、研究全国公路网布局的合理性、以及研究建设规模和编制长远发展规划等。分项指标是编制建设项目可行性研究报告投资估算的依据，也可作为技术方案比较的参考，主要用于在经济上确定近期建设方案和建设项目的成本，以便研究经济效益是否可行。

2.1.2　估算指标的作用

估算指标是编制和确定项目建议书和可行性研究报告书投资估算的基础和依据。与概、预算定额比较，估算指标以独立的建设项目、单项工程或单位工程为对象，综合项目过程投资和建设中的各类成本和费用，反映出其扩大的技术经济指标，是定额的一种表现形式。其作用可以概括为：

（1）在编制项目建议书和可行性研究报告阶段，它是多方案比选、优化设计方案、正确编制投资估算、合理确定项目投资的重要基础。

（2）在建设项目评价、决策过程中，它是评价建设项目投资可行性、分析投资效益的主要经济指标。

(3) 在实施阶段，它是限额设计和工程造价与控制的依据。

2.1.3 估算指标的表现形式

1. 估算指标的内容

估算指标仅包括主要工程项目的建筑安装工程费中的人工费、材料费和机械使用费，至于其他工程和各项费用指标均不包括，其他工程的费用以主要工程费基数按规定的费率计算，不列工、料、机消耗量。各项费用分别项目按《公路工程投资估算编制办法》中的规定计算。

根据指标的适用阶段及设计深度的不同，综合指标包括建设项目的路基、路面、桥涵、交叉、安全设施、服务、管理设施等主要工程，但不包括全长1000m以上（含1000m）特大桥工程，其综合程度比分项指标要高。分项指标则分别按路基、路面、涵洞、小桥、大(中)桥、交叉工程及沿线设施等主要工程项目编制。

2. 估算指标的表现形式

估算指标是以活劳动、物化劳动的消耗量为基础表现的，具体的讲，即是以人工、主要材料、其他材料费、机械使用费、基价等实物指标为表现形式。实物指标作为计算具体建设项目造价和提供人工、主要材料数量。在建设条件、工程性质、规模、工程范围、工作内容大体相近的情况下，量是稳定的，而价是可调的；在上述条件不同的情况下，主要工程量和主要材料数量也是可调的。所以在一定意义上讲，估算指标也是一种扩大的定额。

2.1.4 综合指标的运用

1. 基本规定

(1) 综合指标是编制项目建议书投资估算的依据。分项指标是编制可行性研究报告投资估算的依据，也可作为技术方案比较的参考。

(2) 当项目建议书阶段的工作深度已达到可行性研究报告的深度时，可采用本指标中的分项指标编制项目建议书投资估算。当可行性研究报告的工作深度已达到初步设计的深度时，可采用《公路工程概算定额》编制可行性研究报告投资估算。

(3) 估算指标是以主要工程项目的人工费、主要材料费、其他材料费、机械使用费的消耗量、指标基价为表现形式的指标。主要工程以外的其他工程项目不列工料机消耗量，按主要工程费的百分数计算。指标未包括各项费用的计算，编制投资估算时应按《公路工程投资估算编制办法》关于人工费、材料费、机械使用费及各项费用的规定计算全部投资。

(4) 当采用本指标作建设项目的工、料数量消耗计划时，应根据建设项目实际所综合的其他工程组合情况予以增列。指标的公路路基宽度是按《公路工程技术标准》中规定的一般数值取定的。如设计路基宽度与指标取定值不同时，可按有关规定对指标予以调整。

2. 综合指标的内容

综合指标按公路以及地形条件分别编制。如一级公路的内容中包括平原微丘区、山岭重丘区，而高速公路为平原微丘区、重丘区、山岭区。除此而外，每一等级的公路内容中均有一项调整指标。

综合指标包括建设项目的路基、路面、桥涵、交叉、安全设施、服务设施等主要工程，但不包括全长1000m以上（含1000m）特大桥工程、隧道工程、辅道工程、支线工程等主要工程。上述主要工程以外的其他工程，如：清除场地、拆除旧建筑物、构造物、绿化工程、公路交工前养护、临时轨道铺设、便道、便桥、临时电力线路、临时电信线路、临时码头、改河土方、其他零星工程等，均不包括在综合指标内。

3. 路线工程项目主要工程的计算

（1）路线工程项目按综合指标计算，指标单位为 1km，工程量按建设项目公路公里总长度计算。

如已知建设项目所含各类工程的工程量时，可与估算指标中附录五所列工程量比较，如含量有较大出入时，可按调整指标或分项指标的相应项目予以增减。本指标中的高速公路、一级公路的路面面积已包括硬路肩的面积，大桥面积的计算规定见分项指标说明。

指标中未列北京市、天津市、上海市的指标，可采用邻近省份的指标计算，或通过测算编制新的指标报交通部批准后执行。

（2）路线工程项目中如有 1000m 以上（含 1000m）特大桥工程、隧道工程或需设置的辅道工程、支线工程，则应按以下方法另行增列：

1）1000m 以上（含 1000m）特大桥工程按分项指标的大（中）桥工程有关项目计算，特大桥的调治工程（如导流坝等）按分项指标路基工程的土方及防护工程项目计算；

2）隧道工程按分项指标的隧道工程有关项目计算；

3）辅道工程、支线工程按综合指标中相应等级公路的指标计算。

（3）公路工程估算指标中未综合城市进出口处的大型互通式立体交叉工程，如有此工程项目，应按分项指标有关项目另行增列。

4. 独立大（中）桥工程项目主要工程的计算

桥梁工程按分项指标的大（中）桥工程项目计算；调治工程（如导流坝等）按分项指标路基工程的土方及防护工程项目计算；引道工程按综合指标中相应等级公路的项目计算。

5. 其他工程的计算

其他工程不列工料机指标，以主要工程费为基数，路线工程、隧道工程、独立大（中）桥工程和路线工程项目中的 1000m 以上（含 1000m）特大桥工程分别按指标附录一规定的百分率计算。估算指标仅编制有新建工程项目，如为改建工程使用本指标时，可按调整系数调整本指标。

6. 综合估算指标的直接套用

【例 2－1】 按估算指标求在河北省境内平原微丘区修筑高速公路时，每 1km 所需的工、料、机械及其他各项指标。

解： 由指标 1－Ⅰ－3 可知，每 1km 高速公路所需：

人工：81 475 工日 原木：24.59m^3，锯材：70.18m^3

……

其他材料费：733 711 元；设备摊铺费：16 753 元；机械使用费：3 896 717 元：指标基价：10 243 028元。

若实际所修筑的高速公路为若干公里，则只需在上述各项指标基础上进行乘积，即

$$M_i = m_i x_i \quad (2-1)$$

式中 M_i——各项指标的总数量；

m_i——各项单位数量定额指标；

x_i——实际公路公里数。

7. 关于调整指标的使用

根据综合指标说明中的解释（或本节中关于路线工程项目主要工程计算的规定），在编制项目建议书的投资估算时，若已知建设项目所含各类工程的工程量时，则应与本指标中附录五所列的工程量进行比较，如含量有较大出入时，可按调整指标或分项指标的相应项目增减。

【例 2-2】 以【例 2-1】题为例，若在该地区修筑 1km 高速公路时，其路基土方量为 105 000m^3/km，而附录五所规定的指标标准为 100 000m^3/km，那么按规定需进行相应项目的调整，由“高速公路的调整指标” Ⅰ-Ⅳ可知，在平微区的路基土方每增减 1000m^3 时，则需增人工 61 工日、碎砾石 0.4m^3、其他材料费 3 元、机械使用费 21 755 元，指标基价 22 747元。

解： 本例每公里实际增加的土方量是：105 000 - 100 000 = 5000m^3

则需增加的相应指标为：

人工：5×61 = 305 工日

机械使用费：5×21 755 = 108 775 元

碎（砾）石：5×0.4 = 2.0m^3

其他材料费：5×3 = 15 元

指标基价：5×22 747 = 113 735 元

2.1.5 分项指标及应用

1. 路基工程

（1）指标内容：有路基土方、路基石方、粉煤灰及填石路堤、排水与防护、特殊路基处理。

（2）路基土方量的计算规则。

其指标单位为 1000m^3，工程量按设计断面计价方数量计算，也即

$$计价方数量 = 填方数量 + 挖方数量 - 利用方数量 \quad (2-2)$$

如果在使用本指标时，设计仅提供断面方数量时，则请注意：

1）对于平原微丘区的项目以断面方乘以 0.85 的系数折成计价方。

2）对于山岭重丘区的项目以断面方乘以 0.75 的系数折成计价方。

3）如断面方绝大部分是借土填方时，则不乘折减系数。

4）使用本指标对于机械施工不分机械种类，当平均运距超过指标规定的运距时，其部分可按远运指标计算。

5）本指标已综合了耕地填前压实、清除表土和压实、软土地段填土下沉及路基边缘加宽所需增加的土方量和洒水用量。

6）远运指标运距的计算：不足第一个指标运距单位的均按第一个指标运距单位计算，超过第一个指标运距单位的，其运距尾数不足一个指标单位的，均按一个指标单位计算。

【例 2-3】 修筑某平原微丘区二级公路路基，经设计所提供的断面方数量为 50 000m^3，机械施工运距 3000m，求其各项目的估算指标。

解： 查路基工程 1-1（路基土方）表，根据前述的计算规则，对本指标的各项数据，

既要考虑断面方的折减系数 0.85；又要考虑按远运距进行计算，不足 0.5 km 按 0.5 km 计。

① 路基的土方量为：$M = 50\,000 \times 0.85 = 42\,500\text{m}^3$

② 各项指标

人工：42.5 ×(70 +9) =3358 工日

机械使用费：42.5 ×(11 097 +3043 +4 ×786) =734 570 元

碎（砾）石：42.5 ×0.6 =25.5m^3

其他材料费：42.5 ×5 =212.5 元

指标基价；42.5 × （12 241 +3187 +4 ×786） =789 310 元

（3）路基石方。路基石方的指标单位为 1000m^3，工程量按开挖天然密实断面方计算。

（4）粉煤灰及填石路堤。其指标单位为 1000m^3，工程量按设计断面压实方计算。

使用本指标需注意的问题是：一级公路填石路堤指标适用于购买或采集岩渣填筑路堤，要求岩渣最大粒径不得大于 20cm，路槽底面以下 80cm 范围内不得大于 12cm。二级、三级、四级公路填石路堤指标适用于利用路基石方填筑路堤，其石方调运应在路基石方中计算。

（5）排水与防护。其指标单位为 100m^3 圬工和 1 公路公里。其工程量的计算规则为：

1）砌石圬工包括浆砌及干砌，按挡土墙、护岸墙、护坡、边沟、急流槽等砌石圬工实体数量计算。

2）混凝土圬工按护坡现浇混凝土挡土墙、锚锭板式挡土墙等混凝土圬工实体数量计算。

3）加筋土挡土墙按面板、基础垫板、檐板等混凝土圬工实体数量计算。

4）其他排水防护工程按建设项目路线总长度公路公里计算。

5）加筋土挡土墙指标中已综合了防渗层、泄水层、基层垫层、填内心以及墙脚铺砌等。

6）中间带排水设施、非圬工防护工程（如铺草皮护坡、铁丝笼护坡等）、边沟涵以及其他零星排水防护工程等已综合在其他排水防护工程中。

（6）特殊路基处理。其指标单位为 1km，工程量按需要处理的路基长度计算。

使用时请注意：二级及以下公路的软土处理指标中已综合了因地基土含水量过大而进行表土换填或翻挖掺灰的处理法，高速公路及一级公路软土处理指标中未综合该处理方法的费用，如高速公路或一级公路仅采用表土换填或翻挖掺灰方法处理地基时，可采用二级公路软土处理指标计算。指标中未综合防雪设施，需要时可采用《公路工程概算定额》中的有关项目计算。

2. 路面工程

（1）路面工程指标的内容。路面工程指标的内容包括：路面垫层，稳定土基层，其他路面基层，沥青路面，水泥混凝土路面，其他路面，拦水带，沥青路面镶边及路缘石等项目。

（2）路面工程计算规则

1）沥青路面：沥青路面及水泥混凝土路面指标单位为 100m^3，工程量按路面实体计算。

2）垫层（基层）：基层、垫层及其他路面指标单位为 1000m^2，工程量按面积计算。

3）拦水带：拦水带、沥青路面镶边及路缘石指标单位为 1000m，工程量按需要设置的长度（指单边长度）计算。

4）路面面层：稳定土基层、级配碎（砾）石基层的压实厚度在15cm以内，填隙碎石基层的压实厚度在12cm以内，垫层和其他种类基层的压实厚度在20cm以内，机械使用费按指标数量计算，如实际压实厚度超过上述压实厚度需进行分层拌和、碾压时，机械使用费按指标附录四的规定增列。挖路槽、培路肩已综合在有关指标项目中。

【例2-4】 某路面的石灰土稳定土基层25cm，并进行分层拌和碾压，求其工程量 $M=2000m^2$ 时的估算指标。

解： 查分项指标2-2表，并注意上述的第4）点计算规则

人工：2×(81+10×5+3.2)=268.4工日

生石灰：2×(31.15+10×2.08)=103.9t

其他材料费：2×(1003+10×67)=3346元

机械使用费：2×(2412+10.81+826)=8096元

指标基价：2×(6893+10×374+877)=23 020元

3. 隧道工程

（1）隧道工程指标。隧道工程指标所包含的主要内容为：洞身、洞门、装饰照明及通风。

（2）指标单位

1）洞身：指标单位为 $100m^2$，工程量按隧道正洞面积计算。

2）洞门：指标单位为两端，一座隧道应按两端洞门计算。

3）装饰、照明及通风：指标单位为 $100m^2$，工程量按隧道正洞面积计算。

（3）工程量计算规则

1）隧道正洞面积=隧道长度×隧道宽度。隧道长度是指进出洞门墙墙面之间的距离，实际测量时，按两端墙面与路面的交线同路线中线交点间的距离。

隧道宽度=车行道+侧向宽度+人行道(或修道的宽度)

2）隧道长度是按1000m以内，即施工工作面距洞口在500m以内，若工作面距洞口长度超过500m时（不足500m时，按500m计），人工工日及机械使用费按相应指标增加50%。

3）隧道洞身项目中列出了衬砌圬工的数量，如工程可行性研究设计达到一定的深度，能够提出隧道衬砌圬工数量时，应按衬砌材料调整指标抽换洞身指标。

4）衬砌圬工的工程量计算规则：

① 混凝土衬砌主要指喷射混凝土，现浇拱顶、边墙、仰拱。

② 石料衬砌为拱顶、边墙砌石。

5）隧道工程的分项指标未列四级公路。三级公路指标同样适用于四级公路，当四级公路采用行车道宽为3.5m时，可按三级公路的指标再乘以1.3的系数计算。

（4）几点说明

1）隧道工程的分项指标仅指隧道洞内工程，即隧道进出口洞门端墙面之间的工程，洞门墙以外的工程应按有关指标另行计算。

2）本指标未综合隧道内消防及求援设施、消声设施等，需要时可根据《公路工程预算定额》、《公路工程概算定额》中的有关规定项目另行计算。

4. 涵洞工程

（1）指标单位。涵洞工程的指标单位为 1 道。工程量不分涵洞类型，按总道数计算。

（2）计算规则

1）跨径小于 0.5m 的灌溉涵已综合在指标中，不得将这些灌溉涵的道数作为工程量参加计算。

2）指标是按一定的路基宽度编制的，如设计路基宽度与指标取定值不同时，可按如下系数调整指标：

路基设计宽度大于取定值时：　$k=1+(r-1)n$　（2－3）

路基设计宽度小于限定值时：　$k=\dfrac{1}{1+(r-1)n}$　（2－4）

式中　k——指标调整系数；

r——路基宽度每增减 1m 调整系数（表 2－1）；

n——路基宽度增减幅度（m）。

表 2－1　路基宽度每增减 1m 调整系数

公路等级	高速公路	一级公路	二级公路	三级公路	四级公路
调整系数 r	1.020	1.025	1.040	1.050	1.055

3）路基宽度的取定值见指标总说明第七条。

【例 2－5】 拟在山西省境内修筑一条一级公路，路线处于山岭重丘区，沿线有 5 道涵洞处的路基宽度为 19.5m，试按分项指标求算其工、料机及主要估算指标。

解： ① 根据题意，并对照计算规则，可知其路基宽度与指标规定的数值不同，需进行调整（山岭重丘区一级公路其路基宽度规定值为 21.5m）。

② 由于路基和设计宽度小于取定值，则其调整系数为：

$$K=\frac{1}{1+(r-1)n}=\frac{1}{1+(1.025-1)\times 2}=0.95$$

③ 求算其工、料、机指标（查分项估算指标 4－2－Ⅱ－8），得

人工：$0.95\times 1183\times 5=5619.25$ 工日

原木：$0.95\times 1.94\times 5=9.22\text{m}^3$

锯材：$0.95\times 1.23\times 5=5.84\text{m}^3$

Ⅰ级钢筋：$0.95\times 0.2\times 5=0.95$t

Ⅱ级钢筋：$0.95\times 0.49\times 5=2.33$t

……

指标基价：$0.95\times 55\,463\times 5=263\,449.25$ 元

5. 桥梁工程

（1）指标内容

1）桥梁工程指标分小桥及标准跨径小于 20m 的中桥、标准跨径大于 20m 的中桥及大桥两项，标准跨径大于 20m 的中桥及大桥又分为一般结构桥梁（如预应力空心板、T 形梁等）和技术复杂结构桥梁（如斜拉桥、连续刚构、连续梁等）两部分。

2）指标均包括基础、下部、上部、桥台锥坡等工程。当设置导流坝、丁坝等调治构造

物时，其圬工及土方工程应分别按防护工程指标及路基土方指标另行估算。而改河土方工程的投资则已包括在“其他”指标中。

（2）指标单位

1）小桥及标准跨径小于20m的中桥：指标单位为100m。桥面不分结构类型，工程量按各种桥梁的桥面面积之和计算。

2）标准跨径大于20m的一般结构中桥及大桥：指标单位为100m。桥面按结构类型编列，工程量按桥面面积计算。

3）技术复杂大桥

① 基础工程：指标单位为100m^3实体。

a. 扩大基础工程量：按基础设计混凝土圬工实体计算。

b. 沉井基础工程量：钢筋混凝土沉井按井体、封底、封顶、填心等设计混凝土圬工实体计算；钢壳沉井按井壁、封底、封顶、填心等设计混凝土圬工实体计算。

c. 灌注桩基础工程量按设计桩径的混凝土圬工实体计算。

d. 承台及围堰工程量按承台封底设计混凝土圬工实体计算。

② 下部构造：指标单位为10m^3实体，工程量按墩台或索塔设计混凝土圬工实体计算。

③ 上部构造：指标单位为10m^2桥面，工程量按桥面面积计算。

（3）计算规则

1）桥面面积：桥梁全长与桥面宽度的乘积。

2）桥梁全长：有桥台的桥梁为两岸桥台侧墙或八字墙尾端间的距离；没有桥台的桥梁为桥面系行车道的长度。

3）桥面宽度：行车道加人行道或安全带或桥梁护栏的宽度并计算至外缘。

4）指标中均已综合：混凝土集中拌和、混凝土运输及拌和站安拆、混凝土构件蒸汽养护及蒸汽养护室建筑、行车道桥头搭板等项目。指标中的预应力混凝土简支箱梁项目同样适用于先简支后连续的预应力混凝土连续箱梁工程。

5）指标中的沉井基础仅适用于水深在10m以内的桥梁工程，水深在10m以上时，应编制补充指标计算。

6）如工程可行性研究设计达到一定的深度，能提出技术复杂大桥上部构造用高强钢丝（钢绞线）和基础工程或八字墙沉井或双壁钢围堰以及上部构造、下部构造、基础等各部分用的Ⅰ、Ⅱ级钢筋的数量，使用本指标时，可按实际设计数量调整上部构造、下部构造和基础工程指标中高强钢丝（钢绞线）及Ⅰ、Ⅱ级钢筋的数量和钢壳沉井指标或承台及围堰指标中加工钢材的数量。

7）四级公路采用行车道宽为净3.5m时，指标乘以1.3的系数。

6. 交叉工程

（1）指标内容。交叉工程指标分互通式立体交叉、分离式立体交叉、平面交叉、通道、人行天桥及渡槽等五个项目。

（2）各项目的指标单位及计量规则

1）互通式立体交叉：按跨线桥、匝道、被交道分别编制。

① 跨线桥：指标单位为100m^2桥面，工程量按桥面面积计算。桥面面积和计算规定同大（中）桥。

本指标包括基础、下部、上部、桥台锥坡等全部工程。本指标适用于匝道桥。

② 匝道：指标单位为 1km，工程量按设计长度计算。

指标包括除匝道桥以外的路基、路面、构造物以及其他附属设施等全部工程，是按匝道路基宽度 7m 编制的，如设计匝道宽度与指标取定值不同时，可按如下系数调整指标：

$$K=\frac{(W_1-W_0)\times 0.8}{W_0}+1 \tag{2-5}$$

式中　K——指标调整系数；

W_1——设计匝道路基宽度（m）；

W_0——指标取定匝道路基宽度（m）。

③ 被交道：指标单位为 1km，工程量按设计整修长度计算。

指标包括路基、路面、构造物以及其他附属设施等全部工程。

指标中路况差指被交道路面需全部重新修建或大部分路面需补强；路况好指被交道路面基本完好，只需进行小面积的处理。

指标仅指被交道的整修工程，如被交道属改线或为规划路、等级提高（改建）等情况，应根据设计数量套用相应的分项指标计算或按照相应等级的综合指标进行估算，单列工程项目。

2）分离式立体交叉：按跨线桥、被交道分别编制。

① 跨线桥：指标单位为 $100m^2$ 桥面，工程量按桥面面积计算。桥面面积的计算规定同大（中）桥。其中：顶进箱涵的工程量为公路路基宽度与箱涵长度的乘积，指标包括基础、下部、上部、桥台锥坡等全部工程。

② 被交道：指标单位为 1km，工程量按设计整修长度计算。指标包括路基、路面构造物以及其他附属设施等全部工程。

指标仅指被交道的整修工程，如被交道属改线或为规划路、等级提高（改建）等情况，应根据设计数量套用相应的分项指标计算或按照相应等级的综合指标进行估算，单列工程项目。

3）平面交叉：指标单位为 1 处，工程量按需要设置的交叉处数计算。指标包括路基、路面、构造物以及其他附属设施等全部工程。

4）通道：指标单位为 1 道，分涵洞式通道和小桥式通道编列，工程量不分涵洞或小桥的结构类型，按需要设置的总道数计算。

指标包括通道本身、通道内路面、被交道等全部工程。其仅适用于跨径为 8m 以内的通道工程，跨径超过 8m 的通道工程按分离式立体交叉指标计算。

指标是按一定的路基宽度编制的，如设计路基宽度与指标取定值不同时，涵洞式通道可按涵洞工程的调整方法调整本指标，小桥式通道可按路基宽度比例调整本指标。

5）人行天桥及渡槽：指标单位为 1 座，工程量不分结构类型按需要设置的总数量计算。指标包括基础、下部、上部及其他附属设施等全部工程。

【例 2-6】 拟在某平丘区高速公路上设计互通式立体交叉工程一处，其跨线桥长 100m，桥面宽 18m，采用连续梁结构；其匝道共 2km，路基宽 9m；设计线从原有道路上方跨过，被交道路为三级，路况较差，路线长 1.5km，试分别求出跨线桥、匝道、被交道的估算指标。

解：(1) 求跨线桥的指标

① 工程量：$100 \times 18 = 1800m^2$连续梁

② 各项指标查估算指标：

人工：1435 ×18 =25 830 工日

原木：$0.14 \times 18 = 2.52m^3$

Ⅱ级钢筋：14.85 ×18 =267.3t

水泥：69.71 ×18 =1254.78t

……

指标基价：140 427 ×18 =2 527 686 元

(2) 求匝道的估算指标

① 根据题意其路基宽度为9m，工程数量2km，与计算要求有别，需进行调整，其调整系数按式计算得：

$$K = \frac{(W_1 - W_0) \times 0.8}{W_0} + 1 = \frac{(9-7) \times 0.8}{7} + 1 = 1.23$$

② 各项指标查分项估算指标 7－1－3，得

人工：1.23 ×10 083 ×2 =24 804.18 工日

原木：$1.23 \times 4.62 \times 2 = 11.37m^3$

Ⅱ级钢筋：1.23 ×1.6 ×2 =3.94t

加工钢材：1.23 ×0.82 ×2 =2.02t

……

指标基价：1.23 ×1 431 298 ×2 =3 520 993.08 元

(3) 求被交道的估算指标

① 其工程数量 1.5km。

② 各项指标查估算指标 7－1－7，得

人工：4984 ×1.5 =7476 工日

锯材：$0.50 \times 1.5 = 0.75m^3$

Ⅱ级钢筋：0.13 ×1.5 =0.195t

块石：$62.4 \times 1.5 = 93.6m^3$

……

指标基价 403 148 ×1.5 =604 722 元

7. 安全设施

安全设施指标单位 1 公路公里，工程量按建设项目路线总长度公路公里计算。

8. 服务管理设施

服务、管理设施指标单位为 1 公路公里，工程量按建设项目路线总长度公路公里计算。

指标中未综合通信、监控、供电、收费等设施的设备费用，仅包括设备的安装费用和土建工程的费用，设备费应按《公路工程投资估算编制办法》（以下简称“办法”）中的有关规定另行计算。

9. 其他工程的计算

其他工程包括：清除场地，拆除旧建筑物、构造物，绿化工程，公路交工前养护费，临时轨

道铺设，便道，便桥，临时电力线路，临时电信线路，临时码头，改河土方其他零星工程等。

其他工程不列工料机指标，以主要工程费为基数，路线工程、隧道工程、独立大（中）桥工程和路线工程项目中的1000m以上（含1000m）特大桥工程分别按指标附录一规定的百分率计算。

2.2　公路工程项目建议书估算

2.2.1　项目建议书投资估算的费用组成及计算程序

1. 项目建议书投资估算的费用组成（图2－1）

- 估算总金额
  - 建筑安装工程费
    - 直接费
      - 人工费
      - 材料费
      - 机械费
    - 其他工程费
    - 其他直接费、现场经费与间接费综合费用
    - 综合利税费
  - 设备、工具、器具购置
  - 工程建设其他费用
    - 征用土地及拆迁赔偿费
    - 建设单位管理费
    - 研究试验费
    - 勘察设计费
    - 供电贴费
    - 大型专用机械设备购置费
    - 固定资产投资方向调节税
    - 建设期贷款利息
  - 预留费用
    - 工程造价增长预留费
    - 预备费

图2－1　项目建议书投资估算的费用组成

2. 项目建议书投资估算文件组成

项目建议书投资估算文件由封面、目录、估算编制说明及全部估算计算表格组成。

（1）封面及目录。估算文件首先有封面和扉页，并按《办法》的规定编制。扉页的次页有建设项目名称，编制单位，编制、复核人员姓名并加盖印章，编制日期及第几册共几册等内容，如图2－2所示。

××公路项目建议书投资估算 （K××＋×××——K××＋×××） 第　　册　　共　　册 编制：［签字并加盖执业（从业）资格印章］ 复核：［签字并加盖执业（从业）资格印章］ （编制单位） 年　　月

图2－2　扉页的次页格式

估算文件其次要有目录，并按估算表的顺序页码编排，如图2－3所示。

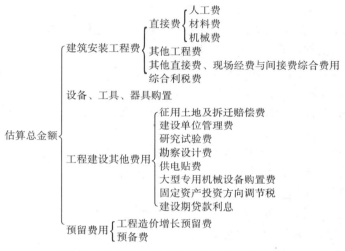

目　录

图 2－3　目录格式

（2）估算编制说明

估算表格完成后，应写出编制说明，文字力求简明扼要。应叙述的内容一般有：

1）项目建议书依据的有关文号，依据的资料及比选方案等。

2）与估算有关的委托书、协议书、会谈纪要的主要内容（或将抄件附后）。

3）与估算有关的地方规定、文件文号及相关的文件说明，如征地、补偿等方面的文件。

4）采用的估算指标、费用标准，人工、材料、机械台班单价的依据或来源，补充指标及其他依据的来源或说明。

5）总估算金额，人工、钢材、水泥、木料、沥青的总需要量情况。

6）编制中存在的问题，其他与估算有关但不能在表格中反映的事项。如定额指标的借用和来自于其他相关的规定的费率标准。

（3）项目建议书估算表格文件及样式。项目建议书投资估算文件是项目建议书的重要组成部分，其文件格式必须按统一格式的估算表格计算，见表 2－2～表 2－7。

表 2－2　　项目建议书总估算汇总表

建设项目名称：　　　　　　　　　　第　页 共　页 01 表

项次	工程或费用名称	单位	数量	估算金额/元				技术经济指标	各项费用比例（%）	备注
							总计			
1	2	3	4	5	6	7	8	9	10	11

编制：　　　　　　　　　　　　　　复核：

表 2－3　　项目建议书总估算表

建设项目名称：

编制范围：　　　　　　　　　　　　第　页 共　页 02 表

项	目	节	工程或费用名称	单位	数量	估算金额/元	技术经济指标	各项费用比例（%）	备注

编制：　　　　　　　　　　　　　　复核：

表 2－4　　项目建议书人工、主要材料数量汇总表

建设项目名称：

编制范围：　　　　第　　页　共　　页　03 表

序号	材料规格名称	单位	总数量	分项统计							

表 2－5　　项目建议书设备、工具、器具购置费与工程建设其他费用计算表

建设项目名称：

编制范围：　　　　第　　页　共　　页　04 表

序号	费用名称	说明及计算式	金额/元	备　注

表 2－6　　项目建议书工程估算表

建设项目名称：

编制范围：　　　　第　　页　共　　页　05 表

编号	工程名称												合计	
	工程细目名称													
	指标单位													
	工程量													
	估算指标表号													
	工、料、机名称	单位	单价/元	指标	数量	金额/元	指标	数量	金额/元	指标	数量	金额/元	数量	金额/元
1	人工	工日												
2	……													
	指标基价	元												
	直接费	元												
	其他工程费	元												
	综合费用	元												
	直接工程费与间接费合计	元												

编制：　　　　复核：

表 2－7　**项目建议书人工及主要材料价格计算表**

建设项目名称：

编制范围：　第　页 共 页 06 表

人工工资/（元/工日）					
序号	材料名称及规格	单位	预算价格/元	计算依据	备注

编制：　复核：

3. 项目建议书投资估算的计算方式（见表 2－8）

表 2－8　**项目建议书投资估算的计算程序及计算方式**

代号	项　目	说明及计算方式
一	指标直接费	估算指标基价
二	直接费	按编制年工程所在地的人工费、材料费、机械使用费之和
三	其他工程费	（二）×《指标》规定的其他工程费率
四	其他直接费、现场经费与间接费综合费用	[（一）+（三）]×综合费率
五	综合利税费	[（二）+（三）+（四）]×综合利税费
六	指标建筑安装工程费	（一）＋（三）＋（四）＋（五）
七	建筑安装工程费	（二）＋（三）＋（四）＋（五）
八	设备、工具、器具购置费	按本办法附录或有关规定计算
九	工程建设其他费用	
	土地征用费	按有关规定计算
	拆迁补偿费	按有关规定计算
	建设单位管理费	（六）×费率
	工程质量监督费	（六）×费率
	工程监理费	（六）×费率
	定额编制管理费	（六）×费率
	设计文件审查费	（六）×费率
	研究试验费	按本办法附录或有关规定计算
	勘察设计费	按本办法附录或有关规定计算
	供电贴费	按本办法附录或有关规定计算
	大型专用设备购置费	按需购置的清单估算
	固定资产投资方向调节税	按有关规定计算
	建设期贷款利息	按实际贷款数及利息计算
十	预留费用	
	工程造价增长预留费	以（七）为基数按规定的公式计算
	预备费	[（七）+（八）+（九）－大型专用机械设备购置费－固定资产投资方向调节税－建设期贷款利息]×费率
十一	建设项目投资估算总金额	（七）＋（八）＋（九）＋（十）

2.2.2　项目建议书投资估算编制程序

遵循国家颁布的公路基本建设程序和工程造价管理的有关规定和要求，在编制项目建议书投资估算时，首先应当了解熟悉所必备的基础资料，尤其是对综合估算指标的内容，即指标所包括的主要工程与含量，应有充分的了解。结合拟建项目的实际情况和踏勘调查资料，选用指标并允许进行必要的换算调整，都作了明确而具体的规定。其次应根据建设项目的主管部门或建设单位对拟建项目的总体实施规划进行必要的分析研究，尽可能做到合理可靠，然后按照下列程序和方法进行项目建议书投资估算的编制工作。

编制项目建议书投资估算的一般程序包括：熟悉设计意图，整理外业调查资料，确定人工、材料价格，进行计算汇总，写出编制说明并装订签章。

（1）熟悉拟建项目的建设规模、技术标准，了解路线或桥型方案设想意图和工程全貌，掌握建设项目现场的有关实际情况。

（2）对踏勘调查所涉及的有关投资估算的基础资料进行分析整理，去伪存真，做到合理可靠。

（3）对路线中的路基土石方、排水与防护、路面、大（中）桥、立体交叉工程等几项主要工程每公里的实际工程量进行可能的和必要的分析比较，以便据以确定是否应对综合指标进行调整。

（4）研究建设项目的总体施工部署和实施方案，确定合理的建设工期。

（5）取定工资标准（人工费单价）、材料供应价格和运输方案，计算材料的预算价格。

（6）对选用指标中的其他材料费和机械使用费进行调整，以及指标规定的应予调整的其他事项进行调整。

（7）进行人工和材料实物量的分析计算。

（8）计算各项费用并汇编总估算及人工、材料需要量。

（9）写出编制说明，进行复核与审核。

（10）出版、盖章、上报。

2.3　公路工程可行性研究报告投资估算

2.3.1　工程可行性研究报告投资估算的费用组成及计算程序

1. 工程可行性研究报告投资估算的费用

其组成如图 2－4 所示。

2. 可行性研究报告投资估算文件组成

可行性研究报告投资估算文件由封面、目录、估算编制说明及全部估算表格组成。

（1）封面及目录。估算文件首先有封面和扉页，并按《办法》的规定编制。扉页的次页有建设项目名称，编制单位，编制、复核人员姓名并加盖印章，编制日期及第几册共几册等内容，如图 2－5 所示。

估算文件其次要有目录，并按估算表的顺序页码编排，如图 2－6 所示。

（2）估算编制说明。估算表格完成后，应写出编制说明，文字力求简明扼要。应叙述的内容一般有：

1）可行性研究报告的依据及有关文号，依据或来源，补充指标及编制依据的详细说明。

2）与估算有关的委托书、协议书、会谈纪要的主要内容（或将抄件附后）。

3）总估算金额，人工、钢材、水泥、木料、沥青的总需要量情况，各建设方案的经济比较结果以及编制中存在的问题。

4）其他与估算有关但不能在表格中反映的事项。如推荐方案的估算结果。

（3）可行性研究报告估算表格文件及样式。可行性研究报告投资估算文件是可行性研究报告建议书的重要组成部分，其文件格式必须按统一格式的估算表格计算，见表2－9～表2－16。

- 估算总金额
  - 建筑安装工程费
    - 直接工程费
      - 直接费
        - 人工费
        - 材料费
        - 施工机械使用费
      - 其他工程费
      - 其他直接费
        - 冬季施工增加费
        - 雨季施工增加费
        - 夜间施工增加费
        - 高原地区施工增加费
        - 沿海地区施工增加费
        - 行车干扰工程施工增加费
        - 施工辅助费
      - 现场经费
        - 临时设施费
        - 现场管理费
          - 基本费用定额
          - 其他单项费用定额
            - 主副食运费补贴
            - 职工探亲路费
            - 职工取暖补贴
            - 工地转移费
    - 间接费
      - 企业管理费
      - 财务费用
    - 施工技术装备费
    - 计划利润
    - 税金
  - 设备、工具、器具及家具购置费
    - 设备、工具、器具购置费
    - 办公及生活用家具购置费
  - 工程建设其他费用
    - 土地、青苗等补偿费和安置补偿费
    - 建设单位管理费
    - 研究试验费
    - 勘察设计费
    - 施工机构迁移费
    - 供电贴费
    - 大型专用机械设备购置费
    - 固定资产投资方向调节税
    - 建设期贷款利息
  - 预留费
    - 工程造价增长预留费
    - 预备费

图2－4 工程可行性研究报告投资估算的费用组成图

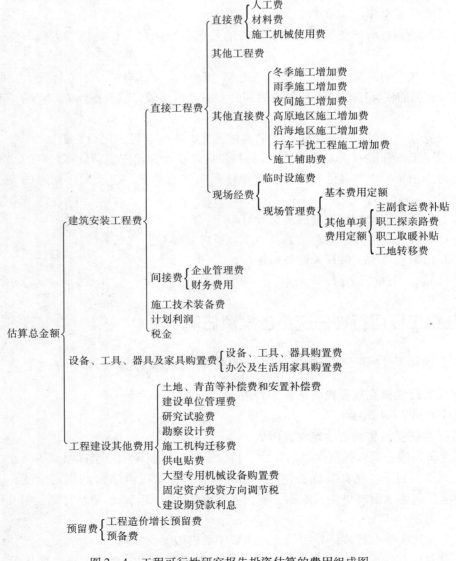

××公路可行性研究报告投资估算

（K××+×××——K××+×××）

第　　册　　共　　册

编制：［签字并加盖执业（从业）资格印章］

复核：［签字并加盖执业（从业）资格印章］

（编制单位）

年　　月

图 2－5　扉页的次页格式

目　　录

1. 可行性研究报告投资估算编制说明 ……………………………………………

2. 可行性研究报告总估算汇总表(01 表) ……………………………………

3. 可行性研究报告总估算表(02 表) …………………………………………

4. 可行性研究报告人工、主要材料数量汇总表(03 表) ………………………

5. 可行性研究报告设备、工具、器具购置费计算表(04 表) …………………

6. 可行性研究报告工程建设其他费用计算表(05 表) ………………………

7. 可行性研究报告分项工程估算表(06 表) …………………………………

8. 可行性研究报告其他直接费、现场经费及间接费综合费率计算表(07 表) …………

9. 可行性研究报告材料预算价格计算表(08 表) ……………………………

图 2－6　目录格式

表 2－9　　**可行性研究报告总估算汇总表**

建设项目名称：　　　　　　　　　　　　第　　页　共　　页　01 表

项次	工程或费用名称	单位	数量	估算金额/元				技术经济指标	各项费用比例（%）	备注
							总计			
1	2	3	4	5	6	7	8	9	10	11

编制：　　　　　　　　　　　　　　　　　　复核：

表 2－10　　**可行性研究报告总估算表**

建设项目名称：

编制范围：　　　　　　　　　　　　　　第　　页　共　　页　02 表

项	目	节	工程或费用名称	单位	数量	估算金额/元	技术经济指标	各项费用比例（%）	备注

编制：　　　　　　　　　　　　　　　　　　复核：

表 2－11 **可行性研究报告人工、主要材料数量汇总表**

建设项目名称：

编制范围： 第　页 共　页 03表

序号	材料规格名称	单位	总数量	分项统计							

表 2－12 **可行性研究报告设备、工具、器具购置费计算表**

建设项目名称：

编制范围： 第　页 共　页 04表

序号	费用名称	说明及计算式	金额/元	备　注

表 2－13 **可行性研究报告工程建设其他费用计算表**

建设项目名称：

编制范围： 第　页 共　页 05表

序号	费用名称	说明及计算式	金额/元	备　注

表 2－14 **可行性研究报告分项工程估算表**

建设项目名称：

编制范围： 第　页 共　页 06表

编号	工程名称												合计	
	工程细目名称													
	指标单位													
	工程量													
	估算指标表号													
	工、料、机名称	单位	单价/元	指标	数量	金额/元	指标	数量	金额/元	指标	数量	金额/元	数量	金额/元
1	人工	工日												
2	……													
	指标基价	元												
	直接费	元												
	其他工程费	元												
	其他直接费													
	现场经费													
	间接费	元												
	直接工程费与间接费合计	元												

编制：　　　　复核：

表 2－15　　可行性研究报告其他直接费、现场经费及间接费综合费率计算表

建设项目名称：

编制范围：　　　　　　　　　　　　　　　　　　　　　　　　第　页 共　页 07 表

序号	工程类别	其他直接费费率（%）								现场经费							间接费费率（%）		
		冬季施工增加费	雨季施工增加费	夜间施工增加费	高原地区施工增加费	沿海地区施工增加费	行车干扰工程增加费	施工辅助费	综合费率	临时设施费	现场管理费					综合费率	企业管理费	财务费用	综合费率
											基本费	其他单项费用							
												主副食运费补贴	职工探亲路费	职工取暖补贴	工地转移费				
1	2	3	4	5	6	7	8	9	10	11	12	13	14	15	16	17	18	19	20

编制：　　　　　　　　　　　　　　　　　　　　　　　　　　　　　复核：

表 2－16　　可行性研究报告材料预算价格计算表

建设项目名称：

编制范围：　　　　　　　　　　　　　　　　　　　　　　　　第　页 共　页 08 表

序号	规格名称	单位	原价/元	运杂费					原价运费合计/元	场外运输损耗		采购及保管费		预算单价/元
				供应地点	运输方式、比重及运距	毛重系数或单位毛重	运杂费构成说明或计算式	单位运费/元		费率（%）	金额/元	费率（%）	金额/元	

编制：　　　　　　　　　　　　　　　　　　　　　　　　　　　　　复核：

3. 工程可行性研究投资估算计算程序

可行性研究投资估算的计算程序及计算方式见表 2－17。

表 2－17　　可行性研究投资估算的计算程序及计算方式

代号	项　目	说明及计算式
一	指标直接费	估算指标基价
二	直接费	按编制年工程所在地的人工费、材料费、机械使用费之和
三	其他工程费	（二）×规定的其他工程费率
四	其他直接费	[（一）+（三）]×其他直接综合费率
五	现场经费	[（一）+（三）]×现场经费综合费率
六	指标直接工程费	（一）+（三）+（四）+（五）
七	直接工程费	（二）+（三）+（四）+（五）
八	间接费	（六）×间接费综合费率
九	施工技术装备费	[（六）+（八）]×施工技术装备费率

续表

代号	项　　目	说明及计算式
十	计划利润	[（六）+（八）]×计划利润率
十一	税金	[（七）+（八）+（十）]×税率
十二	指标建筑安装工程费	（六）+（八）+（九）+（十）+（十一）
十三	建筑安装工程费	（七）+（八）+（九）+（十）+（十一）
十四	设备、工具、器具购置费	∑（设备、工具、器具购置数量×单价+运杂费）
	办公和生活用家具购置费	按本办法附录或有关规定计算
十五	工程建设其他费用	
	土地补偿费和安置补助费	按有关规定计算
	建设单位管理费	（十二）×费率
	工程质量监督费	（十二）×费率
	工程监理费	（十二）×费率
	定额编制管理费	（十二）×费率
	设计文件审查费	（十二）×费率
	研究试验费	按本办法附录或有关规定计算
	勘察设计费	按本办法附录或有关规定计算
	施工机构迁移费	按本办法附录或有关规定计算
	供电贴费	按本办法附录或有关规定计算
	大型专用设备购置费	按需购置的清单估算
	固定资产投资方向调节税	按有关规定计算
	建设期贷款利息	按实际贷款数及利息计算
十六	预留费用	
	工程造价增长预留费	以（十三）为基数按规定的公式计算
	预备费	[（十三）+（十四）+（十五）-大型专用机械设备购置费-固定资产投资方向调节税-建设期贷款利息]×费率
十七	建设项目投资估算总金额	（十三）+（十四）+（十五）+（十六）

2.3.2 工程可行性研究投资估算的编制程序

根据我国现行有关工程造价管理的规定，编制可行性研究报告投资估算的一般程序如下。

（1）熟悉设计方案和各种图表资料，对各项主要工程数量进行必要的核对和计算，若发现分项指标的计算口径与要求不一致时，要提请设计人员查实，或在外业调查时予以解决。然后按分项指标的内容要求，正确摘取各种计价工程数量，为编制投资估算提供可靠的基础资料。

（2）按照编制可行性研究报告投资估算的要求，整理分析好涉及投资估算的各种外业调查资料，如进行材料综合供应价格的分析取定，计算各种材料的平均运距并确定合理的运输方案等。

（3）研究建设安排和实施方案的内容和要求是否合理可行，如建设工期、工程进度等；核查与批准的项目建议书投资估算文件的规定是否相符，如有变动，则要分析其合理性，做到更符合实际、合理可靠。

（4）取定人工费单价和材料供应价格，按照运距示意图确定的运输方案和平均运距计算材料的预算价格。

（5）根据确定的总体实施方案的要求，结合建设项目的实际情况，正确取定其他工程费、现场经费、间接费等费率标准，并进行汇总。

（6）对拟选用的各种分项估算指标中的其他材料费、机械使用费，按指标规定的调整计算公式逐项进行调整，以及指标规定的可以调整的其他有关内容进行调整。

（7）根据摘取的主要工程数量和选用的并经调整好的分项估算指标，计算出人工和材料的实物量。

（8）根据确定的人工、材料的预算价格和各种费率标准，计算出各项费用，并进行累计汇总。

（9）编制设备、工具、器具购置费和工程建设其他费用。

（10）编制总估算及统计汇总人工和主要材料数量。

（11）若系分段编制投资估算的，再汇编总估算。

（12）写出编制说明，进行复核与审核。

（13）出版、盖章、上报。

复习思考题

1. 简述估算指标的作用。
2. 简述综合指标的内容与运用。
3. 简述分项指标的内容与运用。
4. 简述公路工程项目建议书投资估算的费用和文件组成。
5. 简述公路工程项目建议书投资估算的费用标准和计算方法。
6. 简述公路工程可行性研究报告投资估算的费用和文件组成。
7. 简述公路工程可行性研究报告投资估算费用标准和计算方法。

习　　题

1. 某高速公路有水泥稳定碎石基层 3.2 万 m^3，压实厚度 28cm，试确定其估算指标。

2. 路面的石灰土稳定土基层厚 25cm，并进行分层拌和碾压，求其工程量 $M=2000m^2$ 时的估算指标。

3. 平丘区高速公路上设计互通式立体交叉工程一处，其跨线桥长 100m，桥面宽 18m，采用连续梁结构，其匝道共 2km，路基宽 9m，设计线从原有道路上方跨过，被交道路为三级，路况较差，路线长 1.5km，试分别求出跨线桥、匝道、被交道的估算指标。

4. 按估算指标求在河北省境内平原微丘区修筑高速公路时，每 1km 所需的土、料、机械及其他各项指标。

5. 修筑某平原微丘区二级公路路基，经设计所提供的断面方数量为50 000m^3，机械施工运距3000m，求其各项目的估算指标。

6. 拟在河北省境内修筑一条一级公路，路线处于山岭重丘区，沿线有5道涵洞处的路基宽为19.5m，试按分项指标，求算其工、料、机及主要估算指标。

第3章 公路工程定额

本章学习应掌握内容

1. 定额概念；
2. 定额特点；
3. 公路工程定额分类；
4. 各种定额表的构成内容及意义；
5. 定额运用要点；
6. 定额抽换；
7. 机械台班单价计算。

3.1 公路工程定额概述

3.1.1 定额概念

定额是一个综合概念，是工程建设中各类定额的总称。在我国，建筑安装行业是国民经济的支柱，有关建筑安装活动范畴内的各种定额，都必须经国家建设部门或其授权部门统一制定、执行和管理。在定额规定适用范围内，任何与使用定额有关的单位，包括设计单位、施工单位、建设单位都必须遵守，不经有关部门的批准或同意，不能任意编制或改动。

定额可表述为：在正常的生产（施工）技术和组织条件下为完成单位合格产品所规定的人力、机械、材料、资金等消耗量的标准。

定额水平是一定时期社会生产力水平的反映，它不是一成不变的，而是随着生产力水平的变化而变化。一定时期的定额水平，必须坚持平均先进或先进合理的原则。所谓平均先进，是指在执行定额的时期内，大多数人员经过努力可以完成定额或超过定额，是先进指标中的平均值。所谓先进合理，是指定额指标虽然也是先进的，但不一定是平均值，而且一般是取比平均值要低的合理指标。

定额是随着现代大生产的出现和管理科学的产生而产生的。它的产生和发展与管理科学的产生与发展有密切的关系。

3.1.2 定额的特点

我国公路工程定额具有科学性、系统性和统一性、权威性和强制性、稳定性和时效性等特点。

1. 定额的科学性

定额的科学性，首先表现在用科学的态度制定定额，尊重客观实际，排除主观臆断，力求定额水平合理；其次表现在制定定额的技术方法上，利用现代科学管理的成就，形成一套系统的、完整的、在实践中行之有效的方法；第三则表现在定额制定和贯彻的一体化，“制定”是为了提供贯彻的依据，而“贯彻”是为了实现管理的目标，也是对定额的信息反馈。

2. 定额的系统性

定额是相对独立的系统，是由多种定额结合而成的有机整体。它的结构复杂，有鲜明的层次，有明确的目标。

定额的系统性是由工程建设的特点决定的。按照系统论的观点，工程建设就是庞大的实体系统，而定额是为这个实体系统服务的。因而，工程建设本身的多种类、多层次就决定了以它为服务对象的工程建设定额的多种类、多层次。如公路定额是为公路建设服务的，其内部层次分明，任何一个分部分项工程在定额中都能确定，每一个专业定额都是一个完整的系统。

3. 定额的统一性

定额的统一性，按照其影响力和执行范围来看，有全国统一定额、地区统一定额和行业统一定额等等，层次清楚，分工明确按照定额的制定、颁布和贯彻使用来看，有统一的程序、原则、要求和用途。

定额的统一性也和工程建设本身的巨大投入和巨大产出有关。它对国民经济的影响不仅现在投资的总规模和全部建设项目的投资效益等方面，而且往往表现在具体建设项目的投资数额及其投资效益等方面，因而需要借助统一的工程建设定额进行社会监督。

4. 定额的权威性和强制性

主管部门通过一定程序审批颁发工程建设定额，审核批准以定额为主要依据而确定的各阶段的工程造价，决定了定额的权威性的特点。这种权威性在一些情况下具有经济法规性质和执行的强制性。

5. 定额的稳定性和时效性

工程建设定额任何一种都是一定时期技术发展与管理的反映，因而在一段时期内都表现出稳定的状态。根据情况不同，稳定的时间有长短，一般在5~10年之间。定额的稳定性是维护定额的权威性所必需的，更是有效地贯彻定额所必需的。

从另一方面来说，定额的稳定性是相对的，当生产力发展到一定程度，定额就会与已经发展的生产力不相适应，甚至不再能起到促进生产力发展的作用时，工程建设定额就要重新编制或修订了。这就是定额的时效性特点。

3.1.3 定额的作用

在公路建设中，工程定额有如下的作用：

（1）它是编制概算、预算和决算的依据；是编制施工组织文件的依据；是编制各种施工计划的依据；是施工过程中签发任务单、领料单等施工文件的依据。

（2）它是公路施工企业进行经济核算、考核工程成本的依据。

（3）它是进行工资核算、实行经济承包责任制的依据。

（4）它是开展社会主义劳动竞赛和搞好企业管理的基本条件。

（5）正确贯彻执行定额、及时修订和补充定额是提高劳动生产率的重要手段。

3.1.4 定额的分类

由于具体的生产条件各异，定额的种类很多，根据使用对象和组织生产的目的不同，编制出不同的定额。公路工程有关的定额如图3－1所示。

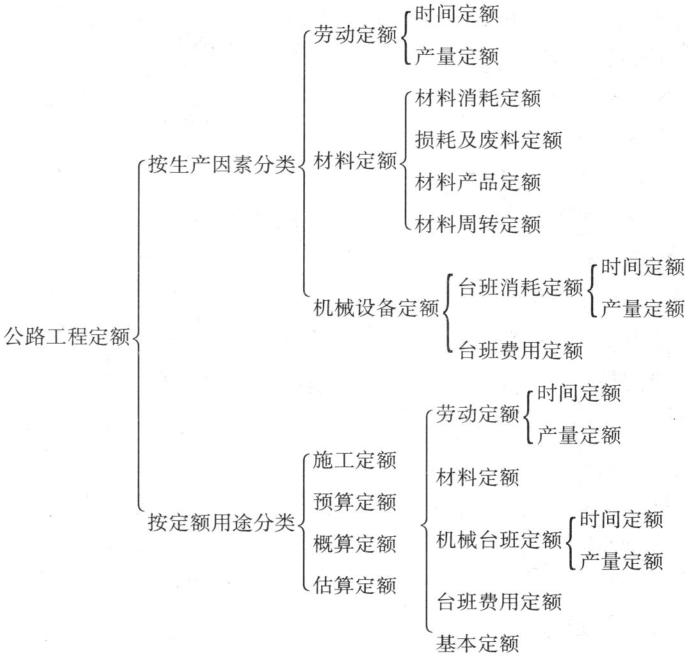

图3－1　公路工程定额分类

劳动定额是在正常的生产技术和生产组织条件下，为完成单位合格产品，所规定的劳动消耗量标准。劳动定额有两种表现形式：时间定额和产量定额。

（1）时间定额。时间定额，是指在技术条件正常、生产工具使用合理和劳动组织正确的条件下，生产工人为生产单位合格产品所消耗的劳动时间，其计量单位为：工时单位/产品单位，如工日/m^3、工日/km^2、工日/座等。每一工日除潜水工作按6h、隧道工作按7h，其余均按8h计算。时间定额的计算方法如下：

$$时间定额=1/每单位工时完成的产量=1/产量定额 \tag{3-1}$$

或

$$时间定额=耗用工时数量/完成单位合格产品数量 \tag{3-2}$$

（2）产量定额。产量定额是指在技术条件正常、生产工具使用合理和劳动组织正确的条件下，生产工人为生产单位合格产品的数量，其计量单位为：产品单位/工时单位，如m^3/工日、km^2/工日、座/工日等。

$$产量定额=1/完成单位产品所消耗的时间=1/时间定额 \tag{3-3}$$

或

$$产量定额=完成单位合格产品数量/耗用时间数量 \tag{3-4}$$

3.1.5　制定定额的基本方法

1. 施工过程和工作时间的研究

（1）施工过程的组成。一个工程项目是由各分项工程组成的，各分项工程又由不同复杂程度和不同性质的施工项目所组成。以各分项工程或施工项目为单位，由开工起至竣工止称为施工过程（或生产过程）。在全部施工过程中，都将涉及劳动者、劳动对象（如材料、半成品等）和劳动资料（如手动工具、机具设备等）三个方面，其结果是在一定范围内，改变了劳动对象的外观形状、内部结构或空间位置，从而取得了不同计量单位（体积、重量和尺寸等）的建筑物。通过对施工过程的组成部分的分解，按其不同的劳动分工、不同的工艺特点、不同的复杂程度来区别和认识施工过程的性质和内容，以使我们在技术上采用不同的现场观察方法，研究工时和材料消耗的特点，进而取得编制定额所必需的精确资料。

任何工程结构物的施工过程（或生产过程）可以分为动作、操作、工序、操作过程和综合过程五个程序，而前一程序为后一程序的组成部分，例如工序是由若干个操作所组成，而操作又可划分为若干动作等。

1）动作与操作。动作是指劳动时一次完成的最基本的活动。例如，转身取工具或材料、动手开动机械等。若干个细小动作就组成所谓操作，以安装模板时“将模板放在工作台上”这一操作为例，可大致划分为① 取部分模板；② 走至工作台前；③ 将模板放在工作台上等三个动作。显然，动作和操作并不能完成产品，在技术上亦不能独立存在。

2）工序。工序是指在施工组织上不可分开且施工技术上相同的过程，它由若干个操作所组成。此时劳动者、劳动对象和劳动工具三者固定。以“钢筋混凝土浇筑”这一操作为例，可大致划分为① 安装模板；② 安置钢筋；③ 浇灌混凝土；④ 捣实；⑤ 拆模；⑥ 养护等若干工序。其中“安装模板”这一工序由“将模板放在工作台上”和“拼装模板”等操作组成；而“安置钢筋”这一工序则由钢筋的除锈、整直、切断、弯曲和绑扎，以及钢筋的移运等操作和动作组成。

从技术操作和施工组织观点来看，工序是最基本的施工单位，因此编制施工定额时，工序是基本组成单位，只有在某些复杂的工序中为了更精确起见，才以操作作为基本组成单位。

3）操作过程。操作过程由若干技术相关的工序所组成。操作过程中各个工序，是由不同的工种和机械依次地或平行地来执行。例如“铲运机修筑路堤”这一操作过程是由① 铲运土；② 分层铺土；③ 空回；④ 整理卸土四个工序所组成。

4）综合过程。综合过程是同时进行的，在组织上是有机地联系在一起的，能最终获得一种产品的操作过程的总和。例如用铲运机修筑路堤时，除“铲运机修筑路堤”外，还必须同时经过“土壤压实”、“路堤修整”等操作过程。

施工过程程序划分有助于编制不同种类的定额，施工定额可具体到工序和操作；预算定额则以操作过程或工序为依据；而概算定额则以综合过程或操作过程为依据。

（2）动作研究。施工过程按完成方法的不同，可以分为手工操作过程（手动过程）和机械化过程（机动或机手并动过程）。动作是手动操作和机手并动操作的组成部分，是人的劳动的最小单元。例如拿起工件、安装工件、放下工件等都是一项动作。动作研究的目的是为了消除多余的、不必要的、不合理的动作，提高工效，减少体力消耗。对组成操作的每一个动作，要研究它能否取消、合并或平行进行，应如何改进和提高；还要研究影响动作时间的各种因素，如改进劳动组织，改进原材料、工具的供应，调整运输路线，考虑能否实现机械化、自动化等，使工序的结构比较合理，定额制定才有了科学基础。

动作研究的方法很多，如秒表测定法、利用电影摄影技术等进行动作研究，取得分析资料。

（3）时间研究。针对公路桥梁的施工情况，分析研究手动和机手并动时间有着重要意义。定额中规定的时间消耗，应该是必须消耗的部分。因此，必须对工作时间消耗加以研究，从而明确取舍标准。即确定必须消耗的时间（定额时间），作为用来计算劳动生产率或机具利用率的指标；查明损失时间（非定额时间）及其产生的原因，以便采取措施，减少和消除这部分工时损失，提高时间利用率。

工作时间主要指工作班延续时间，即工人或机械在一个工作日（班）内从事生产活动所占用的时间。公路、桥梁、隧道等施工过程，从正常施工条件考虑，潜水工作每工日（台班）以 6h、隧道工作每工日（台班）以 7h、其余的每工日（台班）均以 8h 计算。

工作时间在人工操作时主要指基本工种所需要的时间，在机械操作时则以主要机械为对象，不包括辅助机械和一般手动工具，也不包括照料机械的辅助工人。

1）工人工作时间的组成（图 3 – 2）。定额时间由下述时间组成：

① 基本工作时间。指工人直接完成工作任务所消耗的时间，即可使施工对象发生性质和形态的改变所消耗的时间。例如，钢筋弯曲成型、混凝土搅拌和浇筑。

② 辅助工作时间。指不直接完成工艺目的，但为了保证完成工艺目的而必须消耗的时间。例如钢筋弯制成型过程中丈量尺寸所消耗的时间，工具的校正和修磨、机械润滑等消耗的时间。

③ 准备与结束工作时间。指在工作开始前，便于基本工作顺利进行所需的准备工作时间。它包括工人本身、工作地点、劳动工具和劳动对象等各个方面。其中又有“班内的”和“任务内的”两种区别。班内的准备工作，是指在每一个工作班之前（之后）所必需的活动，如机械生火（灭火）及布置工作场地（清理现场）等。任务内的准备工作，是指同类工作开始之前的准备活动，它不随工班而定期重复，与工作量大小无直接关系。如开工前熟悉图纸、改换较大的工具、变更平地机刮刀的角度、下班时办理交班手续等。

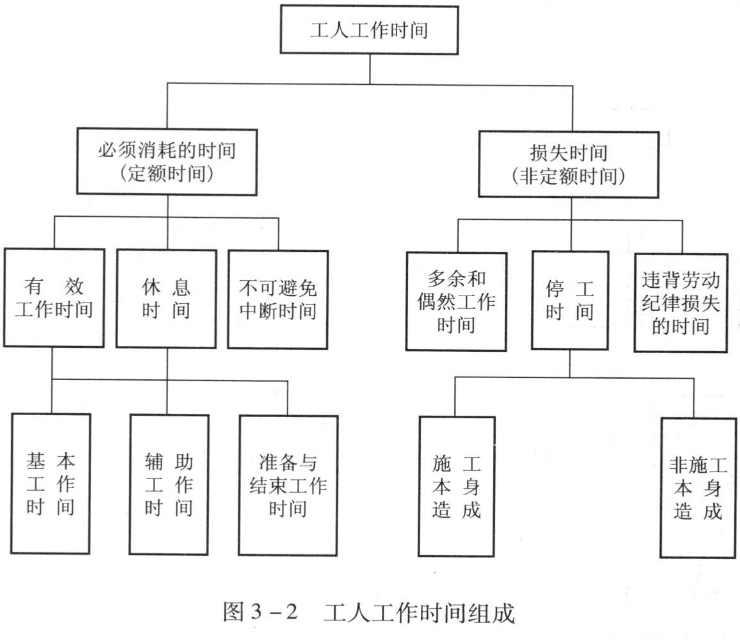

图 3 – 2　工人工作时间组成

必须指出，准备工作、结束工作和辅助工作，既可以由基本工作人员进行，亦可以用专门人员来进行，而且三种工作亦有重合的机会，因而在定额中应该分别考虑，以保证各定额的准确性。

④ 休息时间。指在施工过程中，因工作性质、体力负担和施工条件的不同，工人生理和心理上需要间隙的休息，借以消除疲劳所占用的时间。一般来说，在高温、高速和某些繁重的劳动条件下，这部分时间消耗较多；反之则较少。

⑤ 不可避免的间断时间。指工人在操作中，因技术操作或生产组织的特殊需要，发生的施工短时间的中断，如铲运机的转头、汽车等待装货、工人从较长施工段的终点返回起点等。

非定额时间是由下述时间组成：

① 多余和偶然的工作时间。指在正常的施工组织条件下，由于工人对自己工作处理不当或技术不适应而发生产品不合乎质量标准，需要重复进行多余的工作所消耗的时间，如返工、出废品、找常用工具等。又如材料供应不当，造成机械空转或人工超出规定范围以外去搬运材料等。偶然工作能获得一定产品，拟定定额时应适当考虑它的影响。

② 停工时间。由施工本身造成的停工时间是指工地管理不周密、技术处理不当、劳动组织不合理而造成的停工。如机械故障、材料供应不及时、运输中断等。非施工本身造成的停工时间，是指由于设备不完善或气候条件以及水源、电源中断引起的停工等。

③ 违背劳动纪律损失时间。指劳动者本身的过失造成的停工时间，如迟到、早退、擅离现场、工作时间内聊天、办私事等。由于个别工人违背劳动纪律而影响其他工人无法工作的时间也包括在内。

2）机械工作时间组成（图 3－3）

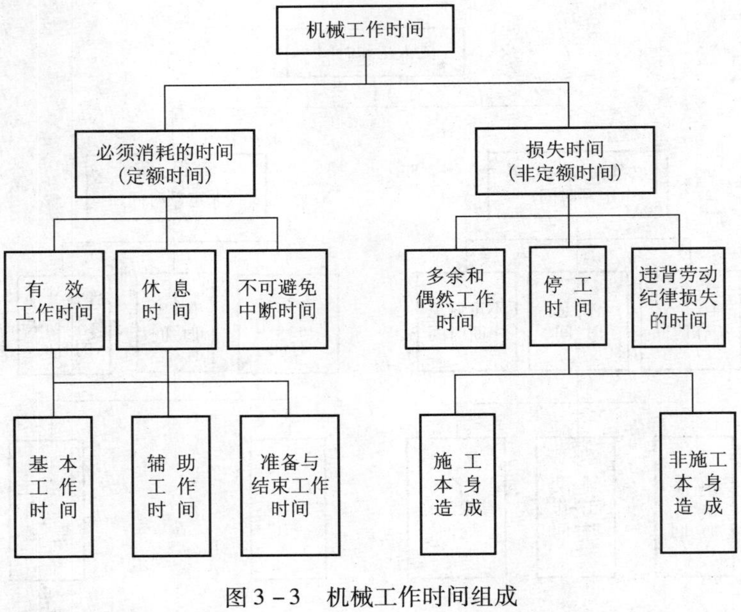

图 3－3　机械工作时间组成

定额时间由下述时间组成：

① 有效工作时间。机械的有效工作时间分机动和机手并动两种。所谓“机动”和“机手并动”，主要取决于管理机械的工人是否直接参加劳动，如碎石机和搅拌机等机械，工人只需开动和照料，机械本身能连续不断地运转和工作，则称为“机动”；而如推土机和汽车等，驾驶人员需直接参加劳动，故称为“机手并动”。

正常负荷下的工作时间，是指机械与说明书规定的计算负荷相符情况下进行工作的时间。有根据地降低负荷下的工作时间，是指个别情况下，由于技术上的原因，机械在低于其计算负荷下工作的时间。如汽车运输质量小而体积大的货物时，未能充分利用汽车的载重能力。降低负荷下的工作时间，是指由于工人或技术人员的过错所造成的机械在降低负荷情况下工作的时间。如工人装车的砂石数量不足、搅拌机装料不够，引起汽车和搅拌机在降低负荷的情况下工作的时间，该项工作时间不能作为计算时间定额的基础。

② 不可避免的无负荷工作时间。指由于施工过程和机械结构的特点造成的机械无负荷工作时间，如汽车和铲运机等卸料后的空返时间。

③ 不可避免的中断时间。如汽车等待装卸、经常性的检修、中途转移工作地点等。它又可分为下述三种不可避免的中断时间：即与操作有关的（如等待装料等）、与机械有关的（如检修等）和与工人有关的（如工人的必要休息等）。按中断出现的时间不同，又有定期的和循环的以及班内的和任务内的区别。

非定额时间由下述时间组成：

① 多余工作时间。指机械进行任务内和工艺过程内未包括的工作时间。如工人没有及时供料使机械空转的时间等。

② 停工时间。施工本身造成的停工，是由施工组织得不好而引起的停工现象，如未及时供给水、电、燃料引起的停工。非施工本身造成的停工，是由于气候条件上引起的停工现象，如暴雨时压路机的停工等。

③ 违背劳动纪律时间。指由于工人迟到、早退或擅离岗位等原因引起的机器停工时间。

2. 定额的制定方法

制定定额要求快、准、全。快是时间上的要求，就是要简便、工作量小、制定及时，满足生产需要；准是质量上的要求，就是定额水平要先进合理，并注意相邻工种、产品间的平衡；全是工作范围上的要求，做到凡是需要和可能制定的工作都有定额。

定额是工人生产实践的总结。在制定时必须充分发动群众，采用工人、专业人员、领导干部三结合方式，根据一般的劳动情况、技术水平，通过工人劳动实践，反复观测、整理、分析对比、座谈讨论而后确定。

定额制定的基本方法通常有经验估计、统计分析、类推比较、技术测定四种。

（1）经验估计法。经验估计法一般是根据老工人、施工技术人员和定额员的实践经验，并参照有关的技术资料，通过座谈讨论，对完成某项工作所需消耗的人力（工日）、物力（原材料、机械等）的数量进行分析、估计并最终制定定额标准的方法。

这种方法具有制定定额工作过程较短、工作量较小、简便易行的特点，但其准确程度在很大程度上取决于参加估计人员的经验，有一定的局限性。

要使制定的定额更符合实际情况，应根据同类的现行定额和工作消耗的资料做一番分析比较，在广泛吸取有经验的老工人等有关人员意见的基础上通过讨论后确定。

（2）统计分析法。统计分析法是根据一定时期内实际生产中工作时间消耗和产品完成数量的统计（如施工任务单、考勤表及其他有关统计资料）和原始记录，经过整理，结合当前的生产条件，分析对比来制定定额的方法。这种方法简便易行，比经验估计法有较多的统计资料作依据，更能反映实际情况，但这种方法往往有一种偶然性因素包括在内，影响定额的准确性，因此必须建立健全统计资料与定额分析工作。

（3）类推比较法（又称典型定额法）。类推比较法是以某种产品（或工序）的典型定额为依据，进行对比分析，推算确定另一种产品的工时定额。这种方法容易保持同类产品之间定额水平的平衡，只要典型定额制定恰当，对比分析细致，则定额的准确程度较经验估计法为高。

（4）技术测定法。技术测定法是根据先进合理的技术文件、组织条件，对施工过程各工序工作时间的各个组成部分进行工作日写实、测时观察，分别测定每一工序的工时消耗，然后通过测定的资料进行分析计算来制定定额的方法。这是一种典型调查的工作方法，通过测定获得制定定额的工作时间消耗的全部资料，有比较充分的依据，准确程度较高，是一种比较科学的方法。但制定过程比较复杂、工作量大，不易做到快和全。

上述四种方法各有优缺点和适用范围。在实际工作中，可以结合起来运用，而技术测定法是一种科学的方法，随着现代化管理水平的日益提高，应该普遍推广和进一步完善这种方法。

3.2 公路工程施工定额

施工定额是建筑安装工人在正常施工条件下，完成单位合格产品的劳动力、材料、机械消耗的数量标准。它是施工单位组织生产、编制施工阶段施工组织设计、签发任务单、计算计件工资、进行经济核算的依据。定额水平是先进的，但各个企业的施工定额不一定相同。在某种意义上说，企业的施工定额应该是保密的。

3.2.1 施工定额内容

施工定额是交通部于1997年颁布施行的。它包括总说明、准备工作、路基工程、路面工程、隧道工程、基础工程、打桩工程、灌注桩造孔工程、砌筑工程、模板架子及木作工程、钢筋及钢丝束工程、混凝土及钢筋混凝土工程、预制构件运输工程、安装工程、钢桥工程、杂项工程、临时工程、备料、材料运输、附录等内容。

3.2.2 施工定额表组成

通过表3－1详细说明。

（1）表名：位于表最上端；68－3－10表示为68页表3－10。

（2）工作内容：位于表名下方，说明本项工程的实际工作内容。

（3）项目：位于表左，由时间定额和每工产量构成。

（4）劳动定额：说明该工作的劳动力时间定额和每工产量。

（5）机械定额：说明该工作需要的机械数量或台班数量。

（6）每工产量：说明该工作每个工日的产量。

（7）编号：位于表最下方，是每个细目的顺序号。

表 3－1　　**68－3－10 稳定土厂拌设备拌和稳定混合料**

工作内容：拌和前准备工作，机械运料、上料，拌和，出料，场内道路维护。

每 100t 成品料的劳动、机械定额

<table>
<tr><td colspan="2" rowspan="2">项　目</td><td colspan="3">拌和设备生产能力/（t/h）</td></tr>
<tr><td>50 以内</td><td>150 以内</td><td>250 以内</td></tr>
<tr><td colspan="2">劳动定额</td><td>$\frac{2.78}{0.36}$</td><td>$\frac{1.74}{0.575}$</td><td>$\frac{0.87}{1.15}$</td></tr>
<tr><td rowspan="3">机械定额</td><td>拌和设备</td><td>$\frac{0.347}{2.88}$</td><td>$\frac{0.174}{5.76}$</td><td>$\frac{0.087}{11.5}$</td></tr>
<tr><td>$1m^3$ 以内轮胎式装载机</td><td>$\frac{0.347}{2.88}$</td><td>—</td><td>—</td></tr>
<tr><td>$2m^3$ 以内轮胎式装载机</td><td>—</td><td>$\frac{0.174}{5.76}$</td><td>$\frac{0.174}{5.76}$</td></tr>
<tr><td colspan="2">编　号</td><td>1</td><td>2</td><td>3</td></tr>
</table>

3.3　公路工程预算定额

预算定额是在施工定额的基础上综合而成的，计算单位比施工定额要大，其定额水平比施工定额水平低。预算定额是编制施工图预算的依据，是编制施工组织设计、确定劳动力、材料、机械需要量的依据，是工程结算、施工企业进行经济核算的依据，同时也是编制概算定额的基础。

3.3.1　预算定额内容

预算定额是交通运输部在 2007 年 10 月 19 日发布，自 2008 年 1 月 1 日起施行。它包括总说明、路基工程、路面工程、隧道工程、桥涵工程、防护工程、交通工程及沿线设施、临时工程、材料采集及加工、材料运输、附录等内容。

3.3.2　预算定额表的组成

预算定额表的组成通过表 3－2 详细叙述。

（1）表名：位于表最上端某分项工程的名；如 12－1－1－9 表示为 12 页第一章第一节表 9 挖掘机挖装土、石方。

（2）工作内容：位于表左上方，说明本分项工程项目所涉及的主要工作内容。

（3）单位：位于表右上方，指本工程项目的计量单位，即定额概念中所指“单位合格产品”的计量单位。

（4）顺序号：位于表左第一列，按工料机顺序排列。

（5）项目：位于表左第二列，指该工程项目涉及的工料机等名称。

（6）表中单位：位于表左第三列，指工料机对应的单位，如人工单位是工日。

（7）代号：位于表左第四列，指工料机所对应的特定的计算机识别符，每种工料机只有一个固定的代号。

（8）子目名：指本项工程涉及的不同子目录的名称，如 $2m^3$ 以内装载机装土方。

（9）子目号：指本项工程涉及的不同子目录的数字代码，如 $2m^3$ 以内装载机装土方为2。

（10）小型机具使用费：指项目中未列入机械台班费用定额但实际使用过的小型机具的费用。

（11）基价：指本项目的工料机定额基价，是2007年北京基价。

（12）附注：对定额表中内容的补充规定。

（13）定额表号的表示方法有很多种，一般采用：页－表－栏方式。

表3－2　　12－1－1－9　挖掘机挖装土、石方

工程内容：安设挖掘机，开辟工作面，挖土或爆破后石方，装车，移位，清理工作面。

单位：$1000m^3$ 天然密实方

序号	项目	单位	代号	挖装土方								
				斗容量/m^3								
				0.6以内			1以内			2以内		
				松土	普通土	硬土	松土	普通土	硬土	松土	普通土	硬土
				1	2	3	4	5	6	7	8	9
1	人工	工日	1	4.0	4.5	5.0	4.0	4.5	5.0	4.0	4.5	5.0
2	75kW以内履带式推土机	台班	1003	0.62	0.72	0.83	0.40	0.46	0.53	0.22	0.25	0.28
3	$0.6m^3$ 以内履带式单斗挖掘机	台班	1027	2.88	3.37	3.38	—	—	—	—	—	—
4	$1.0m^3$ 以内履带式单斗挖掘机	台班	1035	—	—	—	1.85	2.15	2.46	—	—	—
5	$2.0m^3$ 以内履带式单斗挖掘机	台班	1037	—	—	—	—	—	—	1.01	1.15	1.29
6	基价		1999	2017	2348	2695	1970	2279	2602	1751	1991	2231

3.3.3 预算定额说明

预算定额内容较多，选取一部分内容介绍。

1. 总说明

（1）《公路工程预算定额》（以下简称本定额）是全国公路专业定额。它是编制施工图预算的依据；也是编制工程概算定额（指标）的基础，适用于公路基本建设新建、改建工程，不适用于独立核算执行产品出厂价格的构件厂生产的构配件。对于公路养护的大、中修工程，可参考使用。

（2）本定额是以人工、材料、机械台班消耗量表现的工程预算定额。编制预算时，其人工费、材料费、机械使用费，应按《公路工程基本建设项目概算预算编制办法》（JTG B06—2007）的规定计算。

（3）本定额包括路基工程、路面工程、隧道工程、桥涵工程、防护工程、交通工程及沿线设施、临时工程、材料采集及加工、材料运输共九章及附录。

（4）本定额是按照合理的施工组织和一般正常的施工条件编制的。定额中所采用的施工方法和工程质量标准，是根据国家现行的公路工程施工技术及验收规范、质量评定标准及安全操作规程取定的，除定额中规定允许换算者外，均不得因具体工程的施工组织、操作方法和材料消耗与定额规定不同而变更定额。

（5）本定额除潜水工作每工日6h，隧道工作每工日7h外，其余均按每工日8h计算。

（6）定额中的工程内容，均包括定额项目的全部施工过程。定额内除扼要说明施工的主要操作工序外，均包括准备与结束、场内操作范围内的水平与垂直运输、材料工地小搬运、辅助和零星用工、工具及机械小修、场地清理等工程内容。

（7）本定额中的材料消耗量系按现行材料标准的合格料和标准规格料计算的。定额内材料、成品、半成品均已包括场内运输及操作损耗，编制预算时，不得另行增加。其场外运输损耗、仓库保管损耗应在材料预算价格内考虑。

（8）本定额中周转性的材料、模板、支撑、脚手杆、脚手板和挡土板等的数量，已考虑了材料的正常周转次数并计入定额内。其中，就地浇筑钢筋混凝土梁用的支架及拱圈用的拱盔、支架，如确因施工安排达不到规定的周转次数时，可根据具体情况进行换算并按规定计算回收，其余工程一般不予抽换。

（9）定额中列有的混凝土、砂浆的强度等级和用量，其材料用量已按附录中配合比表规定的数量列入定额，不得重算。如设计采用的混凝土、砂浆强度等级或水泥强度等级与定额所列强度等级不同时，可按配合比表进行换算。但实际施工配合比材料用量与定额配合比表用量不同时，除配合比表说明中允许换算者外，均不得调整。

混凝土、砂浆配合比表的水泥用量，已综合考虑了采用不同品种水泥的因素，实际施工中不论采用何种水泥，不得调整定额用量。

（10）本定额中各类混凝土均未考虑外掺剂的费用，如设计需要添加外掺剂时，可按设计要求另行计算外掺剂的费用并适当调整定额中水泥用量。

（11）本额定中各类混凝土均按施工现场拌和进行编制，当采用商品混凝土时，可将相关定额中的水泥、中（粗）砂、碎石的消耗量扣除，并按定额中所列的混凝土消耗量增加商品混凝土的消耗。

（12）水泥混凝土、钢筋、模板工程的一般规定列在第四章说明中，该规定同样适用于其他各章。

（13）本定额中各项目的施工机械种类、规定是按一般合理的施工组织确定的，如施工中实际采用机械的种类、规格与定额规定的不同时，一律不得换算。

（14）本定额中的施工机械的台班消耗，已考虑了工地合理的停置、空转和必要的备用量等因素。编制预算的台班单价，应按《公路工程机械台班费用定额》（JTG/T B06—03—2007）分析计算。

（15）本定额中只列工程所需的主要材料用量和主要机械台班数量。对于次要、零星材料和小型施工机具均未一一列出，分别列入“其他材料费”及“小型机具使用费”内，以元计，编制预算即按此计算。

（16）本定额未包括公路养护管理房屋，如养路道班房，桥头看守房、收费站房等工程，这类工程应执行地区的建筑安装工程预算定额。

（17）其他未包括的项目，各省、自治区、直辖市交通厅（局、委）可编制补充定额在本地区执行，并报交通部备案。

（18）定额表中注明“××以内”或“××以下”者，均包括“××”本身；而注明“××以外”或“××以上”者，则不包括“××”本身。定额内数量带“（ ）”者，则表示基价中未包括其价值。

（19）凡定额名称中带有“※”号者，均为参考定额，使用定额时，可根据情况进行调整。

2. 路基土石方体积的计算

除定额中另有说明者外，土方挖方按天然密实体积计算，填方按压（夯）实后的体积计算；石方爆破按天然密实体积计算。当以填方压实体积为工程量，采用以天然密实方为计量单位的定额时，所采用的定额应乘以表 3－3 中所列系数。

表 3－3

公路等级＼土类	土方			石方
	松土	普通土	硬土	
二级及二级以上等级公路	1.23	1.16	1.09	0.92
三、四级公路	1.11	1.05	1.00	0.84

3. 路面工程

（1）各类稳定土基层、级配碎石、级配砾石基层的压实厚度在 15cm 以内，填隙碎石一层的压实在 12cm 以内，垫层、其他种类的基层和底基层压实厚度在 20cm 以内，拖拉机，平地机和压路机的台班消耗按定额数量计算。如超过上述压实厚度进行分层拌和、碾压时，拖拉机、平地机和压路机的台班消耗按定额数量加倍计算，每 1000m^2 增加 3 个工日。

（2）各类稳定土基层定额中的材料消耗系按一定配合比编制的，当设计配合比与定额标明的配合比不同时，有关材料可按式（3－5）进行换算：

$$C_i = [C_d + B_d(H - H_0)] \times \frac{L_i}{L_d} \tag{3-5}$$

式中 C_i——按设计配合比换算后的材料数量；

C_d——定额中基本压实厚度的材料数量；

B_d——定额中压实厚度每增减 1cm 的材料数量；

H_0——定额的基本压实厚度；

H——设计的压实厚度；

L_d——定额中标明的材料百分率；

L_i——设计配合比的材料百分比率。

3.3.4 预算定额的应用

在公路建设生产活动中，正确地使用定额是非常重要的。为了正确使用定额，必须全面了解定额，深刻理解定额，熟练地掌握定额。最好通过编制概（预）算等的实践，来熟练地运用定额，也可以通过做练习题的方法掌握定额。因公路工程定额项目繁多，现以公路工程常用的《公路工程预算定额》举例介绍其运用方法。

1. 定额的编号

在编制概预算时，在计算表格中均要列出所用的定额表号。一般采用：［页—表—栏］的编号方法。如《预算定额》〔519－4－7－4－1〕，是指第519页表4－7－4中的第1栏，即预制管径1m以内混凝土的预算定额。这种编号的方法容易查找，检查方便，不易出错。但书写字码较多，在表格中占格较宽。有时为了节约表格位置，可以不写页号，如上写成〔4－7－4－1〕，代表的含义是相同的。

定额编号在概预算文件中十分重要。一方面是保证复核、审查人员利用编号快速查找，核对所用定额的准确性；另一方面，对如此繁多的工程细目的工作内容以编号形式建立一一对应的模式，便于计算机处理及修编定额人员的统计工作；第三，在概预算文件的08－2表中，“定额表号”一栏必须填上对应的定额细目代号。不论手工计算，还是计算机处理，都必须保证该栏目的准确性。

2. 运用定额的步骤

所谓运用定额，就是平时所说的“查定额”，是根据编制概、预算的具体条件和目的，查得需要的、正确的定额的过程。为了正确地运用定额，首先，必须反复学习定额、熟练地掌握定额；其次，必须收集并熟悉中央及地方交通主管部门有关定额运用方面的文件和规定。以此为前提，运用定额的基本步骤如下：

（1）根据运用定额的目的，确定所用定额的种类（是概算定额、预算定额还是估算指标）。

（2）根据概（预）算项目表，依次按目、节、细目确定欲查定额的项目名称，再根据《定额》目录找到其所在页次，并找到所需定额表。但要注意核查定额的工作内容、作业方式是否与施工组织设计相符。

（3）查到定额表后再做如下工作：

1）看看表上“工程内容”与设计要求、施工组织要求是否有出入，若无出入，则可在表中找到相应的细目，并进一步确定子目（栏号）。

2）检查定额表的计量单位与工程项目取定的计量单位是否一致、是否符合规定的工程量计算规则。

3）看定额的总说明、章说明、节说明以及表下的小注是否与所查子目的定额有关，若有关，则采取相应措施。

4）根据设计图纸和施工组织设计检查一下，子目中有无需要抽换的定额，是否允许抽换，若需抽换，则进行具体抽换计算。

5）依子目各序号确定各项定额值，可直接引用的就直接抄录，需计算的则在计算后抄录。

（4）重新按上述步骤复核。

（5）该项目的该细目定额查完后，再查定该项目的另外细目的定额，依次完成后，再查另一项目的定额。

3. 定额单位与工程数量

工程量的正确与否直接影响概预算造价，怎样将工程量使用正确是造价人员注意的一个重要环节。由于设计图纸上的工程量或工程量清单上的工程量，它们的单位和内容与所用定额的单位和流程并不完全一致，往往需要造价人员根据定额的需要进行换算或调整，达到计算造价与实际造价相符的目的。设计者一般对概预算或定额并不熟悉，仅从设计、计算、列表等方便出发统计数量，有时会与定额的计算单位有一定的出入，怎样统一单位，怎样正确计算，下面介绍几个典型处理方法。

（1）体积与面积单位调整。计算中特别留意面积与体积的不一致，这一点很容易被紧张的节奏和粗心的编制人员疏忽。在预算定额中有很多这样的情况。

如人工挖土质台阶。定额表号为预〔1-1-4-2〕，定额单位1000m^2，设计图纸或施工图工程量一般都以为m^3单位列出。要换算为统一的面积单位，要按图纸设计体积除以平均深度，从而求得平均面积。与此类似的还有填前碾压后土的回填；清除场地的砍树挖根、回填等都存在换算问题。

（2）体积与个数的调整。在编制概预算文件时，如果遇到个数与体积的不一致，其换算不是简单的数学计算，必须在手头上准备大量计算方面的基础资料。而基础资料的获得必须与厂商、政府管理部门取得联系，从任何教科书或参考书上是难以获得的。

如支座与伸缩缝。设计者一般提供型号及个数，而定额单位却是t或dm^3，必须找到有关生产厂家的基本数据，才能换算出定额单位。在桥梁工程部分，这样的单位换算很多，如锚具、钢护筒、金属设备等工程量的计算就应特别注意换算，并且收集有关的基础数据。

（3）工程数量的自定方法。

一个工程项目所牵涉的定额不是都能在图纸上反映的，也就是说，一个完整项目的概预算造价除包括施工图纸上的工程数量外，还应考虑与施工方案及施工组织措施相关的其他工程内容涉及的定额。

1）临时工程范围。临时电力、电讯线路、临时便道的里程，按实际需要确定（现场调查）。这一部分工程量原则上一般不超过总长度的1/3，但也要充分考虑各种构造物运输不便、引用地方电网不便所造成的临时工程的增加。

2）很容易遗忘但工程量较大的土石方工程。清除场地后回填土石方体积、耕地填前碾压后增加的土石方体积，自然沉降引起的增加的土石方体积等，这些工程量既无图纸，又无规范可查，只有造价人员具体问题具体分析，按现场实际情况作具体计算。

（4）工程量与定额单位相同但存在一定的换算关系。如路基土石方体积单位的天然密实方与压实方之间的换算关系等。

4. 定额的直接套用

如果设计的要求、工作内容及确定的工程项目完全与相应定额的工程项目符合，则可直接套用定额。这一部分定额在编制概预算文件时的定额用量占总定额用量的50%以上，因此准确使用这些简单定额，可以节约大量的编制时间。但要特别注意各定额的总说明、章节说明及定额表中的工程内容和小注的要求，应细心阅读，以免发生错误。

【例3-1】 人工开挖普通土（人工挑抬）运40m的预算定额，重载运输升7%的坡。

解： 定额表号为〔9-1-1-6-（2+4）〕。

根据附注，坡度7%时，每升高1m，运距要增加7m，则运距为$40+40\times7\%\times7=59.6$m

人工 $$181.1+\frac{59.6-20}{10}\times18.2=253.172\text{工日}$$

【例3-2】某桥的草袋围堰工程，装草袋土的运距为220m，围堰高2.2m，确定该工程的预算定额（注意单位、说明）。

解：注意第四章第二节说明2：草土、草（麻）袋、竹笼、木笼铁丝围堰定额中已包括50m以内人工挖运土的工日数量，定额括号内所列“土”的数量不计价，仅限于取土运距超过50m时，按人工挖运土方的增运定额，增加运输用工。

根据上述说明，本题运距为220m，所以定额表号为〔287-4-2-2-6〕和〔9-1-1-6-4〕。

人工：
$$38.8+\frac{220-50}{10}\times 18.2\times\frac{68.41}{1000}=59.97\text{ 工日}$$

草袋：1139个

土：$68.41m^3$

【例3-3】某盖板涵工程以手推车运输预制构件，每构件重量小于0.3t，需构件出坑堆放，重载运输升4%的坡，运距84m，确定预算定额。

解：（提示：材料运输应用第9章定额，构件预制运输应用第4章定额，土石运输应用第一章路基工程定额）。

定额表号为〔613-4-8-1-（1+2)〕（注意612页第八节说明）。

按照说明：1. 如需出坑堆放，可按相应构件运输第一个运距单位定额计列；2. 载重运输4%人工增运系数提高1.5倍；3. 超运距不足半个不计。

人工：
$$2.5+2.5+0.4\times\frac{80-10}{10}\times 1.5=9.2\text{ 工日}$$

【例3-4】某工程细目分为拌和沥青混凝土LH-15（100t/h以内)、运输10km、机械摊铺细粒式、透层。

解：本题求解时，主要是要注意工程内容，全面选择定额。

（1）拌和沥青混凝土LH-15（100t/h以内）采用定额表为：156-2-2-11-15

（2）沥青混凝土运输10km采用定额表为：161-2-2-13-（21+23＊18)，

（3）机械摊铺细粒式沥青混凝土采用定额表为：166-2-2-14-40

（4）透层采用定额表为：170-2-2-16-1

5. 定额的抽换

（1）就地浇筑钢筋混凝土用的支架及拱圈用的拱盔支架如确因施工安排达不到规定的周转次数时，可根据具体情况进行换算，并按规定计算回收。

（2）路面基层材料（指概、预算)；混凝土、砂浆的配比（指预算定额）与定额不符合时可进行抽换。

（3）当设计用Ⅰ、Ⅱ级钢筋比例与定额比例不同时，可进行抽换（概预算定额均可）

【例3-5】某二级公路路面基层为综合稳定土，设计配比为水泥:石灰:土=4:8:88，厚30cm，洒水用水源6km，确定预算定额。

解：（注意看76页说明4；78页说明1和2）

预算定额表号为〔107-2-1-6-(21+22)〕〔46-1-1-22-7〕。

定额实际比例为6:4:90，厚度为15cm，

$C_i = [C_d + B_d(H_1 - H_0)]L_i/L_d$

水泥 =[15.147+1.010×(30-15)]×4/6=20.198 t

生石灰 =[10.393+0.693×(30-15)]×8/4=41.576 t

土 =[195.29+13.02×(30-15)]×88/90=2=381.81m^3

人工 =18.5+0.9×(30-15)+3=35

120kW 以内自行式平地机台班 =0.37×2=0.74

6-8t 光轮压路机台班 =0.27×2=0.54

12-15t 光轮压路机台班 =1.27×2=2.54

235kW 以内稳定土拌和机台班 =0.29+0.02×(30-15)=0.59

6000L 以内洒水汽车台班为

0.85+0.04×(30-15)+0.88×2×[0.85+0.04×(30-15)]×35/1000=1.54(计算水的用量)

【例 3-6】某浆砌块石拱圈，设计采用 M10 砂浆砌筑，试问编制预算定额时是否需要抽换？怎样抽换?

解:（由 P438 说明，定额表中 M7.5 砂浆为砌筑用，M10 砂浆为勾缝用，本题 M7.5 砂浆要抽换成 M10 砂浆）

定额表号为 〔443-4—5-3-8〕由 1009 页附表知:

1m^3 M10 砂浆需用 32.5 级水泥 311kg，中粗砂 1.07m^3

32.5 级水泥用量为:（2.7+0.11）×0.311=0.874t——替换定额表中 0.751t

中粗砂:（2.7+0.11）×1.07=3.007m^3——替换定额表中 3.06m^3

其他人工、原木等不需要抽换。

【例 3-7】某桥梁的台帽工程设计为 C25 钢筋混凝土，台帽钢筋为光圆钢筋 25t，带肋钢筋 30t，确定混凝土和钢筋的预算定额值。

解: Ⅰ：混凝土采用定额表号〔477-4-6-3-4〕，按题意，定额表中 C30 混凝土要抽换成 C25。

定额 1013 页 1m^3 C25 混凝土需要:

32.5 级水泥 372kg 10.4×0.372=3.869m^3——替换定额表中 4.368m^3

中粗砂 0.58m^3 10.4×0.58=6.032m^3——替换定额表中 5.82m^3

碎石 0.73m^3 10.4×0.73=7.592m^3——替换定额表中 7.59m^3

Ⅱ：钢筋采用定额表号 479-4-6-3-9 定额中带肋钢筋/光圆钢筋 =5.029，与设计比例不同，所以要进行抽换:

设定额数量中Ⅰ级钢筋为 x Ⅱ级钢筋为 y

$$x/y = 25/30$$
$$x + y = 1.025$$

解得: $x=0.466$t 替换 0.17t

$y=0.559$t 替换 0.855t

【例 3-8】某两孔跨径 20m 的石拱桥，制备 1 孔木拱盔（满堂式），试确定其实际周转次数的周转性材料预算定额。

解： 定额表号为〔631－4－9－2－2〕

$$E' = EK = En/n' \quad \text{定额 1024 页查周转次数}$$

式中　E'——实际周转次数的周转性材料定额；

E——定额规定的周转性材料定额；

n——定额规定的周转次数；

n'——实际的周转次数。

计算结果见表 3－4。

表 3－4　　周转性材料预算定额计算表

材料	E	n	n'	E'
原木	0.471m^3	5	2	0.471×5/2＝1.178m^3
锯材	1.625m^3	5	2	1.625×5/2＝4.063m^3
铁件	41.8kg	5	2	41.8×5/2＝104.5kg
铁钉	1.1kg	4	2	1.1×4/2＝2.2kg

6. 定额的补充

在应用现行定额时，要特别注意实际工程内容与定额表左上方的“工程内容”所含的内容是否完全一致。如果有不同，就要选用补充定额。对于公路工程中采用的新结构、新材料、新设备等，有相近的定额时采用相近的定额，如果没有相近的定额，需要制定补充定额，但要在当地定额站备案。

【例 3－9】 某桥墩挖基础，施工地面水位深 1m，人工挖基，试确定摇头扒杆卷扬机吊运普通土的预算定额。

解： 查定额表〔277－4－1－2〕，人工挖卷扬机吊运基坑土、石方，该定额表的工程内容包括：

① 人工挖土或人工打眼一炸石方；② 装土、石方卷扬机吊运土、石出坑外；③ 清理、整平、夯实土质基底，检平石质基底；④ 挖排水沟及集水井；⑤ 搭拆脚手架，移动摇头扒杆及整修运土、石碴便道；⑥ 取土回填、铺平、洒水、夯实。

从工程内容可以看到，不含抽水工作，所以应补充 274 页抽水定额，基坑水泵台班为 0.11 台班。补充扒杆制作、安装、拆除定额。定额表号为〔605－4－7－33－3〕。

7. 定额的运用要点

（1）正确选择子目，不重不漏；已知工程项目，查找章、节、表号及栏号时要特别注意，栏号可能有两个。如增运问题。

（2）子目名称简练直观，如人工挖运土方。

（3）认真核对工作内容，防止漏列、重列；例如：在混凝土施工中是否有模板制作工作，基础开挖是否有抽水工作。

（4）计量单位要表与项目一致，特别是在抽换、增量计算时更应注意。

（5）详细阅读说明和小注（见定额的说明示例）。

（6）图纸要求与定额子目或序号要一致，否则要抽换。

（7）施工方法要依施工组织设计而定，如人工拌和、浇捣。

（8）多实践、多练习，熟能生巧。

3.4 公路工程概算定额

概算定额与预算定额同时发布施行。是在预算定额的基础上综合而成的大单位人工、材料、机械消耗量标准，因而定额中的工程项目单位都比较大，如小桥涵以“座（道）”、桥梁上部构造以“标准跨径”计算等。概算定额的定额水平比预算定额低，是编制初步设计概算、修正设计概算的依据。

3.4.1 概算定额内容

概算定额包括总说明、路基工程、路面工程、隧道工程、涵洞工程、桥梁工程、交通工程及沿线设施、临时工程等内容。

3.4.2 概算定额表的组成

概算定额表的组成与预算定额相似，由表名、工程内容、单位、顺序号、项目、表中单位、代号、子目、子目号、附注组成。详见预算定额表叙述。

3.4.3 概算定额说明

因内容较多，选取一部分内容介绍。

（1）《公路工程概算定额》（以下简称本定额）是全国公路专业统一定额。它是编制设计概算的依据；也是编制建设项目投资估算的基础，适用于公路基本建设新建、改建工程，对于公路养护的大、中修工程，可参考使用。

（2）本定额是以人工、材料、机械台班消耗量表现的工程概算定额。编制概算时，其人工费、材料费、机械使用费，应按《公路工程基本建设项目概算预算编制办法》（JTG B06—2007）的规定计算。

（3）本定额包括路基工程、路面工程、隧道工程、涵洞工程、桥梁工程、交通工程及沿线设施、临时工程共七章。如需使用材料采集加工、材料运输定额，可采用预算定额中有关项目。

（4）定额中的工程内容，除扼要说明了所综合的工程项目外，均包括各项目的全部施工过程的内容和辅助工日。

（5）定额中列有的混凝土、砂浆的强度等级和用量，其材料用量已按预算定额附录中配合比表规定的数量列入定额，不得重算。如设计采用的混凝土、砂浆强度等级或水泥强度等级与定额所列强度等级不同时，可按预算定额附录所列的配合比表进行换算。但实际施工配合比材料用量与定额配合比表用量不同时，除配合比表说明中允许换算者外，均不得调整。

余与预算定额基本相同，不再赘述。

3.5　公路工程机械台班费用定额

现行《公路工程机械台班费用定额》（以下简称本定额）同预算定额同时颁布执行。机械台班费用定额是编制公路基本建设工程设计概算和施工图预算的依据；它是计算机械台班单价的依据；是计算台班消耗的人工、燃料等实物量的依据；是编制施工组织设计，进行经济比较的依据。

3.5.1　公路工程机械台班费用定额的内容

包括土石方工程机械，路面工程机械，混凝土及灰浆机械，水平运输机械，起重及垂直运输机械，打桩、钻孔机械，泵类机械，金属、木、石料加工机械，动力机械，工程船舶，其他机械等，共计 11 类 746 个子目。

3.5.2　公路工程机械台班费用定额表的组成

通过表 3－5 加以说明。

（1）序号：位于定额表第一列，按机械名称排列。

（2）代号：位于定额表第二列，是计算机对机械名称和规格的识别代码。

（3）机械名称、主机型号：位于定额表第三至第七列，按机械名称和规格分列。

（4）费用项目：按不变费用和可变费用分别计列。不变费用由折旧费、大修理费、经常修理费、安拆及辅助设施费构成，直接采用定额表中的小计值。可变费用由人工、动力燃料消耗量、车船使用税构成，按实际单价计算。

（5）基价：是不变费用和可变费用之和，仅供参考。

3.5.3　公路工程机械台班费用定额说明

（1）公路工程机械台班费用定额是编制公路基本建设工程概算、预算的依据，公路养护大、中修工程，可参考使用。

（2）定额中各类机械（除潜水设备、变压器和配电设备外）每台（艘）班均按 8h 计算，潜水设备每台班按 6h 计算，变压器和配电设备每昼夜按一个台班计算。

（3）定额中不变费用，在编制机械台班单价时，除青海、新疆、西藏等边远地区外，应直接采用。至于边远地区因维修工资、配件材料等价差较大而需要调整不变费用时，可根据具体情况，由省、自治区交通厅制定系数并报交通运输部备案后执行。

（4）本定额中可变费用为人工费、动力燃料费、车船使用税，编制机械台班单价时，随机操作人员数量及动力物资消耗量应以本定额中的数值为准。工资标准按编制办法规定执行，工程船舶和潜水设备的工日单价，按当地有关部门规定计算。动力燃料费按当地的动力物资的工地预算价格计算。车船使用税如需交纳时，应按各省、自治区、直辖市及国务院有关部门规定的标准，按机械的年工作台班（表 3－6）计入台班费中。

表 3－5

公路工程机械台班费用定额

序号	代号	机械名称				主机型号	不变费用					可变费用									定额基价
							折旧费	大修理费	经常修理费	安拆及辅助设施费	小计	人工	汽油	柴油	重油	煤	电	水	木柴	车船使用税	
							元					工日	kg				kW·h	m^3	kg	元	
一、土、石方工程机械																					
1	1002	推土机	履带式	功率(kW)	60 以内	T80	54.4	21.53	55.98	0.59	132.50	2	—	43.68	—	—	—	—	—	—	444.93
2	1003				75 以内	TY100	101.41	39.73	103.30	0.70	245.14	2	—	54.97	—	—	—	—	—	—	612.89
3	1004				90 以内	T120A	128.75	50.44	131.14	0.81	311.14	2	—	65.37	—	—	—	—	—	—	729.85
4	1005				105 以内	T140－1 带松土器	136.68	53.55	139.23	0.95	330.41	2	—	76.52	—	—	—	—	—	—	803.76
5	1006				135 以内	T180 带松土器	250.44	98.11	255.09	1.05	604.69	2	—	98.06	—	—	—	—	—	—	1183.58
6	1007				165 以内	T120 带松土器	287.91	112.79	293.25	1.18	695.13	2	—	120.35	—	—	—	—	—	—	1383.25
7	1008				240 以内	SH320 带松土器	450.61	176.53	354.83	1.29	983.26	2	—	174.57	—	—	—	—	—	—	1937.05
8	1009				320 以内	带松土器	498.50	195.29	361.29	1.34	1056.42	2	—	237.72	—	—	—	—	—	—	2319.65
9	1010		湿地		105 以内	TS140	152.11	50.81	124.99	0.95	328.86	2	—	76.52	—	—	—	—	—	—	802.21
10	1011				135 以内	TS180	250.98	83.83	206.22	1.05	542.08	2	—	98.06	—	—	—	—	—	—	1120.97
11	1012				165 以内	TS220	300.70	100.44	247.08	1.18	649.40	2	—	120.35	—	—	—	—	—	—	1337.52
12	1013		轮胎式		135 以内	TL180A	201.39	63.53	174.71	1.05	440.68	2	—	98.06	—	—	—	—	—	—	1019.57
13	1014				165 以内	TL210A	245.00	77.29	212.55	1.18	536.02	2	—	114.40	—	—	—	—	—	—	1194.98

表 3－6　　机械的年工作台班

机械项目	沥青洒布车、汽车式画线车	平板拖车组	液态沥青运输车、散装水泥运输车、混凝土搅拌运输车、混凝土输送泵车、自卸汽车、运油汽车、加油汽车、洒水汽车、拖拉机、汽车式起重机、轮胎式起重机、汽车式钻孔机、内燃拖轮、起重船	载货汽车、机动翻斗车	工程驳船、抛锚船、机动艇、泥浆船
年工作台班	150	160	200	220	230

（5）机械自管理部门至工地或自某一工地至另一工地的运杂费，不包括在本定额中。

（6）加油及油料过滤的损耗和由变电设备至机械之间的输电线路电力损失，均已包括在本定额中。

（7）本定额中凡注明“××以内”者，均包含“××”数本身。定额子目步距起点均由前项开始，如“30 以内”、“60 以内”、“80 以内”等，其中“60 以内”指“30 以外至 60 以内”，“80 以内”指“60 以外至 80 以内”。

3.5.4　公路工程机械台班费用定额的应用

【例 3－10】计算 240kW 以内履带式推土机台班单价。已知人工单价 46.85 元/工日，柴油单价 6 元/kg。

解：查公路工程机械台班费用定额 4－7，即表 3－5，不变费用小计 983.26 元；人工 2 工日，柴油 174.57kg。

机械台班单价＝不变费用＋可变费用＝983.26＋2×46.85＋6×174.57＝2124.32 元/工日。

复习思考题

1. 定额的定义、特点、作用是什么？
2. 定额按生产因素、使用要求可分为哪些类型？
3. 什么是时间定额和产量定额？
4. 公路工程机械台班费用定额的用途是什么？
5. 定额抽换的条件是什么？
6. 机械台班单价如何计算？

习　题

1. 浆砌块石拱圈工程，跨径 50m 以内，采用 M10 砂浆砌筑，42.5 级水泥，用预算定额确定水泥、砂子消耗量？

2. 水泥石灰砂砾基层，设计配合比为 4∶8∶88，设计厚度为 20cm，计算水泥、石灰、砂砾的预算定额用量。

3. 某沥青混合料路面面层摊铺工程，厚度 16cm，路面 12m，路段长 10.5km，查得人工定额为 358 工日/1000m^3 路面实体，9－16t 轮胎压路机 3.46 台班/1000m^3 路面实体，计算人工及压路机工作量。

第4章　公路工程概预算

本章学习应掌握内容

1. 公路概预算文件组成，甲组文件、乙组文件的内容；
2. 概算、预算的概念，概预算的作用；
3. 人工、材料、机械台班单价的计算；
4. 人工费、材料费、机械费的计算；
5. 13个工程类别选择；
6. 直接工程费及其他工程费的计算，建筑安装工程费计算，其他有关费用的计算；
7. 概预算文件的编制步骤。

4.1　概述

4.1.1　公路工程概预算的概念

概算是指初步设计或技术设计阶段，由设计单位根据设计图纸、概算定额、各类费用定额、建设地区的自然条件和技术经济条件等资料，预先计算和确定建设项目从筹建至竣工验收的全部建设费用的文件。

施工图预算是施工图设计文件的组成部分，是按国家颁布的预算定额和《公路工程基本建设项目概算预算编制办法》，控制在概算（或修正概算）范围之内的计算工程项目全部建设费用的文件，是在施工图设计阶段，设计部门根据施工图设计文件、施工组织设计、现行预算定额、有关取费标准及人工、材料、机械台班预算单价等资料编制的工程造价文件。

4.1.2　公路工程概预算的作用

（1）对于按概、预算承发包的工程，经审定的概、预算是确定工程造价、签订建筑安装合同、实行建设单位和施工单位投资包干及办理工程结算、实行经济核算和考核工程成本的依据。

（2）以施工图设计进行施工招标的工程，施工图预算经审定后，是编制工程标底的依据，也是企业投标报价的基础。

（3）施工图预算是施工图设计文件的组成部分，是考核施工图设计经济合理性的依据。施工图设计应控制在批准的初步设计及其概算范围之内。施工图预算突破相应概算时，应分析原因，对施工图中不合理部分进行修改，对其合理部分应在总概算投资范围内调整解决。

（4）对于不宜实行招标的工程，概预算经审定后可作为确定工程造价、签订建筑安装工程合同、办理工程结算的依据。

（5）概预算是编制或调整固定资产投资计划的依据。

（6）概算是拨款和贷款的最高限额。

4.1.3　公路工程概预算的编制依据

（1）已批准的施工图设计及其说明书和初步（或技术）设计及其说明书。

（2）现行与本工程相一致的预算定额及概算定额。

（3）现行《公路工程基本建设项目概算预算编制办法》、工程所在地交通运输厅（局）的有关补充规定、地方政府公布的关于基本建设其他各项费用的取费标准等。

（4）工程所在地人工预算单价的计算资料。

（5）工程所在地材料预算价格计算资料（如供应价格、供应情况、运输情况、运价、运距、运输工具等）。

（6）现行《公路工程机械台班费用定额》及有关部门公布的其他与机械有关的费用取费标准（如车船使用税等）。

（7）重要的施工组织设计或方案。

（8）工程量计算规则。

（9）有关的工具书及手册。

4.1.4　公路工程概预算文件的组成

概预算文件是设计文件的组成部分，应按《公路工程基本建设项目设计文件编制办法》关于设计文件的报送份数，随设计文件一并报送。

概预算文件由封面、目录、编制说明及全部概预算计算表格组成。

1. 封面及目录

概预算文件的封面和扉页应按《公路工程基本建设项目设计文件编制办法》中的规定制作，扉页的次页应有建设项目名称，编制单位，编制复核人员姓名并加盖资格印章，编制日期及第几册、共几册等内容。目录应按概预算表的表号顺序编排。封面及目录样式如图 4－1、图 4－2 所示。

××公路施工图预算

（K××＋×××——K××＋×××）

第　　册　　共　　册

编制：［签字并加盖执业（从业）资格印章］

复核：［签字并加盖执业（从业）资格印章］

（编制单位）

年　　月

图 4－1　施工图预算扉页的次页格式

目　录

（甲组文件）

1. 编制说明
2. 总概（预）算汇总表（01－1表）
3. 总概（预）算人工、主要材料、机械台班数量汇总表（02－1表）
4. 总概（预）算表（01表）
5. 人工、主要材料、机械台班数量汇总表（02表）
6. 建筑安装工程费计算表（03表）
7. 其他工程费及间接费综合费率计算表（04表）
8. 设备、工具、器具购置费计算表（05表）
9. 工程建设其他费用及回收金额计算表（06表）
10. 人工、材料、机械台班单价汇总表（07表）

（乙组文件）

1. 建筑安装工程费计算数据表（08－1表）
2. 分项工程概（预）算表（08－2表）
3. 材料预算单价计算表（09表）
4. 自采材料料场价格计算表（10表）
5. 机械台班单价计算表（11表）
6. 辅助生产工、料、机械台班单位数量表（12表）

图4－2　施工图预算目录格式

2. 概预算编制说明

概预算编制完成后，应写出编制说明，文字力求简明扼要。应叙述的内容一般有：

（1）建设项目设计资料的依据及有关文号，如建设项目可行性研究报告批准文号、初步设计和概算批准文号（编修正概算及预算时），以及根据何时的测设资料及比选方案进行编制的等。

（2）采用的定额、费用标准，人工、材料、机械台班单价的依据或来源，补充定额及编制依据的详细说明。

（3）与概、预算有关的委托书、协议书、会谈纪要的主要内容（或将抄件附后）。

（4）总概、预算金额，人工、钢材、水泥、木料、沥青的总需要量情况，各设计方案的经济比较，以及编制中存在的问题。

（5）其他与概、预算有关但不能在表格中反映的事项。

3. 概预算表格

公路工程概、预算应按统一的概、预算表格计算，其中概、预算相同的表式，在印制表格时应将概算表与预算表分别印刷。表格01－12式样及填写说明详见本书附录一。

4. 各表的相互关系和计算顺序图

各表之间的相互关系和计算顺序可通过图4－3表示。

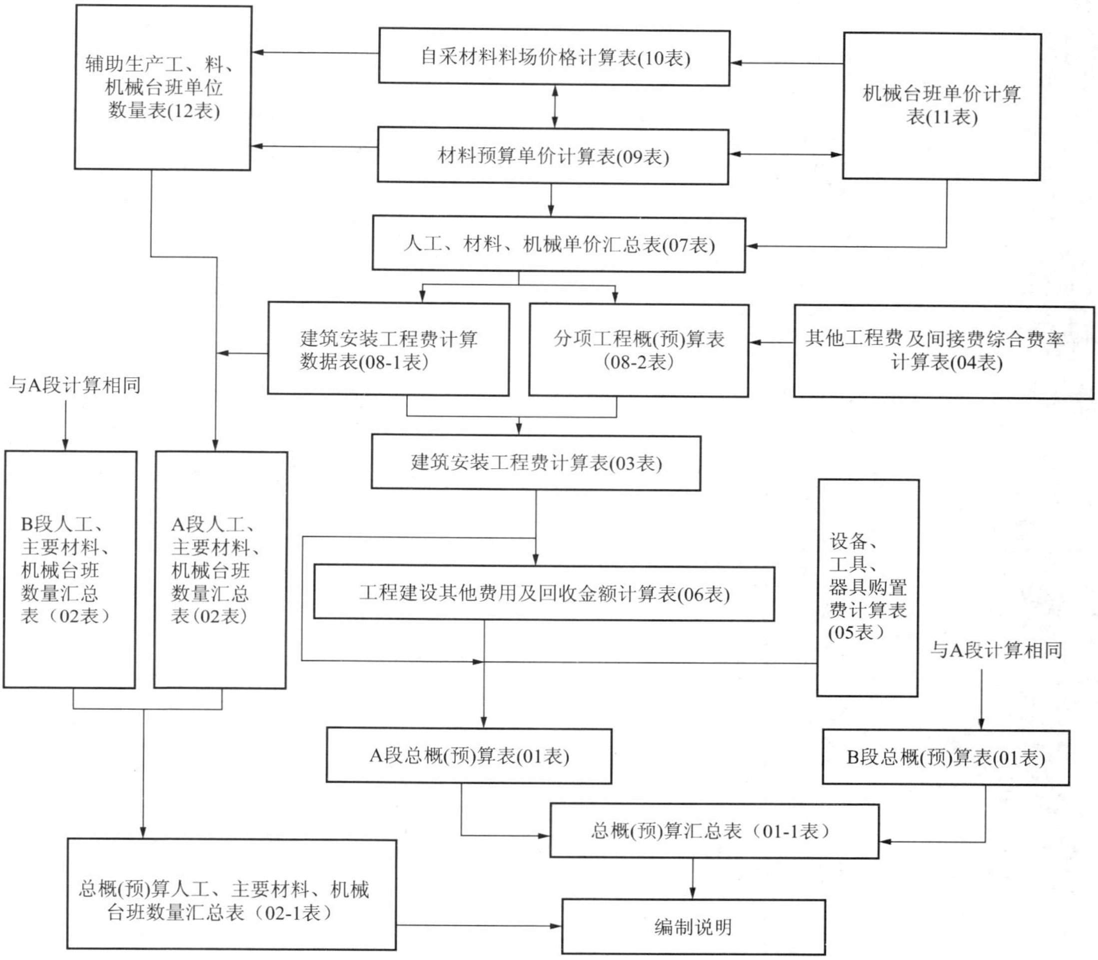

图 4－3　各种表格的计算顺序和相互关系图

5. 概预算文件分类

概、预算文件是设计文件的组成部分，随设计文件一并报送。

概、预算文件按不同的需要分为两组，甲组文件为各项费用计算表；乙组文件为建筑安装工程费用各项基础数据计算表，只供审批使用。甲、乙组文件应按《公路工程基本建设项目设计文件编制办法》关于设计文件报送份数的要求，随设计文件一并报送。报送乙文件时，还应提供“建筑安装工程费各项基础数据计算表”的电子文档和编制补充定额的详细资料，并随同概、预算文件一并报送。

乙组文件中的“建筑安装工程费计算数据表”（08－1表）和“分项工程概（预）算表”（08－2表）应根据审批部门或建设项目业主单位的要求全部提供或仅提供其中的一种。

概、预算应按一个建设项目（如一条路线或一座独立大、中桥）进行编制。当一个编制项目需要分段或分部编制时，应根据需要分别编制，但必须汇总编制“总概（预）算汇总表”。

甲、乙组文件包括的内容如图 4－4 所示。

- 概（预）算总金额
  - 建筑安装工程费
    - 直接费
      - 直接工程费
        - 人工费
        - 材料费
        - 施工机械使用费
      - 其他工程费
        - 冬季施工增加费
        - 雨季施工增加费
        - 夜间施工增加费
        - 特殊地区施工增加费
        - 行车干扰工程施工增加费
        - 安全及文明施工措施费
        - 临时设施费
        - 施工辅助费
        - 工地转移费
    - 间接费
      - 规　　费
        - 养老保险费
        - 失业保险费
        - 医疗保险费
        - 住房公积金
        - 工伤保险费
      - 企业管理费
        - 基本费用
        - 主副食运费补贴
        - 职工探亲路费
        - 职工取暖补贴
        - 财务费用
    - 利润
    - 税金
  - 设备、工具、器具及家具购置费
    - 设备工具器具购置费
    - 办公及生活用家具购置费
  - 工程建设其他费用
    - 土地征用及拆迁补偿费
    - 建设项目管理费
    - 研究试验费
    - 前期工作费
    - 专项评价（估）费
    - 施工机构迁移费
    - 供电贴费
    - 联合试运转费
    - 生产人员培训费
    - 固定资产投资方向调节税
    - 建设期贷款利息
  - 预备费
    - 价差预备费
    - 基本预备费

图 4－4　概、预算费用组成图

4.2　公路工程概预算费用标准和计算方法

公路工程项目全部建设费用以其基本造价表示，根据交通部 JTG B06—2007《公路基本建设项目概算预算编制办法》的规定，公路工程概、预算费用由建筑安装工程费，设备、

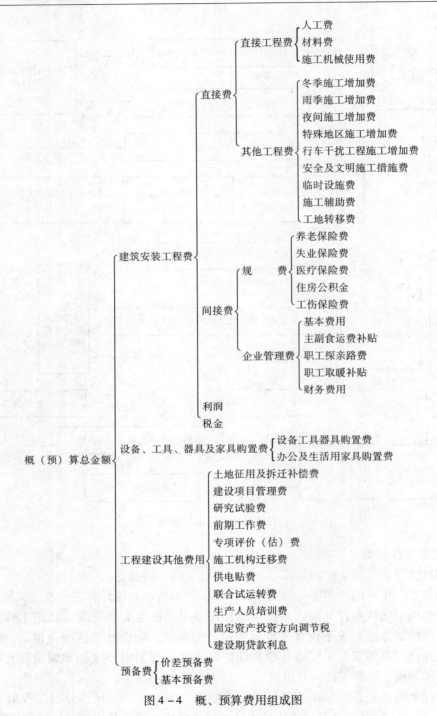

工具、器具及家具购置费，工程建设其他费用，预备费共四大部分费用组成，如图 4－4 所示。在学习概预算编制方法开始的时候，熟记概、预算费用的组成系统是非常必要的。

4.2.1　工程类别

其他工程费及间接费取费标准的工程类别划分如下：

（1）人工土方：系指人工施工的路基、改河等土方工程，以及人工施工的砍树、挖根、除草、平整场地、挖盖山土等工程项目，并适用于无路面的便道工程。

（2）机械土方：系指机械施工的路基、改河等土方工程，以及机械施工的砍树、挖根、除草等工程项目。

（3）汽车运输：系指汽车、拖拉机、机动翻斗车等运送的路基、改河土（石）方、路面基层和层面混合料、水泥混凝土及预制构件、绿化苗木等。

（4）人工石方：系指人工施工的路基、改河等石方工程，以及人工施工的挖盖山石项目。

（5）机械石方：系指机械施工的路基、改河等石方工程（机械打眼即属机械施工）。

（6）高级路面：系指沥青混凝土路面、厂拌沥青碎石路面和水泥混凝土路面的面层。

（7）其他路面：系指除高级路面以外的其他路面面层，各等级路面的基层、底基层、垫层、透层、黏层、封层，采用结合料稳定的路基和软土等特殊路基处理等工程，以及有路面的便道工程。

（8）构造物Ⅰ：系指无夜间施工的桥梁、涵洞、防护（包括绿化）及其他工程，交通工程及沿线设施工程（设备安装及金属标志牌、方装钢护栏、防眩板、防眩网、隔离栅、防护网除外），以及临时工程中的便桥、电力电信线路、轨道铺设等工程项目。

（9）构造物Ⅱ：系指有夜间施工的桥梁工程。

（10）构造物Ⅲ：系指商品混凝土（包括沥青混凝土和水泥混凝土）的浇注和外购构件及设备的安装工程。商品混凝土和外购构件及设备的费用不作为其他工程费和间接费的计算基数。

（11）技术复杂大桥：系指单孔跨径在 120m 以上（含 120m）和基础水深在 10m 以上（含 10m）的大桥主桥部分的基础、下部和上部工程。

（12）隧道：系指隧道工程的洞门及洞内土建工程。

（13）钢材及钢结构：系指钢桥及钢吊桥的上部构造，钢沉井、钢围堰、钢套箱及钢护筒等基础工程，钢索塔，钢锚箱，钢筋及预应力钢材，模数式及橡胶板式伸缩缝，钢盆式橡胶支座，四氟板式橡胶支座，金属标志牌、防撞钢护栏，防眩板、防眩网、隔离栅、防护网等工程项目。

购买路基填料的费用不作为其他工程费和间接费的计算基数。

4.2.2　建筑安装工程费计算

建筑安装工程费包括直接费、间接费、利润及税金。

1. 直接费

直接费由直接工程费和其他工程费组成。

（1）直接工程费。直接工程费是指施工过程中耗费的构成工程实体和有助于工程形成的各项费用，包括人工费、材料费、施工机械使用费。

1）人工费。人工费是指列入概、预算定额的直接从事建筑安装工程施工的生产工人开支的各项费用。

$$人工费 = 工日数 \times 人工单价 \quad (4-1)$$

式中 工日数——概、预算定额中查得的一个工程单位人工工日数量乘以工程量。

$$人工单价(元/工日) = [基本工资(元/月) + 地区生活补贴(元/月) + 工资性津贴(元/月)] \times (1+14\%) \times 12月/240(工日) \quad (4-2)$$

式中 地区生活补贴——国家规定的边远地区生活补贴、特区补贴。

工资性津贴——物价补贴，煤、燃气补贴，交通费补贴、住房补贴等。

生产工人基本工资——按不低于工程所在地政府主管部门发布的最低工资标准的 1.2 倍计算。

人工费内容包括：

① 基本工资。系指发放给生产工人的基本工资、流动施工津贴和生产工人劳动保护费，以及为职工缴纳的养老、失业、医疗保险费和住房公积金等。

生产工人劳动保护费系指按国家有关部门规定标准发放的劳动保护用品的购置费及修理费、徒工服装补贴、防暑降温费、在有碍身体健康环境中施工的保健费用等。

② 工资性补贴。系指按规定标准发放的物价补贴，煤、燃气补贴，交通费补贴，地区津贴等。

③ 生产工人辅助工资。系指生产工人年有效施工天数以外非作业天数的工资，包括开会和执行必要的社会义务时间的工资，职工学习、培训期间的工资，调动工作、探亲、休假期间的工资，因气候影响停工期间的工资，女工哺乳期间的工资，病假在六个月以内的工资及产、婚、丧假期的工资。

④ 职工福利费。系指按国家规定标准计提的职工福利费。

以上各项标准由各省、自治区、直辖市公路（交通）工程造价（定额）管理站根据当地人民政府的有关规定核定后公布执行，并抄送交通部公路司备案。并应根据最低工资标准的变化情况及时调整公路工程生产工人工资标准。

人工费单价仅作为编制概、预算的依据，不作为施工企业实发工资的依据。

【例 4-1】 湖北宜昌，工资所在地为六类工资区，工资性津贴为 0.6 元/工日，地区生活补贴为 18 元/月，计算人工单价。

解： 人工单价(元/工日) = (230 + 18) × (1 + 14%) × 12/240 + 0.6 = 14.74（元/工日）

2）材料费。材料费系指施工过程中耗用的构成工程实体的原材料、辅助材料、构（配）件、零件、半成品、成品的用量和周转材料的摊销量，按工程所在地的材料预算价格计算的费用。

$$材料费 = \sum 材料单价 \times 材料定额消耗量$$

材料单价由材料原价、运杂费、场外运输损耗、采购及仓库保管费组成，见式（4-3）。

$$材料单价 = (材料原价 + 运杂费) \times (1 + 场外运输损耗率) \times (1 + 采购及保管费率) - 包装品回收价值 \quad (4-3)$$

① 材料原价。各种材料原价按以下规定计算。

a. 外购材料：国家或地方的工业产品，按工业产品出厂价格或供销部门的供应价格计算，并根据情况加计供销部门手续费和包装费。如供应情况、交货条件不明确时，可采用当地规定的价格计算。

b. 地方性材料：地方性材料包括外购的砂、石材料等，按实际调查价格或当地主管部门规定的预算价格计算。

c. 自采材料：自采的砂、石、黏土等材料，按定额中开采单价加辅助生产间接费和矿产资源税（如有）计算。

材料原价应按实计取。各省、自治区、直辖市公路（交通）工程造价（定额）管理站应通过调查，编制本地区的材料价格信息，供编制概、预算使用。

② 运杂费。运杂费系指材料自供应地点至工地仓库（施工地点存放材料的地方）的运杂费用，包括装卸费、运杂费，如果发生，还应计囤存费及其他杂费（如过磅、标签、支撑加固、路桥通行等费用）。

通过铁路、水路和公路运输部门运输的材料，按铁路、航运和当地交通部门规定的运价计算运费。

$$运杂费=(基本运价\times运距+装卸费+杂费)\times单位毛重 \tag{4-4}$$

式中 基本运价——行业部门规定的单位运价［元/（t·km)］。

单位毛重＝单位重×毛重系数，毛重系数或单位毛重见表4－1。

对于运距的规定：

a. 施工单位自办的运输，单程运距15km以上的长途汽车运输按当地交通部门规定的统一运价计算运费；

b. 单程运距5～15km的汽车运输按当地交通部门规定的统一运价计算运费，当工程所在地交通不便、社会运输力量缺乏时，如边远地区和某些山岭区，允许按当地交通部门规定的统一运价加50%计算运费；

c. 单程运距5km及以内的汽车运输以及人力场外运输，按预算定额计算运费，其中人力装卸和运输另按人工费加计辅助生产间接费。

一种材料如有两个以上的供应点时，都应根据不同的运距、运量、运价采用加权平均的方法计算运费。

由于预算定额中汽车运输台班已考虑工地便道特点，以及定额中已计入了“工地小搬运”项目，因此平均运距中汽车运输便道里程不得乘调整系数，也不得在工地仓库或堆料场之外再加场内运距或二次倒运的运距。

有容器或包装的材料及长大轻浮材料，应按表4－1规定的毛重计算。桶装沥青、汽油、柴油按每吨摊销一个旧汽油桶计算包装费（不计回收）。

表4－1　　材料毛重系数及单位毛重表

材料名称	单位	毛重系数	单位毛重
爆破材料	t	1.35	—
水泥、块状沥青	t	1.01	—
铁钉、铁件、焊条	t	1.10	—
液体沥青、液体燃料、水	t	桶装1.17，油罐车装1.00	—
木料	m^3	—	1.000t
草袋	个	—	0.004t

③ 场外运输损耗。场外运输损耗系指有些材料在场外正常的运输过程中发生的损耗，这部分损耗应计入材料预算单价内。材料场外运输操作损耗率见表4－2。

表4－2　材料场外运输操作损耗率表　（%）

材料名称		场外运输（包括一次装卸）	每增加一次装卸
块状沥青		0.5	0.2
石屑、碎砾石、砂砾、煤渣、工业废渣、煤		1.0	0.4
砖、瓦、桶装沥青、石灰、黏土		3.0	1.0
草皮		7.0	3.0
水泥	袋装	1.0	0.4
	散装	1.0	0.4
砂	一般地区	2.5	1.0
	多风地区	5.0	2.0

注：汽车运水泥，如运距超过500km时，增加损耗率：袋装0.5%。

④ 采购及保管费。材料采购及保管费系指材料供应部门（包括工地仓库以及各级材料管理部门）在组织采购、供应和保管材料的过程中，所需的各项费用及工地仓库的材料储存损耗。

材料采购及保管费，以材料的原价加运杂费及场外运输损耗的合计数为基数，乘以采购保管费率计算。材料的采购及保管费费率为2.5%。

外购的构件、成品及半成品的预算价格，其计算方法与材料相同，但构件（如外购的钢桁梁、钢筋混凝土构件及加工钢材等半成品）的采购保管费率为1%。

商品混凝土预算价格的计算方法与材料相同，但其采购保管费率为0。设备与材料的划分标准见本书附录六。

【例4－2】水泥原价370元/t，自办运输，运距35km，基本运价0.55元/（t·km），装卸费3.5元/t，求运杂费和材料价格。

解：运杂费＝(0.55×35＋3.5)×1.01＝22.98元/t

材料价格＝(370＋22.98)×(1＋1%)×(1＋2.5%)＝406.83元/t

【例4－3】水泥原价370元/t，自办运输，运距10km，基本运价0.55元/（t·km），装卸费3.5元/t，求运杂费和材料价格。

解：运杂费＝(0.55×10×1.5＋3.5)×1.01＝11.87元/t

材料价格＝(370＋11.87)×(1＋1%)×(1＋2.5%)＝395.33元/t

【例4－4】水泥原价370元/t，8t载重汽车运输，台班单价328.74元/t，运距4km，求运杂费和材料价格。

解：(人工费采用【例4－1】

基本运价　定额表号〔978－9－1－5－（31＋32×3)〕

基本运价＝(1.75＋0.10×3)×328.74/100＝6.74元

装卸费　定额表号〔989－9－1－9－4〕10.5×14.74×（1＋0.05）/100＝1.625元

运杂费＝(6.74＋1.625)×1.01＝8.45元

材料价格＝(370＋8.45)×(1＋1%)×(1＋2.5%)＝391.79元/t

3）施工机械使用费。施工机械使用费系指列入概、预算定额的施工机械台班数量，按相应的机械台班费用定额计算的施工机械使用费和小型机具使用费。

施工机械使用费 = ∑台班单价 × 定额台班数量

当工程用电为自行发电时，电动机械每千瓦时（度）电的单价可由下述近似公式计算：

$$A = 0.24\frac{K}{N} \tag{4-5}$$

式中　A——每 kW · h 单价（元）；

K——发电机组的台班单价（元）；

N——发电机组的总功率（kW）。

（2）其他工程费。其他工程费系指直接工程费以外施工过程中发生的直接用于工程的费用。内容包括冬季施工增加费、雨季施工增加费、夜间施工增加费、特殊地区施工增加费、行车干扰工程施工增加费、安全及文明施工措施费、临时设施费、施工辅助费、工地转移费等九项。公路工程中的水、电费及因场地狭小等特殊情况而发生的材料二次搬运等其他工程费已包括在概、预算定额中，不再另计。

1）冬季施工增加费。冬季施工增加费系指按照公路工程施工及验收规范所规定的冬季施工要求，为保证工程质量和安全生产所需采取的防寒保温设施、工效降低和机械作业率降低以及技术操作过程的改变等所增加的有关费用。

冬季施工增加费的内容包括：

① 因冬季施工所需增加的一切人工、机械与材料的支出。

② 施工机具所需修建的暖棚（包括拆、移），增加油脂及其他保温设备费用。

③ 因施工组织设计确定，需增加的一切保温、加温及照明等有关支出。

④ 与冬季施工有关的其他各项费用，如清除工作地点的冰雪等费用。

冬季气温区的划分是根据气象部门提供的满 15 年以上的气温资料确定的。全国冬季施工气温区划分见本书附录七。若当地气温资料与附录中划定的冬季气温区划分有较大出入时，可按当地气温资料及上述划分标准确定工程所在地的冬季气温区。

冬季施工增加费的计算方法，是根据各类工程的特点，规定各气温区的取费标准。为了简化计算手续，采用全年平均摊销的方法，即不论是否在冬季施工，均按规定的取费标准计取冬季施工增加费。一条路线穿过两个以上的气温区时，可分段计算或按各区的工程量比例求得全线的平均增加率，计算冬季施工增加费。

冬季施工增加费以各类工程的直接工程费之和为基数，按工程所在地的气温区选用表 4-3的费率计算。

表 4-3　　冬季施工增加费费率表　　（%）

<table>
<tr><th rowspan="4">气温区
工程类别</th><th colspan="8">冬季期平均温度/℃</th><th rowspan="4">准一区</th><th rowspan="4">准二区</th></tr>
<tr><th colspan="2">-1 以上</th><th colspan="2">-1 ~ -4</th><th>-4 ~ -7</th><th>-7 ~ -10</th><th>-10 ~ -14</th><th>-14 ~ 以下</th></tr>
<tr><th colspan="2">冬一区</th><th colspan="2">冬二区</th><th rowspan="2">冬三区</th><th rowspan="2">冬四区</th><th rowspan="2">冬五区</th><th rowspan="2">冬六区</th></tr>
<tr><th>Ⅰ</th><th>Ⅱ</th><th>Ⅰ</th><th>Ⅱ</th></tr>
<tr><td>人工土方</td><td>0.28</td><td>0.44</td><td>0.59</td><td>0.76</td><td>1.44</td><td>2.05</td><td>3.07</td><td>4.61</td><td>—</td><td>—</td></tr>
<tr><td>机械土方</td><td>0.43</td><td>0.67</td><td>0.93</td><td>1.17</td><td>2.21</td><td>3.14</td><td>4.71</td><td>7.07</td><td>—</td><td>—</td></tr>
<tr><td>汽车运输</td><td>0.08</td><td>0.12</td><td>0.17</td><td>0.21</td><td>0.40</td><td>0.56</td><td>0.84</td><td>1.27</td><td>—</td><td>—</td></tr>
</table>

续表

气温区 / 工程类别	冬季期平均温度/℃								准一区	准二区
	-1以上		-1～-4		-4～-7	-7～-10	-10～-14	-14～以下		
	冬一区		冬二区		冬三区	冬四区	冬五区	冬六区		
	Ⅰ	Ⅱ	Ⅰ	Ⅱ						
人工石方	0.06	0.10	0.13	0.15	0.30	0.44	0.65	0.98	—	—
机械石方	0.08	0.13	0.18	0.21	0.42	0.61	0.91	1.37	—	—
高级路面	0.37	0.52	0.72	0.18	1.48	2.00	3.00	4.50	0.06	0.16
其他路面	0.11	0.20	0.29	0.37	0.62	0.80	1.20	1.80	—	—
构造物Ⅰ	0.34	0.49	0.66	0.75	1.36	1.84	2.76	4.14	0.06	0.15
构造物Ⅱ	0.42	0.60	0.81	0.92	1.67	2.27	3.40	5.10	0.08	0.19
构造物Ⅲ	0.83	1.18	1.60	1.81	3.29	4.46	6.69	10.03	0.15	0.37
技术复杂大桥	0.48	0.68	0.93	1.05	1.91	2.58	3.87	5.81	0.08	0.21
隧道	0.10	0.19	0.27	0.35	0.58	0.75	1.12	1.69	—	—
钢材及钢结构	0.02	0.05	0.07	0.09	0.15	0.19	0.29	0.43	—	—

2）雨季施工增加费。雨季施工增加费系指雨季期间施工为保证工程质量和安全生产所需采取的防雨、排水、防潮和防护措施，工效降低和机械作业率降低以及技术作业过程的改变等，所需增加的有关费用。

雨季施工增加费的内容包括：

① 因雨季施工所需增加的工、料、机费用的支出，包括工作效率的降低及易被雨水冲毁的工程所增加的工作内容等（如基坑坍塌和排水沟等堵塞的清理、路基边坡冲沟的填补等）。

② 路基土方工程的开挖和运输，因雨季施工（非土壤中水影响）而引起的黏附工具，降低工效所增加的费用。

③ 因防止雨水必须采取的防护措施的费用，如挖临时排水沟，防止基坑坍塌所需的支撑、挡板等费用。

④ 材料因受潮、受湿的耗损费用。

⑤ 增加防雨、防潮设备的费用。

⑥ 其他有关雨季施工所需增加的费用，如因河水高涨致使工作困难而增加的费用等。

雨量区和雨季期的划分，是根据气象部门提供的满15年以上的降雨资料确定的。凡月平均降雨天数在10d以上，月平均日降雨量在3.5～5mm之间者为Ⅰ区，月平均日降雨量在5mm以上者为Ⅱ区。全国雨季施工雨量区及雨季期的划分见编制办法本书附录八。若当地气象资料与附录所划定的雨量区及雨季期出入较大时，可按当地气象资料及上述划分标准确定工程所在地的雨量区及雨季期。

雨季施工增加费的计算方法，是将全国划分为若干雨量区和雨季期，并根据各类工程的特点规定各雨量区和雨季期的取费标准，采用全年平均摊销的方法，即不论是否在雨季施工，均按规定的取费标准计取雨季施工增加费。

一条路线通过不同的雨量区和雨季期时，应分别计算雨季施工增加费或按工程量比例求得平均的增加率，计算全线雨季施工增加费。

雨季施工增加费以各类工程的直接工程费之和为基数，按工程所在地的雨量区、雨季期选用表4－4的费率计算。

表4－4　　雨季施工增加费费率表　　（%）

雨季区月数	1	1.5	2		2.5		3		3.5		4		4.5		5		6		7	8
雨量区 工程类别	Ⅰ	Ⅰ	Ⅰ	Ⅱ	Ⅰ	Ⅱ	Ⅰ	Ⅱ	Ⅰ	Ⅱ	Ⅰ	Ⅱ	Ⅰ	Ⅱ	Ⅰ	Ⅱ	Ⅰ	Ⅱ	Ⅱ	Ⅱ
人工土方	0.04	0.05	0.07	0.11	0.09	0.13	0.11	0.15	0.13	0.17	0.15	0.20	0.17	0.23	0.19	0.26	0.21	0.31	0.36	0.42
机械土方	0.04	0.05	0.07	0.11	0.09	0.13	0.11	0.15	0.13	0.17	0.15	0.20	0.17	0.23	0.19	0.27	0.22	0.32	0.37	0.43
汽车运输	0.04	0.05	0.07	0.11	0.09	0.13	0.11	0.16	0.13	0.19	0.15	0.22	0.17	0.25	0.19	0.27	0.22	0.32	0.37	0.43
人工石方	0.02	0.03	0.05	0.07	0.06	0.09	0.07	0.11	0.08	0.13	0.09	0.15	0.10	0.17	0.12	0.19	0.15	0.23	0.27	0.32
机械石方	0.03	0.04	0.06	0.10	0.08	0.12	0.10	0.14	0.12	0.16	0.14	0.19	0.16	0.22	0.18	0.25	0.20	0.29	0.34	0.39
高级路面	0.03	0.04	0.06	0.10	0.08	0.13	0.10	0.15	0.12	0.17	0.14	0.19	0.16	0.22	0.18	0.25	0.20	0.29	0.34	0.39
其他路面	0.03	0.04	0.06	0.09	0.08	0.12	0.09	0.14	0.10	0.16	0.12	0.18	0.14	0.21	0.16	0.24	0.19	0.28	0.32	0.37
构造物Ⅰ	0.03	0.04	0.05	0.08	0.06	0.09	0.07	0.11	0.08	0.13	0.10	0.15	0.12	0.17	0.14	0.19	0.16	0.23	0.27	0.31
构造物Ⅱ	0.03	0.04	0.05	0.08	0.07	0.10	0.08	0.12	0.09	0.14	0.11	0.16	0.13	0.18	0.15	0.21	0.17	0.25	0.30	0.34
构造物Ⅲ	0.06	0.08	0.11	0.17	0.14	0.21	0.17	0.25	0.20	0.30	0.23	0.35	0.27	0.40	0.31	0.45	0.35	0.52	0.60	0.69
技术复杂大桥	0.03	0.05	0.07	0.10	0.08	0.12	0.10	0.14	0.12	0.16	0.14	0.19	0.16	0.22	0.18	0.25	0.20	0.29	0.34	0.39
隧道 钢材及钢结构	—	—	—	—	—	—	—	—	—	—	—	—	—	—	—	—	—	—	—	—

3）夜间施工增加费。夜间施工增加费系指根据设计、施工的技术要求和合理的施工进度要求，必须在夜间连续施工而发生的工效降低、夜班津贴以及有关照明设施（包括所需照明设施的安拆、摊销、维修及油燃料、电）等增加的费用。

夜间施工增加费按夜间施工工程项目（如桥梁工程项目包括上、下部构造全部工程）的直接工程费之和为基数，按表4－5的费率计算。

表4－5　　夜间施工增加费费率表　　（%）

工程类别	费率	工程类别	费率
构造物Ⅱ	0.35	技术复杂大桥	0.35
构造物Ⅲ	0.70	钢材及钢结构	0.35

注：设备安装工程及金属标志牌、防撞钢护栏、防眩板（网）、隔离栅、防护网等不计夜间施工增加费。

4）特殊地区施工增加费。特殊地区施工增加费包括高原地区施工增加费、风沙地区施工增加费和沿海地区施工增加费三项。

① 高原地区施工增加费。高原地区施工增加费系指在海拔高度1500m以上地区施工，由于受气候、气压的影响，致使人工、机械效率降低而增加的费用。该费用以各类工程人工费和机械使用费之和为基数，按表4－6的费率计算。

表 4－6　**高原地区施工增加费费率表**　（%）

工程类别	海拔高度/m							
	1501～2000	2001～2500	2501～3000	3001～3500	3501～4000	4001～4500	4501～5000	5000以上
人工土方	7.00	13.25	19.75	29.75	43.25	60.00	80.00	110.00
机械土方	6.65	12.60	18.66	25.60	36.05	49.08	64.72	83.80
汽车运输	6.50	12.50	18.50	25.00	35.00	47.50	62.50	80.00
人工石方	7.00	13.25	19.75	29.75	43.25	60.00	80.00	110.00
机械石方	6.71	12.82	19.03	27.10	38.50	52.80	69.92	92.72
高级路面	6.58	12.61	18.69	25.72	36.26	49.41	65.17	84.58
其他路面	6.73	12.84	19.07	27.15	38.74	53.17	70.44	93.60
构造物Ⅰ	6.87	13.06	19.44	28.56	41.18	56.86	75.61	102.47
构造物Ⅱ	6.77	12.90	19.17	27.54	39.41	54.18	71.85	96.03
构造物Ⅲ	6.73	12.85	19.08	27.19	38.81	53.27	70.57	93.84
技术复杂大桥	6.70	12.81	19.01	26.94	38.37	52.61	69.65	92.27
隧道	6.76	12.90	19.16	27.50	39.35	54.09	71.72	95.81
钢材及钢结构	6.78	12.92	19.20	27.66	39.62	54.50	72.30	96.80

一条路线通过两个以上（含两个）不同的海拔高度分区时，应分别计算高原地区施工增加费或按工程量比例求得平均的增加率，计算全线高原地区施工增加费。

② 风沙地区施工增加费。风沙地区施工增加费系指在沙漠地区施工时，由于受风沙影响，按照施工及验收规范的要求，为保证工程质量和安全生产而增加的有关费用。内容包括防风、防沙及气候影响的措施费，材料费，人工、机械效率降低增加的费用，以及积沙、风蚀的清理修复等费用。

风沙地区的划分，根据《公路自然区划标准》、"沙漠地区公路建设成套技术研究报告"的公路自然区划和沙漠公路区划，结合风沙地区的气候状况将风沙地区分为三区九类，全国风沙地区公路施工区划见编制办法编制办法见本书附录九。

风沙地区施工增加费以各类工程的人工费和机械使用费之和为基数，根据工程所在地的风沙区划及类别，按表 4－7 的费率计算。

表 4－7　**风沙地区施工增加费费率表**　（%）

风沙区划 / 工程类别	风沙一区			风沙二区			风沙三区		
	沙漠类型								
	固定	半固定	流动	固定	半固定	流动	固定	半固定	流动
人工土方	6.00	11.00	18.00	7.00	17.00	26.00	11.00	24.00	37.00
机械土方	4.00	7.00	12.00	5.00	11.00	17.00	7.00	15.00	24.00
汽车运输	4.00	8.00	13.00	5.00	12.00	18.00	8.00	17.00	26.00
人工石方	—	—	—	—	—	—	—	—	—
机械石方	—	—	—	—	—	—	—	—	—
高级路面	0.50	1.00	2.00	1.00	2.00	3.00	2.00	3.00	5.00

续表

工程类别 \ 风沙区划	风沙一区			风沙二区			风沙三区		
	沙漠类型								
	固定	半固定	流动	固定	半固定	流动	固定	半固定	流动
其他路面	2.00	4.00	7.00	3.00	7.00	10.00	4.00	10.00	15.00
构造物Ⅰ	4.00	7.00	12.00	5.00	11.00	17.00	7.00	16.00	24.00
构造物Ⅱ	—	—	—	—	—	—	—	—	—
构造物Ⅲ	—	—	—	—	—	—	—	—	—
技术复杂大桥	—	—	—	—	—	—	—	—	—
隧道	—	—	—	—	—	—	—	—	—
钢材及钢结构	1.00	2.00	4.00	1.00	3.00	5.00	2.00	5.00	7.00

③ 沿海地区工程施工增加费计算。沿海地区工程施工增加费系指工程项目在沿海地区施工受海风、海浪和潮汐的影响，致使人工、机械效率降低等所需增加的费用。本项费用，由沿海各省、自治区、直辖市交通厅（局）制定具体和适用范围（地区），并抄送部公路工程定额站备案。

沿海地区工程施工增加费，以各类工程的直接工程费之和为基数，按表 4－8 的费率计算。

表 4－8　　沿海地区工程施工增加费费率表

工程类别	费率	工程类别	费率
构造物Ⅱ	0.15	技术复杂大桥	0.15
构造物Ⅲ	0.15	钢材及钢结构	0.15

5）行车干扰工程施工增加费。行车干扰工程施工增加费系指由于边施工边维持通车，受行车干扰的影响，致使人工、机械效率降低而增加的费用。该费用以受行车影响部分的工程的人工费、机械使用费之和为基数，按表 4－9 的费率计算。

表 4－9　　行车干扰工程施工增加费费率表　　（%）

工程类别	施工期间平均每昼夜间双向行车次数（汽车、畜力车合计）							
	51～100	101～500	501～1000	1001～2000	2001～3000	3001～4000	4001～5000	5000 以上
人工土方	1.64	2.46	3.28	4.10	4.76	5.29	5.86	6.44
机械土方	1.39	2.19	3.00	3.89	4.51	5.02	5.56	6.11
汽车运输	1.36	2.09	2.85	3.75	4.35	4.84	5.36	5.89
人工石方	1.66	2.40	3.33	4.06	4.71	5.24	5.81	6.37
机械石方	1.16	1.71	2.38	3.19	3.70	4.12	4.56	5.01
高级路面	1.24	1.87	2.50	3.11	3.61	4.01	4.45	4.88
其他路面	1.17	1.77	2.36	2.94	3.41	3.79	4.20	4.62
构造物Ⅰ	0.94	1.41	1.89	2.36	2.74	3.04	3.37	3.71
构造物Ⅱ	0.95	1.43	1.90	2.37	2.75	3.06	3.39	3.72

续表

工程类别	施工期间平均每昼夜间双向行车次数（汽车、畜力车合计）							
	51～100	101～500	501～1000	1001～2000	2001～3000	3001～4000	4001～5000	5000 以上
构造物Ⅲ	0.95	1.42	1.90	2.37	2.75	3.05	3.38	3.72
技术复杂大桥	—	—	—	—	—	—	—	—
隧道	—	—	—	—	—	—	—	—
钢材及钢结构	—	—	—	—	—	—	—	—

6）安全及文明施工措施费。安全及文明施工措施费系指工程施工期间为满足安全生产、文明施工、职工健康生活所发生的费用。该费用不包括施工期间为保证交通安全而设置的临时安全设施和标志、标牌的费用，需要时，应根据设计要求计算。安全及文明施工措施费以各类工程的直接工程费之和为基数，按表 4－10 的费率计算。

表 4－10　　安全及文明施工措施费费率表　　（%）

工程类别	费率	工程类别	费率
人工土方	0.59	构造物Ⅰ	0.72
机械土方	0.59	构造物Ⅱ	0.78
汽车运输	0.21	构造物Ⅲ	1.57
人工石方	0.59	技术复杂大桥	0.86
机械石方	0.59	隧 道	0.73
高级路面	1.00	钢材及钢结构	0.53
其他路面	1.02		

注：设备安装工程按表中费率的 50% 计算。

7）临时设施费。临时设施费系指施工企业为进行建筑安装工程施工所必需的生活和生产用的临时建筑物、构筑物和其他临时设施的费用等，但不包括概、预算定额中临时工程在内。

临时设施包括：临时生活及居住房屋（包括职工家属房屋及探亲房屋）、文化福利及公用房屋（如广播室、文体活动室等）和生产、办公房屋（如仓库、加工厂、加工棚、发电站、变电站、空压机站、停机棚等），工地范围内的各种临时的工作便道（包括汽车、畜力车、人力车道）、人行便道，工地临时用水、用电的水管支线和电线支线，临时构筑物（如水井、水塔等）以及其他小型临时设施。

临时设施费用内容包括：临时设施的搭设、维修、拆除费或摊销费。

临时设施费以各类工程的直接工程费之和为基数，按表 4－11 的费率计算。

表 4－11　　临时设施费费率表　　（%）

工程类别	费　　率	工程类别	费率
人工土方	1.57	构造物Ⅰ	2.65
机械土方	1.42	构造物Ⅱ	3.14

续表

工程类别	费　率	工程类别	费率
汽车运输	0.92	构造物Ⅲ	5.81
人工石方	1.60	技术复杂大桥	2.92
机械石方	1.97	隧道	2.57
高级路面	1.92	钢材及钢结构	2.48
其他路面	1.87		

8）施工辅助费。施工辅助费包括生产工具用具使用费、检验试验费和工程定位复测、工程点交、场地清理等费用。

生产工具用具使用费系指施工所需不属于固定资产的生产工具、检验用具、试验用具及仪器、仪表等的购置、摊销和维修费，以及支付给工人自备工具的补贴费。

检验试验费系指对建筑材料、构件和建筑安装工程进行一般鉴定、检查所发生的费用，包括自设试验室进行试验所耗用的材料和化学药品的费用，以及技术革新和研究试验费。但不包括新结构、新材料的试验费和建设单位要求对具有出厂合格证明的材料进行检验、对构件破坏性试验及其他特殊要求检验的费用。

施工辅助费以各类工程的定额直接工程费之和为基数，按表 4－12 的费率计算。

表 4－12　　施工辅助费费率表　　（%）

工程类别	费率	工程类别	费率
人工土方	0.89	构造物Ⅰ	1.30
机械土方	0.49	构造物Ⅱ	1.56
汽车运输	0.16	构造物Ⅲ	3.03
人工石方	0.85	技术复杂大桥	1.68
机械石方	0.46	隧　道	1.23
高级路面	0.80	钢材及钢结构	0.56
其他路面	0.74		

9）工地转移费。工地转移费系指施工企业根据建设任务的需要，由已竣工的工地或后方基地迁至新工地的搬迁费用。其内容包括：

① 施工单位全体职工及随职工迁移的家属向新工地转移的车费、家具行李运费、途中住宿费、行程补助费、杂费及工资与工资附加费等。

② 公物、工具、施工设备器材、施工机械的运杂费，以及外租机械的往返费及本工程内部各工地之间施工机械、设备、公物、工具的转移费等。

③ 非固定工人进退场及一条路线中各工地转移的费用。

工地转移费以各类工程的直接工程费之和为基数，按表 4－13 的费率计算。

表 4-13　　工地转移费费率表　　（%）

工程类别	工地转移距离/km					
	50	100	300	500	1000	每增加 100
人工土方	0.15	0.21	0.32	0.43	0.56	0.03
机械土方	0.50	0.67	1.05	1.37	1.82	0.08
汽车运输	0.31	0.40	0.62	0.82	1.07	0.05
人工石方	0.16	0.22	0.33	0.45	0.58	0.03
机械石方	0.36	0.43	0.74	0.97	1.28	0.06
高级路面	0.61	0.83	1.30	1.70	2.27	0.12
其他路面	0.56	0.75	1.18	1.54	2.06	0.10
构造物Ⅰ	0.56	0.75	1.18	1.54	2.06	0.11
构造物Ⅱ	0.66	0.89	1.40	1.83	2.45	0.13
构造物Ⅲ	1.31	1.77	2.77	3.62	4.48	0.25
技术复杂大桥	0.75	1.01	1.58	2.06	2.76	0.14
隧道	0.52	0.71	1.11	1.45	1.94	0.10
钢材及钢结构	0.72	0.97	1.51	1.97	2.64	0.13

转移距离以工程承包单位（如工程处、工程公司等）转移前后驻地距离或两路线中点的距离为准；编制概（预）算时，如施工单位不明确时，高速、一级公路及独立大桥、隧道按省会（自治区首府）至工地的里程，二级及以下公路按地区（市、盟）至工地的里程计算工地转移费；工地转移里程数在表列里程之间时，费率可内插计算。工地转移距离在50km 以内的工程不计取本项费用。

2. 间接费

间接费由规费和企业管理费两项组成。对于自采材料，要计算辅助生产间接费。

（1）规费。规费系指法律、法规、规章、规程规定施工企业必须缴纳的费用（简称规费），包括：

1）养老保险费。系指施工企业按规定标准为职工缴纳的基本养老保险费。

2）失业保险费。系指施工企业按国家规定标准为职工缴纳的失业保险费。

3）医疗保险费。系指施工企业按规定标准为职工缴纳的基本医疗保险费和生育保险费。

4）住房公积金。系指施工企业按规定标准为职工缴纳的住房公积金。

5）工伤保险费。系指施工企业按规定标准为职工缴纳的工伤保险费。

各项规费以各类工程的人工费之和为基数，按国家或工程所在地法律、法规、规章规定的标准计算，河北省的规费标准参照附录十规定执行。

（2）企业管理费。企业管理费由基本费用、主副食运费补贴、职工探亲路费、职工取暖补贴和财务费用五项组成。

1）基本费用。企业管理费基本费用系指施工企业为组织施工生产和经营管理所需的费用，内容包括：

① 管理人员工资。系指管理人员的基本工资、工资性补贴、职工福利费、劳动保护费

以及缴纳的养老、失业、医疗、生育、工伤保险费和住房公积金等。

② 办公费。系指企业办公用的文具、纸张、账表、印刷、邮电、书报、会议、水、电、烧水和集体取暖（包括现场临时宿舍取暖）用煤（气）等费用。

③ 差旅交通费。系指职工 因公出差和工作调动（包括随行家属的旅费）的差旅费、住勤补助费，市内交通费和误餐补助费，职工探亲路费，劳动力招募费，职工离退休、退职一次性路费，工伤人员就医路费，以及管理部门使用的交通工具的油料、燃料、养路费及牌照费。

④ 固定资产使用费。系指管理和试验部门及附属生产单位使用的属于固定资产的房屋、设备、仪器等的折旧、大修、维修或租赁费等。

⑤ 工具用具使用费。系指管理使用的不属于固定资产的生产工具、器具、家具、交通工具和检验、试验、测绘、消防用具等的购置、维修和摊销费。

⑥ 劳动保险费。系指企业支付离退休职工的易地安家补助费、职工退职金、六个月以上的病假人员工资、职工死亡丧葬补助费、抚恤费、按规定支付给离休干部的各项经费。

⑦ 工会经费。系指企业按职工工资总额计提的工会经费。

⑧ 职工教育经费。系指企业为职工学习先进技术和提高文化水平，按职工工资总额计提的费用。

⑨ 保险费。系指企业财产保险、管理用车辆等保险费用。

⑩ 工程保修费。系指工程竣工交付使用后，在规定保修期以内的修理费用。

⑪ 工程排污费。系指施工现场按规定缴纳的排污费用。

⑫ 税金。系指企业按规定缴纳的房产税、车船使用税、土地使用税、印花税等。

⑬ 其他。系指上述项目以外的其他必要的费用支出，包括技术转让费、技术开发费、业务招待费、绿化费、广告费、投标费、公证费、定额测定费、法律顾问费、审计费、咨询费等。

基本费用以各类工程的直接费之和为基数，按表4－14的费率计算。

表4－14　　基本费用费率表　　（%）

工程类别	费率	工程类别	费率
人工土方	3.36	构造物Ⅰ	4.44
机械土方	3.26	构造物Ⅱ	5.53
汽车运输	1.44	构造物Ⅲ	9.79
人工石方	3.45	技术复杂大桥	4.72
机械石方	3.28	隧道	4.22
高级路面	1.91	钢材及钢结构	2.42
其他路面	3.28		

2）主副食运费补贴。主副食运费补贴系指施工企业在远离城镇及乡村的野外施工购买生活必需品所需增加的费用。该费用以各类工程的直接费之和为基数，按表4－15的费率计算。

表 4-15　　主副食运费补贴费费率表　　(%)

工程类别	综合里程/km											
	1	3	5	8	10	15	20	25	30	40	50	每增加10
人工土方	0.17	0.25	0.31	0.39	0.45	0.56	0.67	0.76	0.89	1.06	1.22	0.16
机械土方	0.13	0.19	0.24	0.30	0.35	0.43	0.52	0.59	0.69	0.81	0.95	0.13
汽车运输	0.14	0.20	0.25	0.32	0.37	0.45	0.55	0.62	0.73	0.86	1.00	0.14
人工石方	0.13	0.19	0.24	0.30	0.34	0.42	0.51	0.58	0.67	0.80	0.92	0.12
机械石方	0.12	0.18	0.22	0.28	0.33	0.41	0.49	0.55	0.65	0.76	0.89	0.12
高级路面	0.08	0.12	0.15	0.20	0.22	0.28	0.33	0.38	0.44	0.52	0.60	0.08
其他路面	0.09	0.12	0.15	0.20	0.22	0.28	0.33	0.38	0.44	0.52	0.61	0.09
构造物Ⅰ	0.13	0.18	0.23	0.28	0.32	0.40	0.49	0.55	0.65	0.76	0.89	0.12
构造物Ⅱ	0.14	0.20	0.25	0.30	0.35	0.43	0.52	0.60	0.70	0.83	0.96	0.13
构造物Ⅲ	0.25	0.36	0.45	0.55	0.64	0.79	0.96	1.09	1.28	1.51	1.76	0.24
技术复杂大桥	0.11	0.16	0.20	0.25	0.29	0.36	0.43	0.49	0.57	0.68	0.79	0.11
隧道	0.11	0.16	0.19	0.24	0.28	0.34	0.42	0.48	0.56	0.66	0.77	0.10
钢材及钢结构	0.11	0.16	0.20	0.26	0.30	0.37	0.44	0.50	0.59	0.69	0.80	0.11

注：综合里程 = 粮食运距 ×0.06 + 燃料运距 ×0.09 + 蔬菜运距 ×0.15 + 水运距 ×0.70。

粮食、燃料、蔬菜、水的运距均为全线平均运距；综合里程数在表列里程之间时，费率可内插；综合里程在 1km 以内的工程不计取本项费用。

3）职工探亲路费。职工探亲路费系指按照有关规定施工企业职工在探亲期间发生的往返车船费、市内交通费和途中住宿费等费用。该费用以各类工程的直接费之和为基数，按表 4-16 的费率计算。

表 4-16　　职工探亲路费费率表　　(%)

工程类别	费率	工程类别	费率
人工土方	0.10	构造物Ⅰ	0.29
机械土方	0.22	构造物Ⅱ	0.34
汽车运输	0.14	构造物Ⅲ	0.55
人工石方	0.10	技术复杂大桥	0.20
机械石方	0.22	隧道	0.27
高级路面	0.14	钢材及钢结构	0.16
其他路面	0.16		

4）职工取暖补贴。职工取暖补贴系指按规定发放给职工的冬季取暖费或在施工现场设置的临时取暖设施的费用。该费用以各类工程的直接费之和为基数，按工程所在地的气温区（见附录七）选用表 4-17 的费率计算。

表 4－17 职工取暖补贴费费率表 （%）

工程类别	气温区						
	准二区	冬一区	冬二区	冬三区	冬四区	冬五区	冬六区
人工土方	0.03	0.06	0.10	0.15	0.17	0.26	0.31
机械土方	0.06	0.13	0.22	0.33	0.44	0.55	0.66
汽车运输	0.06	0.12	0.21	0.31	0.41	0.51	0.62
人工石方	0.03	0.06	0.10	0.15	0.17	0.25	0.31
机械石方	0.05	0.11	0.17	0.26	0.35	0.44	0.53
高级路面	0.04	0.07	0.13	0.19	0.25	0.31	0.38
其他路面	0.04	0.07	0.12	0.18	0.24	0.30	0.36
构造物Ⅰ	0.06	0.12	0.19	0.28	0.36	0.46	0.56
构造物Ⅱ	0.06	0.13	0.20	0.30	0.41	0.51	0.62
构造物Ⅲ	0.11	0.23	0.37	0.56	0.74	0.93	1.13
技术复杂大桥	0.05	0.10	0.17	0.26	0.34	0.42	0.51
隧道	0.04	0.08	0.14	0.22	0.28	0.36	0.43
钢材及钢结构	0.04	0.07	0.12	0.19	0.25	0.31	0.37

5）财务费用。财务费用系指施工企业为筹集资金而发生的各项费用，包括企业经营期间发生的短期贷款利息净支出、汇兑净损失、调剂外汇手续费、金融机构手续费，以及企业筹集资金发生的其他财务费用。

财务费用以各类工程的直接费之和为基数，按表 4－18 的费率计算。

表 4－18 财务费用费率表 （%）

工程类别	费率	工程类别	费率
人工土方	0.23	构造物Ⅰ	0.37
机械土方	0.21	构造物Ⅱ	0.40
汽车运输	0.21	构造物Ⅲ	0.82
人工石方	0.22	技术复杂大桥	0.46
机械石方	0.20	隧道	0.39
高级路面	0.27	钢材及钢结构	0.48
其他路面	0.30		

（3）辅助生产间接费。辅助生产间接费系指由施工单位自行开采加工的砂、石等材料及施工单位自办的人工装卸和运输的间接费。

辅助生产间接费按人工费的5%计。该项费用并入材料预算单价内构成材料费，不直接出现在概（预）算中。

高原地区施工单位的辅助生产，可按其他工程费中高原地区施工增加费费率，以直接工程费为基数计算高原地区施工增加费（其中：人工采集、加工材料，人工装卸、运输材料按人工土方费率计算；机械采集、加工材料按机械石方费率计算；机械装、运输材料按汽车运输费率计算）。辅助生产高原地区施工增加费不作为辅助生产间接费的计算基数。

3. 利润

利润系指施工企业完成所承包工程应取得的盈利。利润按直接费与间接费之和扣除规费的7%计算。

4. 税金

税金系指按国家税法规定应计入建筑安装工程造价内的营业税、城市维护建设税及教育费附加等。

计算公式为

$$综合税金额=(直接费+间接费+利润)\times 综合税率 \tag{4-6}$$

（1）纳税地点在市区的企业，综合税率为：

$$综合税率(\%)=\left(\frac{1}{1-3\%-3\%\times 7\%-3\%\times 3\%}-1\right)\times 100=3.41\%$$

（2）纳税地点在县城、乡镇的企业，综合税率为：

$$综合税率(\%)=\left(\frac{1}{1-3\%-3\%\times 5\%-3\%\times 3\%}-1\right)\times 100=3.35\%$$

（3）纳税地点不在市区、县城、乡镇的企业，综合税率为：

$$综合税率(\%)=\left(\frac{1}{1-3\%-3\%\times 1\%-3\%\times 3\%}-1\right)\times 100=3.22\%$$

4.2.3 设备、工具、器具及家具购置费

1. 设备购置费

设备购置费系指为满足公路的营运、管理、养护需要，购置的达到固定资产标准的设备和虽低于固定资产标准但属于设计明确列入设备清单的设备的费用，包括渡口设备，隧道照明、消防、通风的动力设备，高等级公路的收费、监控、通信、供电设备，养护用的机械、设备和工具、器具等的购置费用。

设备购置费应由设计单位列出计划购置的清单（包括设备的规格、型号、数量），以设备原价加综合业务费和运杂费按以下公式计算：

$$\begin{aligned}设备购置费=&设备原价+运杂费(运输费+装卸费+搬运费)\\&+运输保险费+采购及保管费\end{aligned} \tag{4-7}$$

需要安装的设备，应在第一部分建筑安装工程费的有关项目内另计设备的安装工程费。设备与材料的划分标准见本书附录六。

（1）国产设备原价的构成及计算。国产设备的原价一般是指设备制造厂的交货价，即出厂价或订货合同价。它一般根据生产厂或供应商的询价、报价、合同价确定，或采用一定的方法计算确定。其内容包括按专业标准规定的在运输过程中不受损失的一般包装费，及按产品设计规定配带的工具、附件和易损件的费用。即

$$设备原价=出厂价(或供货地点价)+包装费+手续费 \tag{4-8}$$

（2）进口设备原价的构成及计算。进口设备的原价是指进口设备的抵岸价，即抵达买方边境港口或边境车站，且交完关税为止形成的价格。即

$$进口设备原价=货价+国际运费+运输保险费+银行财务费+外贸手续费+关税$$

$$+增值税+消费税+商检费+检疫费+车辆购置附加费 \tag{4-9}$$

1）货价：一般指装运港船上交货价（FOB，习惯称离岸价）。设备货价分为原币货价和人民币货价。原币货价一律折算为美元表示，人民币货价按原币货价乘以外汇市场美元兑换人民币的中间价确定。进口设备货价按有关生产厂商询价、报价、订货合同价计算。

2）国际运费：即从装运港（站）到达我国抵达港（站）的运费，即

$$国际运费=原币货价(FOB价)\times 运费费率 \tag{4-10}$$

我国进口设备大多采用海洋运输，小部分采用铁路运输，个别采用航空运输。运费费率参照有关部门或进出口公司的规定执行，海运费费率一般为6%。

3）运输保险费：对外贸易货物运输保险是由保险人（保险公司）与被保险人（出口或进口人）订立保险契约，在被保险人交付议定的保险费后，保险人根据保险契约的规定对货物在运输过程中发生的承保责任范围内的损失给予经济上的补偿。这是一种财产险。计算式为

$$运输保险费=[原币货价(FOB价)+国际运费]/(1-保险费费率)\times 保险费费率 \tag{4-11}$$

保险费费率按保险公司规定的进口货物保险费费率计算，一般为0.35%。

4）银行财务费：一般指中国银行手续费。其可按下式简化计算为

$$银行财务费=人民币货价(FOB价)\times 银行财务费费率 \tag{4-12}$$

银行财务费费率一般为0.4%～0.5%。

5）外贸手续费：指按规定计取的外贸手续费。其计算公式为

$$外贸手续费=[人民币货价(FOB价)+国际运费+运输保险费]\times 外贸手续费费率 \tag{4-13}$$

外贸手续费费率一般为1%～1.5%。

6）关税：指海关对进出国境或关境的货物和物品征收的一种税。其计算式为

$$关税=[人民币货价(FOB价)+国际运费+运输保险费]\times 进口关税税率 \tag{4-14}$$

进口关税税率按我国海关总署发布的进口关税税率计算。

7）增值税：是对从事进口贸易的单位和个人，在进口商品报关进口后征收的税种。

按《中华人民共和国增值税条例》的规定，进口应税产品均按组成计税价格和增值税税率直接计算应纳税额。即

$$增值税=[人民币货价(FOB价)+国际运费+运输保险费+关税+消费税]\times 增值税税率 \tag{4-15}$$

增值税税率根据规定的税率计算，目前进口设备适用的税率为17%。

8）消费税：对部分进口设备（如轿车、摩托车等）征收。其计算公式为

$$应纳消费税额=[人民币货价(FOB价)+国际运费+运输保险费+关税]/(1-消费税税率)\times 消费税税率 \tag{4-16}$$

消费税税率根据规定的税率计算。

9）商检费：指进口设备按规定付给商品检查部门的进口设备检验鉴定费。其计算式为

$$商检费=[人民币货价(FOB价)+国际运费+运输保险费]\times 商检费费率 \tag{4-17}$$

商检费费率一般为0.8%。

10）检疫费：指进口设备按规定付给商品检疫部门的进口设备检验鉴定费。其计算式为

检疫费 =［人民币货价（FOB 价）+ 国际运费 + 运输保险费］× 检疫费费率　　(4－18)

检疫费费率一般为0.17%。

11）车辆购置附加费：指进口车辆需缴纳的进口车辆购置附加费。其计算式为

进口车辆购置附加费 =［人民币货价（FOB 价）+ 国际运费 + 运输保险费 + 关税 + 消费税 + 增值税］× 进口车辆购置附加费费率　　(4－19)

在计算进口设备原价时，应注意工程项目的性质，有无按国家有关规定减免进口环节税的可能。

（3）设备运杂费的构成及计算。国产设备运杂费指由设备制造厂交货地点起至工地仓库（或施工组织设计指定的需要安装设备的堆放地点）止所发生的运费和装卸费；进口设备运杂费指由我国到岸港口或边境车站起至工地仓库（或施工组织设计指定的需要安装设备的堆放地点）止所发生的运费和装卸费。其计算式为

运杂费 = 设备原价 × 运杂费费率　　(4－20)

设备运杂费费率见表4－19。

表4－19　设备运杂费费率表

运输里程/km	100以内	101～200	201～300	301～400	401～500	501～750	751～1000	1001～1250	1251～1500	1501～1750	1751～2000	2000以上每增加250
费率（%）	0.8	0.9	1.0	1.1	1.2	1.5	1.7	2.0	2.2	2.4	2.6	0.2

（4）设备运输保险费的构成及计算。设备运输保险费指国内运输保险费。其计算公式为

运输保险费 = 设备原价 × 保险费费率　　(4－21)

设备运输保险费费率一般为1%。

（5）设备采购及保管费的构成及计算。设备采购及保管费指采购、验收、保管和收发设备所发生的各种费用，包括设备采购人员、保管人员和管理人员的工资、工资附加费、办公费、差旅交通费，设备供应部门办公和仓库所占固定资产使用费、工具用具使用费、劳动保护费、检验试验费等。其计算公式为

采购及保管费 = 设备原价 × 采购及保管费费率　　(4－22)

需要安装的设备的采购保管费费率为2.4%，不需要安装的设备的采购保管费费率为1.2%。

2. 工器具及生产家具（简称工器具）购置费

工器具购置费系指建设项目交付使用后为满足初期正常营运必须购置的第一套不构成固定资产的设备、仪器、仪表、工卡模具、器具、工作台（框、架、柜）等的费用。该费用不包括构成固定资产的设备、工器具和备品、备件，及已列入设备购置费中的专用工具和备品、备件。

对于工器具购置，应由设计单位列出计划购置的清单（包括规格、型号、数量），购置

费的计算方法同设备购置费。

3. 办公和生活用家具购置费

办公和生活用家具购置费系指为保证新建、改建项目初期正常生产、使用和管理所必须购置的办公和生活用家具、用具的费用。

范围包括：行政、生产部门的办公室、会议室、资料档案室、阅览室、单身宿舍及生活福利设施等的家具、用具。

办公和生活用家具购置费按表 4－20 的规定计算。

表 4－20　办公和生活用家具购置费标准

工程所在地	路线/（元/km）				有看桥房的独立大桥/（元/座）	
	高速公路	一级公路	二级公路	三、四级公路	一般大桥	技术复杂大桥
内蒙古、黑龙江、青海、新疆、西藏	21 500	15 600	7800	4000	24 000	60 000
其他省、自治区、直辖市	17 500	14 600	5800	2900	19 800	49 000

注：改建工程按表列数 80% 计。

4.2.4　工程建设其他费用

1. 土地征用及拆迁补偿费

土地征用及拆迁补偿费系指按照《中华人民共和国土地管理法》及《中华人民共和国土地管理法实施条例》、《中华人民共和国基本农田保护条例》等法律、法规的规定，为进行公路建设需征用土地所支付的土地征用及拆迁补偿费等费用。

（1）费用内容

1）土地补偿费：指被征用土地地上、地下附着物及青苗补偿费，征用城市郊区的菜地等缴纳的菜地开发建设基金，租用土地费，耕地占用税，用地图编制费及勘界费，征地管理费等。

2）征用耕地安置补助费：指征用耕地需要安置农业人口的补助费。

3）拆迁补偿费：指被征用或占用土地上的房屋及附属构筑物、城市公用设施等拆除、迁建补偿费，拆迁管理费等。

4）复耕费：指临时占用的耕地、鱼塘等，待工程竣工后将其恢复到原有标准所发生的费用。

5）耕地开垦费：指公路建设项目占用耕地的，应由建设项目法人（业主）负责补充耕地所发生的费用；没有条件开垦或者开垦的耕地不符合要求的，按规定缴纳的耕地开垦费。

6）森林植被恢复费：指公路建设项目需要占用、征用或者临时占用林地的，经县级以上林业主管部门审核同意或批准，建设项目法人（业主）单位按照有关规定向县级以上林业主管部门预缴的森林植被恢复费。

（2）计算方法

土地征用及拆迁补偿费应根据审批单位批准的建设工程用地和临时用地面积及其附着物

的情况，以及实际发生的费用项目，按国家有关规定及工程所在地的省（自治区、直辖市）人民政府颁发的有关规定和标准计算。

森林植被恢复费应根据审批单位批准的建设工程占用林地的类型及面积，按国家有关规定及工程所在地的省（自治区、直辖市）人民政府颁发的有关规定和标准计算。

当与原有的电力电信设施、水利工程、铁路及铁路设施互相干扰时，应与有关部门联系，商定合理的解决方案和补偿金额，也可由这些部门按规定编制费用以确定补偿金额。

2. 建设项目管理费

建设项目管理费包括建设单位（业主）管理费、工程质量监督费、工程监理费、工程定额测定费、设计文件审查费和竣（交）工验收试验检测费。

（1）建设单位（业主）管理费。建设单位（业主）管理费系指建设单位（业主）为建设项目的立项、筹建、建设、竣（交）工验收、总结等工作所发生的费用，不包括应计入设备、材料预算价格的建设单位采购及保管设备、材料所需的费用。

费用内容包括：工作人员的工资、工资性补贴、施工现场津贴、社会保障费用（基本养老、基本医疗、失业、工伤保险）、住房公积金、职工福利费、工会经费、劳动保护费；办公费、会议费、差旅交通费、固定资产使用费（包括办公及生活房屋折旧、维修或租赁费，车辆折旧、维修、使用或租赁费，通信设备购置、使用费，测量、试验设备仪器折旧、维修或租赁费，其他设备折旧、维修或租赁费等）、零星固定资产购置费、招募生产工人费；技术图书资料费、职工教育经费、工程招标费（不含招标文件及标底或造价控制值编制费）；合同契约公证费、法律顾问费、咨询费；建设单位的临时设施费、完工清理费、竣（交）工验收费（含其他行业或部门要求的竣工验收费用）、各种税费（包括房产税、车船使用税、印花税等）；建设项目审计费、境内外融资费用（不含建设期贷款利息）、业务招待费、安全生产管理费和其他管理性开支。

由施工企业代建设单位（业主）办理“土地、青苗等补偿费”的工作人员所发生的费用，应在建设单位（业主）管理费项目中支付。当建设单位（业主）委托有资质的单位代理招标时，其代理费应在建设单位（业主）管理费中支出。

建设单位（业主）管理费以建筑安装工程费总额为基数，按表 4－21 的费率，以累进办法计算。

表 4－21　　建设单位（业主）管理费费率表

第一部分　建筑安装工程费/万元	费率（%）	算例/万元	
		建筑安装工程费	建设单位（业主）管理费
500 以下	3.48	500	500×3.48%＝17.4
501～1000	2.73	1000	17.4＋500×2.73%＝31.05
1001～5000	2.18	5000	31.05＋4000×2.18%＝118.25
5001～10000	1.84	10 000	118.25＋5000×1.84%＝210.25
10001～30 000	1.52	30 000	210.25＋20 000×1.52%＝514.25
30 001～50 000	1.27	50 000	514.25＋20 000×1.27%＝768.25
50 001～100 000	0.94	100 000	768.25＋50 000×0.94%＝1238.25

续表

第一部分　建筑安装工程费/万元	费率（%）	算例/万元	
		建筑安装工程费	建设单位（业主）管理费
100 001 ~ 150 000	0.76	150 000	1238.25 + 50 000 × 0.76% = 1618.25
150 001 ~ 200 000	0.59	200 000	1618.25 + 50 000 × 0.59% = 1913.25
200 001 ~ 300 000	0.43	300 000	1913.25 + 10 000 × 0.43% = 2343.25
300 000 以上	0.32	310 000	2343.25 + 10 000 × 0.32% = 2375.25

水深 > 15m、跨度≥400m 的斜拉桥和跨度≥800m 的悬索桥等独立特大型桥梁工程的建设单位（业主）管理费按表 3 – 21 中的费率乘以 1.0 ~ 1.2 的系数计算；海上工程［指由于风浪影响，工程施工期（不包括封冻期）全年月平均工作日少于 15d 的工程］的建设单位（业主）管理费按表 4 – 21 中的费率乘以 1.0 ~ 1.3 的系数计算。

（2）工程质量监督费。工程质量监督费系指根据国家有关部门规定，各级公路工程质量监督机构对工程建设质量和安全生产实施监督应收取的管理费用。工程质量监督费以建筑安装工程费总额为基数，按 0.15% 计算。

（3）工程监理费。工程监理费系指建设单位（业主）委托具有公路工程监理资格的单位，按施工监理规范进行全面的监督和管理所发生的费用。

费用内容包括：工作人员的基本工资、工资性津贴、社会保障费用（基本养老、基本医疗、失业、工伤保险）、住房公积金、职工福利费、工会经费、劳动保护费；办公费、会议费、差旅交通费、固定资产使用费（包括办公及生活房屋折旧、维修或租赁费，车辆折旧、维修、使用或租赁费，通信设备购置、使用费，测量、试验、检测设备仪器折旧、维修或租赁费，其他设备折旧、维修或租赁费等）、零星固定资产购置费、招募生产工人费；技术图书资料费、职工教育经费、投标费用；合同契约公证费、咨询费、业务招待费；财务费用、监理单位的临时设施费、各种税费和其他管理性开支。

工程监理费以建筑安装工程费总额为基数，按表 4 – 22 的费率计算。

表 4 – 22　　工程监理费费率表

工程类别	高速公路	一级及二级公路	三级及四级公路	桥梁及隧道
费率（%）	2.0	2.5	3.0	2.5

表 4 – 22 中的桥梁指水深大于 15m、斜拉桥和悬索桥等独立特大型桥梁工程；隧道指水下隧道工程。

建设单位（业主）管理费和工程监理费均为实施建设项目管理的费用，执行时根据建设单位（业主）和施工监理单位所实际承担的工作内容和工作量，在保证监理费用的前提下，可统筹使用。

（4）工程定额测定费。工程定额测定费系指各级公路（交通）工程定额（造价管理）站为测定劳动定额、搜集定额资料、编制工程定额及定额管理所需要的工作经费。

工程定额测定费以建筑安装工程费总额为基数，按 0.12% 计算。

（5）设计文件审查费。设计文件审查费系指国家和省级交通主管部门在项目审批前，为保证勘察设计工作的质量，组织有关专家或委托有资质的单位，对设计单位提交的建设项目可行性研究报告和勘察设计文件以及对设计变更、调整概算进行审查所需要的相关费用。

设计文件审查费以建筑安装工程费总额为基数，按0.1%计算。

（6）竣（交）工验收试验检测费。竣（交）工验收试验检测费系指在公路建设项目交工验收和竣工验收前，由建设单位（业主）或工程质量监督机构委托有资质的公路工程质量检测单位按照有关规定对建设项目的工程质量进行检测，并出具检测意见所需要的相关费用。

竣（交）工验收试验检测费按表4－23的规定计算。

表4－23　竣（交）工验收试验检测费标准表

项目	路线/（元/公路公里）				独立大桥/（元/座）	
	高速公路	一级及二级公路	三级及四级公路	桥梁及隧道	一般大桥	技术复杂大桥
试验检测费	15 000	12 000	10 000	5000	30 000	100 000

关于竣（交）工验收试验检测费，高速公路、一级公路按四车道计算，二级及以下等级公路按双车道计算，每增加一条车道，按表4－23的费用增加10%。

3. 研究试验费

研究试验费系指为本建设项目提供或验证设计数据、资料进行必要的研究试验和按照设计规定在施工过程中必须进行试验、验证所需的费用，以及支付科技成果、先进技术的一次性技术转让费。该费用不包括：

（1）应由科技三项费用（即新产品试制费、中间试验费和重要科学研究补助费）开支的项目。

（2）应由施工辅助费开支的施工企业对建筑材料、构件和建筑物进行一般鉴定、检查所发生的费用及技术革新研究试验费。

（3）应由勘察设计费或建筑安装工程费用中开支的项目。

计算方法：按照设计提出的研究试验内容和要求进行编制，不需验证设计基础资料的不计本项费用。

4. 建设项目前期工作费

建设项目前期工作费系指委托勘察设计、咨询单位对建设项目进行可行性研究、工程勘察设计，以及设计、监理、施工招标文件及招标标底或造价控制值文件编制时，按规定应支付的费用。该费用包括：

（1）编制项目建议书（或预可行性研究报告）、可行性研究报告、投资估算，以及相应的勘察、设计、专题研究等所需的费用。

（2）初步设计和施工图设计的勘察费（包括测量、水文调查、地质勘探等）、设计费、概（预）算及调整概算编制费等。

（3）设计、监理、施工招标文件及招标标底（或造价控制值或清单预算）文件编制费等。

计算方法：依据委托合同计列，或按国家颁发的收费标准和有关规定进行编制。

5. 专项评价（估）费

专项评价（估）费系指依据国家法律、法规规定须进行评价（评估）、咨询，按规定应支付的费用。该费用包括环境影响评价费、水土保持评估费、地震安全性评价费、地质灾害危险性评价费、压覆重要矿床评估费、文物勘察费、通航论证费、行洪论证（评估）费、使用林地可行性研究报告编制费、用地预审报告编制费等费用。

计算方法：按国家颁发的收费标准和有关规定进行编制。

6. 施工机构迁移费

施工机构迁移费系指施工机构根据建设任务的需要，经有关部门决定成建制地（指工程处等）由原驻地迁移到另一地区所发生的一次性搬迁费用。该费用不包括：

（1）应由施工企业自行负担的，在规定距离范围内调动施工力量以及内部平衡施工力量所发生的迁移费用。

（2）由于违反基建程序，盲目调迁队伍所发生的迁移费。

（3）因中标而引起施工机构迁移所发生的迁移费。

费用内容包括：职工及随同家属的差旅费，调迁期间的工资，施工机械、设备、工具、用具和周转性材料的搬运费。

计算方法：施工机构迁移费应经建设项目的主管部门同意按实计算。但计算施工机构迁移费后，如迁移地点即新工地地点（如独立大桥），则其他工程费内的工地转移费应不再计算；如施工机构迁移地点至新工地地点尚有部分距离，则工地转移费的距离，应以施工机构新地点为计算起点。

7. 供电贴费

供电贴费系指按照国家规定，建设项目应交付的供电工程贴费、施工临时用电贴费。

计算方法：按国家有关规定计列（目前停止征收）。

8. 联合试运转费

联合试运转费系指新建、改（扩）建工程项目，在竣工验收前按照设计规定的工程质量标准，进行动（静）载荷载实验所需的费用，或进行整套设备带负荷联合试运转期间所需的全部费用抵扣试车期间收入的差额。该费用不包括应由设备安装工程项下开支的调试费的费用。

费用内容包括：联合试运转期间所需的材料、油燃料和动力的消耗，机械和检测设备使用费，工具用具和低值易耗品费，参加联合试运转人员工资及其他费用等。

联合试运转费以建筑安装工程费总额为基数，独立特大型桥梁按0.075%、其他工程按0.05%计算。

9. 生产人员培训费

生产人员培训费系指新建、改（扩）建公路工程项目，为保证生产的正常运行，在工程竣工验收交付使用前对运营部门生产人员和管理人员进行培训所必需的费用。

费用内容包括：培训人员的工资、工资性补贴、职工福利费、差旅交通费、劳动保护费、培训及教学实习费等。

生产人员培训费按设计定员和2000元/人的标准计算。

10. 固定资产投资方向调节税

固定资产投资方向调节税系指为了贯彻国家产业政策，控制投资规模，引导投资方向，调整投资结构，加强重点建设，促进国民经济持续稳定协调发展，依照《中华人民共和国固定资产投资方向调节税暂行条例》规定，公路建设项目应缴纳的固定资产投资方向调节税。

计算方法：按国家有关规定计算（目前暂停征收）。

11. 建设期贷款利息

建设期贷款利息系指建设项目中分年度使用国内贷款或国外贷款部分，在建设期内应归还的贷款利息。费用内容包括各种金融机构贷款、企业集资、建设债券和外汇贷款等利息。

计算方法：根据不同的资金来源按需付息的分年度投资计算。

计算公式如下：

$$\text{建设期贷款利息} = \sum(\text{上年末付息贷款本息累计} + \text{本年度付息贷款额}/2) \times \text{年利率} \tag{4-23}$$

即

$$S = \sum_{n=1}^{N}(F_{n-1} + b_n/2) \times i$$

式中 S——建设期贷款利息（元）；

N——项目建设期（年）；

n——施工年度；

F_{n-1}——建设期第（$n-1$）年末需付息贷款本息累计（元）；

b_n——建设期第 n 年度付息贷款额（元）；

i——建设期贷款年利率（%）。

4.2.5 预备费

预备费由价差预备费及基本预备费两部分组成。在公路工程建设期限内，凡需动用预备费时，属于公路交通部门投资的项目，需经建设单位提出，按建设项目隶属关系，报交通部或交通厅（局、委）基建主管部门核定批准；属于其他部门投资的建设项目，按其隶属关系报有关部门核定批准。

1. 价差预备费

价差预备费系指设计文件编制年至工程竣工年期间，第一部分费用的人工费、材料费、机械使用费、其他工程费、间接费等以及第二、三部分费用由于政策、价格变化可能发生上浮而预留的费用及外资贷款汇率变动部分的费用。

（1）计算方法：价差预备费以概（预）算或修正概算第一部分建筑安装工程费总额为基数，按设计文件编制年始至建设项目工程竣工年终的年数和年工程造价增长率计算。

计算公式如下：

$$\text{价差预备费} = P \times [(1+i)^{n-1} - 1] \tag{4-24}$$

式中 P——建筑安装工程费总额（元）；

i——年工程造价增长率（%）；

n——设计文件编制年至建设项目开工年十建设项目建设期限（年）。

（2）年工程造价增长率按有关部门公布的工程投资价格指数计算，或由设计单位会同建设单位根据该工程人工费、材料费、施工机械使用费、其他工程费、间接费以及第二、三部分费用可能发生的上浮等因素，以第一部分建安费为基数进行综合分析预测。

（3）设计文件编制至工程完工在一年以内的工程，不列此项费用。

2. 基本预备费

基本预备费系指在初步设计和概算中难以预料的工程和费用。其用途如下：

（1）在进行技术设计、施工图设计和施工过程中，在批准的初步设计和概算范围内所增加的工程费用。

（2）在设备订货时，由于规格、型号改变的价差；材料货源变更、运输距离或方式的改变以及因规格不同而代换使用等原因发生的价差。

（3）由于一般自然灾害所造成的损失和预防自然灾害所采取的措施费用。

（4）在项目主管部门组织竣（交）工验收时，验收委员会（或小组）为鉴定工程质量必须开挖和修复隐蔽工程的费用。

（5）投保的工程根据工程特点和保险合同发生的工程保险费用。

计算方法：以第一、二、三部分费用之和（扣除固定资产投资方向调节税和建设期贷款利息两项费用）为基数按下列费率计算：

设计概算按5%计列；

修正概算按4%计列；

施工图预算按3%计列。

采用施工图预算加系数包干承包的工程，包干系数为施工图预算中直接费与间接费之和的3%。施工图预算包干费用由施工单位包干使用。

该包干费用的内容为：

1）在施工过程中，设计单位对分部分项工程修改设计而增加的费用，但不包括因水文地质条件变化造成的基础变更、结构变更、标准提高、工程规模改变而增加的费用。

2）预算审定后，施工单位负责采购的材料由于货源变更、运输距离或方式的改变以及因规格不同而代换使用等原因发生的价差。

3）由于一般自然灾害所造成的损失和预防自然灾害所采取的措施的费用（例如一般防台风、防洪的费用）等。

4.2.6　回收金额

概、预算定额所列材料一般不计回收，只对按全部材料计价的一些临时工程项目和由于工程规模或工期限制达不到规定周转次数的拱盔、支架及施工金属设备的材料计算回收金额。回收率见表4－24。

表4－24　　回收率表

回收项目	使用年数成周转次数				计算基数
	一年或一次	二年或二次	三年或三次	四年或四次	
临时电力电信线路	50%	30%	10%	—	材料原价
拱盔、支架	60%	45%	30%	15%	
施工金属设备	80%	65%	50%	30%	

注：施工金属设备指钢壳沉井、钢护筒等。

4.2.7 公路工程建设各项费用的计算程序及计算方式

公路工程建设各项费用的计算程序及计算方式见表4－25。

表4－25　公路工程建设各项费用的计算程序及计算方式

代号	项　目	说明及计算式
一	直接工程费（即工、料、机费）	按编制年工程所在地的预算价格计算
二	其他工程费	（一）×其他工程费综合费率或各类工程人工费和机械费之和×其他工程费综合费率
三	直接费	（一）＋（二）
四	间接费	各类工程人工费×规费综合费率＋（三）×企业管理费综合费率
五	利润	[（三）＋（四）－规费]×利润率
六	税金	[（三）＋（四）＋（五）]×综合费率
七	建筑安装工程费	（三）＋（四）＋（五）＋（六）
八	设备、工具、器具购置费（包括备品备件）	Σ（设备、工具、器具购置数量×单价＋运杂费）×（1＋采购保管费率）
	办公和生活用家具购置费	按有关规定计算
九	工程建设其他费用	
	土地征用及拆迁补偿费	按有关规定计算
	建设单位（业主）管理费	（七）×费率
	工程质量监督费	（七）×费率
	工程监理费	（七）×费率
	工程定额测定费	（七）×费率
	设计文件审查费	（七）×费率
	竣（交）工验收试验检测费	按有关规定计算
	研究试验费	按批准的计划编制
	前期工作费	按有关规定计算
	专项评价（估）费	按有关规定计算
	施工机构迁移费	按实计算
	供电贴费	按有关规定计算
	联合试运转费	（七）×费率
	生产人员培训费	按有关规定计算
	固定资产投资方向调节税	按有关规定计算
	建设期贷款利息	按实际贷款数及利息计算
十	预备费	包括价差预备费和基本预备费两项
	价差预备费	按规定的公式计算
	基本预备费	[（七）＋（八）＋（九）－固定资产投资方向调节税－建设期贷款利息]×费率
	预备费中施工图预算包干系数	[（三）＋（四）]×费率
十一	建设项目总费用	（七）＋（八）＋（九）＋（十）

4.3　公路工程概预算项目表

1. 概预算项目划分的规定

公路工程建设项目总造价，是由其所含一系列具体工程项目的工、料、机费用和该项目所应计列的各种费用汇总而得的。因此为了计算造价，首先必须列出组成该建设项目的各种具体工程项目的名称，同时也要列出应该计列的各种费用的名称，然后才能根据定额及编制办法的规定计算造价。

编制办法对工程项目和费用项目的名称、层次，作了统一的规定，即概预算项目表。

概、预算项目应按编制办法项目表的序列及内容编制，如实际出现的工程和费用项目与项目表的内容不完全相符时，一、二、三部分和“项”的序号应保留不变，“目”、“节”可随需要增减，并按项目表的顺序以实际出现的“目”、“节”依次排列，不保留缺少的“目”、“节”序号。如第二部分，设备、工具、器具购置费在该项工程中不发生时，第三部分工程建设其他费用仍为第三部分。同样，路线工程第一部分第六项为隧道工程，第七项为公路设施及预埋管线工程，若路线中无隧道工程项目，但其序号仍保留，公路设施及预埋管线工程仍为第七项。但如“目”、“节”或“细目”发生这样的情况时，可依次递补改变序号。路线建设项目中的互通式立体交叉、辅道、支线，如工程规模较大时，也可按概、预算项目表单独编制建筑安装工程，然后将其概、预算建安工程总金额列入路线的总概、预算表中相应的项目内。

2. 概预算项目内容

概、预算项目主要包括以下内容：

第一部分　建筑安装工程

第一项　临时工程

第二项　路基工程

第三项　路面工程

第四项　桥梁涵洞工程

第五项　交叉工程

第六项　隧道工程

第七项　公路设施及预埋管线工程

第八项　绿化及环境保护工程

第九项　管理、养护及服务房屋

第二部分　设备及工具、器具购置费

第三部分　工程建设其他费用

项目表的详细内容见本书附录二。

4.4　公路工程概预算的编制

一般情况下，初步设计编制概算，施工图设计编制预算。步骤基本相同。

4.4.1 准备工作

1. 收集资料

收集资料是指收集与编制概预算有关的资料，如会审通过的施工图设计资料，初步设计概算，修正概算，施工组织设计，现行与本工程相一致的概算定额、预算定额、各类费用取费标准，人工、材料、机械价格资料，主管部门对该概预算编制的意见或会议记录，施工地区的水文、地质情况资料。

2. 熟悉设计图纸、资料

全面熟悉设计图纸、资料，了解设计意图，掌握工程全貌是准确、迅速地编制概预算的关键，一般可按以下顺序进行：

（1）清理图纸。由设计单位提供的设计图纸、资料一般都附有全套图纸的目录，根据该目录检查和核对图纸是否齐全，并装订成册，以免在使用过程中丢失。

（2）阅读图纸。为了准确地划分计算项目、正确地套用定额和正确地计算工程量，在阅读图纸时，应注意各种图纸与图纸之间、图纸与说明之间有无矛盾和错误，各分项工程（或结构构件）的构造、尺寸和规定的材料、品种、规格以及它们之间的关系是否正确，拟划分的计算项目内容与相应定额的工程内容是否一致，新材料、新工艺、新结构采用的情况是否需要补充定额等，都应在阅读图纸时记录下来，与设计部门取得联系，共同研究解决。

3. 熟悉施工组织设计

施工组织设计是指导拟建工程施工准备、正式施工各现场空间布置的技术文件，同时也是设计文件的组成部分。根据施工组织设计提供的施工现场平面布置、料场、堆场、仓库位置、资源供应以及运输方式、施工进度计划、施工方案等资料才能准确地计算人工、材料、机械单价以及工程数量，正确地选用相应的定额项目，从而确定反映客观实际的工程造价。

4. 了解施工现场情况

了解施工现场情况，主要包括：了解施工现场的工程地质和水文地质情况，现场内需拆除和清理的构造物或构筑物情况，水、电、路等情况，施工现场的平面位置、各种材料、生活资源的供应等情况。这些资料对于准确、完整地编制概预算有着重要的作用。

5. 计算工程量

工程量的计算是编制概预算的重要环节之一。

（1）工程量计算规则。工程量的计算既简单又繁杂，并且是一项十分关键的工作。简单是指计算时所需的数学运算简单，如加、减、乘、除等；繁杂是指所有项目应无一遗漏地包括进去。由于建筑实体的多样性和概预算定额条件的相对固定性，为了在各种条件下保证定额的正确性，各专业、各分部分项工程都视定额制定条件的不同，对其相应项目的工程量计算作了具体规定，称工程量计算规则。在计算工程量时，必须严格按工程量计算规则执行。

1）工程量单位的确定。工程量是以自然计量单位或物理计量单位来表示各分项工程或结构构件的数量。自然计量单位是指以物体自身为计量单位表示工程完成的数量，如块、个、件、套等。物理计量单位是指物体的物理属性，一般以公制为计量单位，表示完成的工程数量，如 m^2、m^3 等。在计算工程量时，为了使计算出的项目能直接使用相应的定额项目，在选取工程计量单位时，应与定额项目的计量单位相一致。

2）项目的划分及系数的采用。在工程量计算时，工程量项目的划分应与定额项目的划分相一致，即各个项目所包含的工作内容、施工方法、工艺要求与定额中该项目的要求相同或符合定额说明中所规定的范围，不允许重算、多算或漏算、少算工程量，应严格按计算规则采用工程量系数。

3）工程量计算的一般方法。所谓工程量计算方法是指计算工程量时的诸顺序，一般有以下几种：

① 按施工的先后顺序计算。

② 按定额手册上所列的定额项目的先后顺序计算。

③ 同一张图纸的各个构件或部位，按先上后下、先左后右、先横后直的顺序计算。

④ 按图纸的编号顺序或构件的编号顺序的先后计算。

以上各种方法是就一般情况提出来的，在设计工作中，应视具体情况灵活运用。一般可选用其中一种方法进行计算，再选另外一两种方法进行复核。

（2）工程量计算中的注意事项。

① 工程量是按每一分部分项工程，根据设计图纸进行计算的，因此首先应熟悉施工图纸，了解工程内容，严格按预算定额规定和工程量计算规则以施工图纸尺寸为依据进行计算，不能任意加大或缩小构件尺寸。

② 每一项计算必须部位清楚，说明（或名称）准确，统一格式，计算正确，单位明确。一般采用表格进行计算，计算完后应编号装订成册，以便复核。

③ 数字要准确。工程量数据应计算正确且按定额的规定保留小数位数。

④ 工程量的单位应与定额单位相一致，以减少返工或换算的工作时间。

⑤ 为了在计算中不遗漏或重算项目，应按照事先拟订的计算顺序逐项计算。

⑥ 为了减少重复劳动，提高编制预算工作的效率，应尽量利用设计图纸资料提供的工程数量。

⑦ 工程量计算完成后应认真复核，准确无误后才能用于编制概预算。

（3）工程量汇总。

工程量计算完后，应根据概预算定额项目的划分情况，对工程量进行合并、汇总，最后列出概预算工程数量一览表。

6. 明确概预算项目划分

公路工程概、预算的编制必须严格按概预算项目表的序列及内容进行（附录二）。路线建设项目中的互通式立体交叉、辅道、支线，如工程规模较大时，也可按概、预算表单独编制建筑安装工程，然后将其概、预算建安工程总金额列入路线的总概预算表中相应的项目内。

概、预算应按一个建设项目进行编制。当一个建设项目需要分段或分部编制时，应根据需要分别编制，但要汇总编制总概（预）算汇总表。

4.4.2 概预算编制步骤

（1）列项并划分工程细目。参照本书附录二，按项目表顺序根据工程实际出现的项目列项。“项”号保留，“目”、“节”号可随需要增减，并按项目表的顺序以实际出现的“目”“节”“细目”依次排列。并计算工程量，填入01表相应栏内。

（2）初步编制08－1表。08－2表填写可按01表出现工程细目的顺序。首先要选择合适的定额，做到不重不漏。把定额中的人工、材料、机械台班消耗量填入对应的表格中。

（3）按照08－2表中出现的所有材料计算材料单价09表。（注意运杂费计算式和要乘的系数）

（4）按照08－2表中出现的机械名称编制11表，台班单价为不变费用加可变费用。可变费用中的人工、材料单价采用09表中数值。

（5）填写单价汇总表07表。（人工单价、材料预算单价、机械单价）

（6）按照十三种工程类别填写04表，计算各项费率。

（7）继续填写08－2表，将表格计算完毕。工程数量为实际工程量除以定额单位，注意单位的一致性；每页08表要进行横向合计，得到人工、材料、机械台班的数量、金额。用横向合计的所有人工、材料、机械、金额与本页人工费、材料费、机械使用费计算结果进行校核，可及时发现错误。

（8）填写03表，计算建筑安装工程费。

（9）编制05表，计算设备、工具、器具及家具购置费。

（10）编制06表，计算工程建设其他费用。

（11）编制02表，将08－2表中的人工工日数、材料数、机械台班数全部统计在02表中，有损耗的材料还要计损耗。

（12）编制08－1表、04－1表。

（13）编制01表，将03、06表的计算结果汇总于01表。

（14）编制说明书。所写内容见本章所述。

4.5 公路工程概预算编制实例

××公路改建工程，全长13.625km。本路段位于石家庄东南部，预算编制范围为：路基、路面、涵洞、其他工程及沿线设施。

1. 工程概况

公路等级：一般二级公路，设计速度：50km/h。

汽车荷载等级：公路－Ⅱ级

小桥涵宽度：桥涵与路基同宽。

全线按平原微丘区二级公路标准。

路面均采用沥青路面，路面结构为2cm中粒式沥青混凝土面层，基层为15cm石灰粉煤灰稳定类基层（5∶15∶80）。

筑路材料：除利用当地土、砂等材料外，所用石灰、碎石、片石和块石等材料，可以从鹿泉、井陉等处购进，筑路材料运输比较方便。运输方式采用汽车由材料产地运到工地。

施工队伍为当地交通局，调遣里程为10km。主副食运费里程为5km。

2. 编制说明

（1）预算编制范围为：路基、路面、桥梁涵洞、其他工程及沿线设施和临时工程。

（2）编制依据：

1）《公路基本建设工程概算、预算编制办法》（JTG B06—2007），以及河北省交通厅《公路工程基本建设项目概预算编制补充规定》。

2）《公路工程预算定额》（JTG/T B06－02—2007）。

3）《公路工程机械台班费用定额》（JTG/T B06－03—2007）。

4）1999 年 9 月 24 日河北省人民政府第九届人民代表大会通过的《河北省土地管理条例》。

5）2003 年 10 月 22 日省政府第 13 次常务会议通过的《河北省地方教育附加征收使用管理规定》。

6）河北省人民政府令 2007 年第 7 号《河北省车船税实施办法》。

7）人工费：按河北省交通厅 704 号文的规定，人工费按 46.85 元/工日计算。

8）材料单价按照市场价格进行编制，土地按实地情况测定。

9）运价：按省［1991］冀交运字 12 号文《河北省运价规定》执行。

10）其他工程费和间接费综合费率采用地省级标准。

11）不计施工技术装备费、供电贴费和价差预备费。

12）预备费：以第一、二、三部分之和的 3% 计。

（3）编制本预算考虑有关施工因素的简要说明：

1）编制路基土方，路面工程预算时，各主要工程均按机械施工考虑。

2）路基土方碾压采用标准为 18－20T 压路机作为碾压设备，碾压，考虑加水。

3）施工用电按网电和自发电各占 50% 考虑。

4）编制分项预算时，桥涵工程中的水泥混凝土和水泥砂浆强度等级，钢筋配置根据施工设计图要求进行调整。

3. 工程量

（1）公路用地及青苗苗补偿数量：永久占耕地 313 亩，每亩补偿金 20 000 元，青苗每亩补偿金 1000 元；临时占地（含复垦费）20 亩，每亩补偿金 5000 元。

（2）小树 2186 棵，每棵补偿 15 元。

（3）拆迁建筑物：拆住宅平房 1368m^2，每 m^2 补偿金 300 元；拆围墙 107m^2，每 m^2 补偿金 100 元；机井 4 个，每个补偿金 8000 元；通信线杆 1 根，每根补偿金 500 元。

（4）临时工程（表 4－26）。

表 4－26　　临时工程工程数量表

序号	工程细目名称	单位	数量	备注
1	平原微丘区路基宽 4.5m	1km	0.500	临时道路
2	路面天然砂砾路面压实厚度 15cm，路面宽 3.5m	1km	0.500	

（5）路基土、石方工程数量表（表 4－27）。

表 4－27　　路基土、石方工程数量表

序号	工程细目名称	单位	数量	备注
1	135kW 以内推土机清除表土	m^3	56 898	清除表土
2	人工伐树及挖根（直径 10cm 以上）	棵	11 012	伐树、挖根、除草
3	砍挖灌木林（直径 10cm 以下）稀	m^2	1312	

续表

序号	工程细目名称	单位	数量	备注
4	场地不碾压	m^2	6666	平整场地
5	场地需碾压	m^2	6666	
6	推土机平整场地	m^2	13 332	
7	机械挖清破碎机水泥混凝土面层	m^3	1300	挖除水泥混凝土路面
8	机械挖清挖掘机各类稳定土基层	m^3	2015	
9	装载机斗容量 $2m^3$ 以内软石	m^3	3315	
10	8t 以内自卸汽车运输 19km 石方	m^3	3315	
11	斗容量 $2.0m^3$ 以内挖掘机挖装普通土	m^3	69 852	挖路基土方
12	装载机斗容量 $2.0m^3$ 以内土方（清表土）	m^3	56 898	土方运输
13	8t 以内自卸汽车运输 5km 土方（清表土）	m^3	56 898	
14	8t 以内自卸汽车运输第一个 1km 土方	m^3	3814	
15	二级公路 18－21t 光轮压路机碾压土方	m^3	28 146	路基填方
16	二级公路 18－21t 光轮压路机碾压土方（清表及填前碾压回填）	压实方	67 961	
17	二级公路 18－21t 光轮压路机碾压土方（加宽填筑土）	压实方	928	
18	二级公路 18－21t 光轮压路机	m^2	164 590	
19	机械整修路拱	m^2	164 590	
20	整修边坡（二级及以上公路）	1km	13 625	
21	填前 12－15t 光轮压路机压实	m^2	158 049	
22	购加宽填筑土方（实方）	m^3	928	
23	购水	m^3	3331	
24	斗容量 $1.0m^3$ 以内挖掘机挖装普通土	天然密实方	126 439	0－80cm 路床处理
25	二级公路 18－21t 光轮压路机碾压土方	压实方	126 439	
26	6000L 以内洒水车洒水 5km	m^3	3794	
27	边沟、排水沟、截水沟浆砌片石	m^3	2964. 30	浆砌片石边沟
28	水沟盖板预制混凝土矩形	m^3	387. 10	
29	水泥盖板预制钢筋	1t	69. 772	
30	人工装卸 6km（6t 以内）	m^3	38. 71	
31	人字扒杆安装矩形板	m^3	387. 10	
32	硬土	$1000m^3$ 天然密实方	16. 163	
33	装砂砾（砂）	$10m^3$	56. 320	
34	水泥砂浆抹面（厚 2cm）	$100m^2$	33. 772	
35	边沟现浇混凝土	$10m^3$ 实体	37. 500	

（6）路面工程数量表（表 4－28）。

表4-28 路面工程数量表

序号	工程细目名称	单位	数量	备注
1	石灰稳定类基层（石灰计量12%，厚18cm）	m^2	123 000	
2	石灰粉煤灰稳定类基层（石灰粉煤灰碎石5:15:80，厚度16cm）	m^2	113 100	运距5km
3	透层	m^2	113 100	
4	中粒式沥青混凝土面层	m^2	113 100	
5	路缘石	m^3	572.25	人工装卸5km

(7) 桥涵工程量

盖板涵（2×2m钢筋混凝土盖板涵，11米/1道）见表4-29。

表4-29 盖板涵工程数量表

序号	工程细目名称	单位	数量	备注
1	轻型墩台混凝土基础	m^3	40.70	C25混凝土
2	基础、支撑梁钢筋	1t	2.051	带肋钢筋
3	墩台混凝土	m^3	11.20	C25混凝土
4	墩台钢筋	t	0.661	0.13/0.531
5	矩形板混凝土	m^3	8.70	C40混凝土
6	矩形板钢筋	t	1.201	0.3/0.901（HPB235/HRB335）
7	墩、台帽混凝土泵送木模	m^3	4	
8	桥（涵）台帽钢筋	t	0.274	0.067/0.207（HPB235/HRB335）
9	板涵支架	m^2	0.220	水平投影面积
10	行车道铺装沥青混凝土	m^3	1.3	
11	水泥砂浆抹面（厚2cm）	m^2	6.4	
12	干处挖基坑	m^3	112	
13	填砂砾（砂）	m^3	30.40	
14	容量250L以内	m^3	64.60	
15	基础、护底、截水墙	m^3	25.10	M10水泥砂浆
16	轻型墩台、拱上横墙、墩上横墙	$10m^3$	1.290	
17	浆砌圬工	m^3	67	
18	装载机斗容量2.0m^3以内软石	m^3	67	
19	8t以内自卸汽车运输19km石方	m^3	67	

(8) 其他工程及沿线设施

1）安全设施（表4-30）

表4-30 安全设施工程量表

序号	工程细目名称	单位	数量	备注
1	热熔标线沥青路面	m^2	5267	
2	里程碑	块	14	
3	百米桩	块	122	

2）其他工程。公路交工前养护费按13.625km计算。

4. 计算表格

由于篇幅所限，08表只选取部分表格。

总预算表

建设项目名称：×××二级公路改建工程

编制范围：k0+000－k13+625　　　　第1页　共3页　01表

项	目	节	细目	工程或费用名称	单位	数量	预算金额/元	技术经济指标	各项费用比例（%）	备注
				第一部分　建筑安装工程费	公路公里	13.625	2 519 170 252	184 893 229.50	96.39	
一				临时工程	公路公里	13.625	37 159	2 727.27	0.00	
	1			临时道路	km	0.500	37 159	74 318.00		
		1		临时便道的修建与维护	km	0.500	37 159	74 318.00		
二				路基工程	km	13.625	2 507 931 366	184 068 357.14	95.96	
	1			场地清理	km	13.625	1 508 381	110 706.86		
		1		清理与掘除	m^2	202 410.000	1 223 299	6.04		
			1	清除表土	m^3	56 898.000	158 636	2.79		
			2	伐树、挖根、除草	m^2	12 750.000	1 004 548	78.79		
			3	平整场地	m^2	13 332.000	60 115	4.51		
		2		挖除旧路面	m^2	6 500.000	285 082	43.86		
			1	挖除水泥混凝土路面	m^2	6 500.000	285 082	43.86		
	2			挖方	m^3	69 852.000	1 051 951	15.06		
		1		挖土方	m^3	69 852.000	184 004	2.63		
			1	挖路基土方	m^3	69 852.000	184 004	2.63		
		2		土方运输	m^3	60 712.000	867 947	14.30		
	3			填方	m^3	13.625	2 501 610 938	183 604 472.51		
		1		路基填方	m^3	97 035.000	2 501 610 938	25 780.50		
	4			0－80cm 路床处理	km	13.625	1 036 242	76 054.46		
	5			排水工程	km	3.629	2 723 854	750 579.77		
		1		边沟	m^3/m	4 083.200/3 629.000	2 723 854	667.09/750.58		
			1	浆砌片石边沟	m^3/m	4083.200/3629.000	2 723 854	667.09/750.58		
三				路面工程	km	13.625	11 036 878	810 046.09	0.42	
	1			路面基层	m^2	113 100.000	4 271 104	37.76		

编制：admin　　　　复核：

总预算表

建设项目名称：×××二级公路改建工程

编制范围：k0+000－k13+625

第2页 共3页 01表

项	目	节	细目	工程或费用名称	单位	数量	预算金额/元	技术经济指标	各项费用比例（%）	备注
		1		石灰粉煤灰稳定类基层	m^2	113 100.000	4 271 104	37.76		
	2			透层、粘层、封层	m^2	113 100.000	764 700	6.76		
		1		透层	m^2	113 100.000	764 700	6.76		
	3			沥青混凝土面层	m^2	113 100.000	5 555 489	49.12		
		1		中粒式沥青混凝土面层	m^2	113 100.000	5 555 489	49.12		
	4			路槽、路肩及中央分隔带	km	13.625	445 584	32 703.41		
		1		路缘石	m^3	572.250	445 584	778.65		
四				桥梁涵洞工程	km	13.625	92 861	6 815.49	0.00	
	1			涵洞工程	m/道	11.000/1.000	92 861	8441.91/92 861.00		
		1		盖板涵	m/道	11.000/1.000	92 861	8441.91/92 861.00		
			1	2.0×2.0m 钢筋混凝土盖板涵	m/道	11.000/1.000	92 861	8441.91/92 861.00		
七				公路设施及预埋管线工程	公路公里	13.625	71 990	5283.67	0.00	
	1			安全设施	公路公里	13.625	9420	691.38		
		1		钢筋混凝土防撞护栏	m^3/根	56.000/10.000	6465	115.45/646.50		
		2		公路标线	km					
		3		里程碑、百米桩、公路界碑	块	136.000	2955	21.73		
	2			其他工程	公路公里	13.625	62 570	4592.29		
		1		公路交工前养护费	km	13.625	62 570	4592.29		
八				绿化及环境保护工程	公路公里	13.625				
				第二部分　设备及工具、器具购置费	公路公里	13.625	63 220	4640.00	0.00	
三				办公及生活用家具购置	公路公里	13.625	63 220	4640.00	0.00	
				第三部分　工程建设其他费用	公路公里	13.625	94 158 999	6 910 752.22	3.60	
一				土地征用及拆迁补偿费	公路公里		7 159 390		0.27	
				土地、青苗等补偿		13.625	7 159 390	525 459.82		
				永久占地费		13.625	6 260 000	459 449.54		

编制：admin　　　　复核：

总预算表

建设项目名称：×××二级公路改建工程

编制范围：k0+000－k13+625　　　　第3页　共3页　01表

项	目	节	细目	工程或费用名称	单位	数量	预算金额（元）	技术经济指标	各项费用比例（%）	备注
				青苗补偿费		13.625	313 000	22 972.48		
				临时占地费		13.625	100 000	7339.45		
				安置补助费			486 390			
二				建设项目管理费	公路公里	13.625	86 999 609	6 385 292.40	3.33	
	1			建设单位管理费	公路公里	13.625	21 364 932	1 568 068.40		
	2			工程监理费	公路公里	13.625	62 979 256	4 622 330.72		
	3			设计文件审查费	公路公里	13.625	2 519 170	184 893.21		
	4			竣（交）工验收试验检测费	公路公里	13.625	136 250	10 000.00		
				第一、二、三部分费用合计	公路公里	13.625	2 613 392 471	191 808 621.72	100.00	
				预备费	元					
一				1. 价差预备费	元					
二				2. 基本预备费	元					
				预算总金额	元		2 613 392 471		100.00	
				预算总金额	元		2 613 392 471		100.00	
				其中：回收金额	元					
				公路基本造价	公路公里	13.625	2 613 392 471	191 808 621.72	100.00	

编制：admin　　　　复核：

人工、材料、机械台班数量汇总表

建设项目名称：×××二级公路改建工程

编制范围：k0+000－k13+625　　　　第1页　共4页　02表

序号	规格名称	单位	总数量	分项统计										场外运输损耗	
				临时工程	路基工程	路面工程	桥梁涵洞工程	公路设施及预埋管线工程	绿化及环境保护工程			辅助生产	其他	%	数量
1		工日	818					818							
2	人工	工日	33 336 971	98	32 705 319	5 065	304	46					626 138		
3	机械工	工日	7120	13	5535	1559	12	1							
4	原木	m^3	1		0		1	0							
5	锯材木中板 $\delta=19\sim35$	m^3	4		2	1	1	0							
6	光圆钢筋直径10～14mm	t	9		8		0	0							
7	带肋钢筋直径15～24mm，25mm以上	t	67		63		4								
8	型钢	t	1			1	0	0							
9	钢板	t	0			0									
10	钢管	t	0		0		0								
11	电焊条	kg	13			6	7								
12	钢模板	t	1		1										
13	组合钢模板	t	1		1		0	0							
14	铁件	kg	508		293	109	100	7							
15	铁钉	kg	18		7		2	9							
16	8～12号铁丝	kg	21		18		3								
17	20～22号铁丝	kg	395		383		11	1							
18	铁皮	m^2	2				2								
19	油漆	kg	26					26							
20	油毛毡	m^2	773		766		6								
21	32.5级水泥	t	846		607	206	24	2						1.00	8
22	42.5级水泥	t	4				4							1.00	0
23	石油沥青	t	765		0	764	0								

编制：admin　　　　复核：

人工、材料、机械台班数量汇总表

建设项目名称：×××二级公路改建工程

编制范围：k0+000-k13+625　　　　第2页　共4页　02表

序号	规格名称	单位	总数量	分项统计										场外运输损耗	
				临时工程	路基工程	路面工程	桥梁涵洞工程	公路设施及预埋管线工程	绿化及环境保护工程			辅助生产	其他	%	数量
24	重油	kg	71 488			71 469	19								
25	汽油	kg	993			961	4	28							
26	柴油	kg	298 128	313	235 084	62 481	250								
27	煤	t	24			24								1.00	0
28	电	kW-h	66 459		5304	60 823	329	3							
29	水	m^3	11 810	34	7352	4309	106	9							
30	青（红）砖	千块	195		189									3.00	6
31	生石灰	t	1987			1929								3.00	58
32	砂	m^3	2260			2204	1							2.50	55
33	中（粗）砂	m^3	2255		1833	319	45	3						2.50	55
34	砂砾	m^3	779		732		40							1.00	8
35	天然级配	m^3	362	358										1.00	4
36	片石	m^3	3438		3409		29								
37	粉煤灰	m^3	7946			7715								3.00	231
38	矿粉	t	686			666	0							3.00	20
39	碎石（2cm）	m^3	660		634		16	4						1.00	7
40	碎石（4cm）	m^3	522			480	37							1.00	5
41	碎石（8cm）	m^3	8				0	8						1.00	0
42	碎石	m^3	20 292			20 091								1.00	201
43	石屑	m^3	1295			1282	0							1.00	13
44	路面用碎石（1.5cm）	m^3	1913			1893	1							1.00	19
45	路面用碎石（2.5cm）	m^3	2970			2941								1.00	29
46	块石	m^3	14				14								

编制：admin　　　　复核：

人工、材料、机械台班数量汇总表

建设项目名称：×××二级公路改建工程
编制范围：k0+000－k13+625

第3页　共4页　02表

序号	规格名称	单位	总数量	分项统计										场外运输损耗	
				临时工程	路基工程	路面工程	桥梁涵洞工程	公路设施及预埋管线工程	绿化及环境保护工程			辅助生产	其他	%	数量
47	其他材料费	元	8464		2665	5523	231	46							
48	设备摊销费	元	17 752			17 743	9								
49	75kW 以内履带式推土机	台班	79	4	76										
50	105kW 以内履带式推土机	台班	9		9										
51	135kW 以内履带式推土机	台班	91		91										
52	2.0m^3 履带式单斗挖掘机	台班	20		20										
53	1.0m^3 履带式单斗挖掘机	台班	272		272										
54	2.0m^3 履带式单斗挖掘机	台班	80		80										
55	1.0m^3 轮胎式装载机	台班	0				0								
56	2.0m^3 轮胎式装载机	台班	123		88	35	0								
57	3.0m^3 轮胎式装载机	台班	52			52									
58	120 kW 以内平地机	台班	460		460										
59	6～8t 光轮压路机	台班	392	0	328	64	0								
60	8～10t 光轮压路机	台班	29	1	28										
61	10～12t 光轮压路机	台班	0				0								
62	12～15t 光轮压路机	台班	369	2	47	319									
63	18～21t 光轮压路机	台班	1020		1020										
64	0.6t 手扶式振动碾	台班	3	3											
65	300t/h 以内稳定土厂拌设备	台班	26			26									
66	12.5m 稳定土摊铺机	台班	41			41									
67	4000L 以内沥青洒布车	台班	10			10									
68	30t/h 以内沥青混合料拌和设备	台班	0				0								
69	160t/h 以内沥青混合料拌和设备	台班	15			15									

编制：admin　　　　复核：

人工、材料、机械台班数量汇总表

建设项目名称：×××二级公路改建工程

编制范围：k0+000－k13+625

第4页 共4页 02表

序号	规格名称	单位	总数量	分项统计										场外运输损耗	
				临时工程	路基工程	路面工程	桥梁涵洞工程	公路设施及预埋管线工程	绿化及环境保护工程			辅助生产	其他	%	数量
70	9.0m以内带自动找平沥青混合料摊铺机	台班	16			16									
71	16～20t轮胎式压路机	台班	6			6									
72	20～25t轮胎式压路机	台班	9			9									
73	机动破路机	台班	319		319										
74	250L以内强制式混凝土搅拌机	台班	53		29	21	3	0							
75	$60m^3/h$以内混凝土输送泵	台班	0				0								
76	3t以内载货汽车	台班	1					1							
77	4t以内载货汽车	台班	0					0							
78	6t以内载货汽车	台班	82		40	42									
79	3t以内自卸汽车	台班	0				0								
80	5t以内自卸汽车	台班	15			15									
81	8t以内自卸汽车	台班	1970		1429	538	3								
82	6000L以内洒水汽车	台班	163		93	70									
83	12t以内汽车式起重机	台班	1				1								
84	30kN以内单筒慢动电动卷扬机	台班	101		101										
85	50kN以内单筒慢动电动卷扬机	台班	0				0								
86	500mm木工圆锯机	台班	0				0								
87	32kV·A交流电弧焊机	台班	3			1	2								
88	小型机具使用费	元	2458		1852	425	171	9							

编制：admin　　　　复核：

建筑安装工程费计算表

建设项目名称：×××二级公路改建工程

编制范围：k0+000－k13+625

第1页 共1页 03表

序号	工程名称	单位	工程量	直接费/元						间接费/元	利润/元 费率7.0%	税金/元 综合税率3.41%	建筑安装工程费	
				直接工程费				其他工程费	合计				合计/元	单价/元
				人工费	材料费	机械使用费	合计							
1	2	3	4	5	6	7	8	9	10	11	12	13	14	15
1	临时便道的修建与维护	km	0.500	4594	20 654	3892	29 140	1505	30 645	3056	2232	1225	37 159	74 317.13
2	清除表土	m^3	56 898.000	10 663		115 446	126 108	7743	133 851	9793	9760	5231	158 636	2.79
3	伐树、挖根、除草	m^2	12 750.000	614 884			614 884	38 553	653 437	270 323	47 662	33 126	1 004 548	78.79
4	平整场地	m^2	13 332.000	29 481		8848	38 329	2836	41 165	13 926	3041	1982	60 115	4.51
5	挖除水泥混凝土路面	m^2	6500.000	57 586		159 479	217 065	11 733	228 799	30 336	16 547	9401	285 082	43.86
6	挖路基土方	m^3	69 852.000	14 727		130 760	145 487	8933	154 420	12 256	11 260	6068	184 004	2.63
7	土方运输	m^3	60 712.000			734 846	734 846	30 830	765 676	18 741	54 909	28 621	867 947	14.30
8	路基填方	m^3	97 035.000	1 530 710 501		702 472	1 531 412 973	96 018 626	1 627 431 599	672 982 538	118 704 844	82 491 957	2 501 610 938	25 780.50
9	0－80cm 路床处理	km	13.625	44 428		789 701	834 129	50 122	884 250	53 413	64 408	34 171	1 036 242	76 054.43
10	浆砌片石边沟	m^3/m	4083.200	761 931	1 163 961	33 684	1 959 575	118 851	2 078 426	402 977	152 631	89 821	2 723 854	667.09
11	石灰粉煤灰稳定类基层	m^2	113 100.000	57 756	2 882 025	583 022	3 522 803	170 839	3 693 642	167 909	268 712	140 842	4 271 104	37.76
12	透层	m^2	113 100.000	9538	616 871	4808	631 217	29 732	660 949	30 404	48 131	25 216	764 700	6.76
13	中粒式沥青混凝土面层	m^2	113 100.000	18 519	3 974 911	643 610	4 637 040	249 691	4 886 730	134 584	350 980	183 195	5 555 489	49.12
14	路缘石	m^3	572.250	151 504	146 152	19 188	316 844	17 046	333 890	72 727	24 274	14 693	445 584	778.65
15	2.0m×2.0m 钢筋混凝土盖板涵	m/道	11.000	14 244	52 276	4279	70 799	4187	74 986	9 306	5507	3062	92 861	8441.89
16	钢筋混凝土防撞护栏	m^3/根	56.000	1469	3031	216	4716	306	5023	859	371	213	6465	115.45
17	里程碑、百米桩、公路界碑	块	136.000	703	1357	85	2145	140	2284	404	169	97	2955	21.73
18	公路交工前养护费	km	13.625	38 300			38 300	2467	40 766	16 771	2969	2063	62 570	4592.27
	各项费用合计	公路公里	13.625	1 532 540 826	8 861 239	3 934 335	1 545 336 400	96 764 138	1 642 100 539	674 230 322	119 768 406	83 070 985	2 519 170 252	1 492 578.10

编制：admin　　　　复核：

其他工程费及间接费费用计算表

建设项目名称：×××二级公路改建工程

编制范围：k0+000－k13+625　　　　第1页　共1页　04_1表

序号	工程类别	其他工程费											间接费													
		冬季施工增加费	雨季施工增加费	夜间施工增加费	高原地区施工增加费	风沙地区施工增加费	沿海地区施工增加费	行车干扰工程施工增加费	安全及文明施工措施费	临时设施费	施工辅助费	工地转移费	综合费率		规费							企业管理费				
													Ⅰ	Ⅱ	养老保险费	失业保险费	医疗保险费	住房公积金	工伤保险费	综合费用	基本费用	主副食运费补贴	职工探亲路费	职工取暖补贴	财务费用	综合费用
1	2	3	4	5	6	7	8	9	10	11	12	13	14	15	16	17	18	19	20	21	22	23	24	25	26	27
1	临时便道的修建与维护	67	27					176	281	534	221	199	1329	176	919	92	299	459	46	1814	1008	76	47	21	89	1242
2	清除表土	845	139					2762	744	1791	618	845	4981	2762	2133	213	693	1066	107	4212	4364	468	294	174	281	5582
3	伐树、挖根、除草	2705	676					15 126	3628	9654	5472	1291	23 427	15 126	122 977	12 298	39 967	61 488	6149	242 879	21 955	2940	653	392	1503	27 444
4	平整场地	188	31					540	276	1016	498	287	2296	540	5896	590	1916	2948	295	11 645	1828	132	119	49	152	2281
5	挖除水泥混凝土路面	358	214					4127	1461	3210	1069	1295	7607	4127	11 517	1152	3743	5759	576	22 746	5783	650	351	209	596	7589
6	挖路基土方	975	160					3186	858	2066	713	975	5747	3186	2945	295	957	1473	147	5817	5034	540	340	201	324	6439
7	土方运输	1234	808					15 422	1786	7081	1387	3112	15 408	15 422							12 262	2819	1126	926	1608	18 741
8	路基填方	6 739 930	1 684 554					37 670 749	9 035 337	24 042 067	13 626 597	3 219 392	58 347 877	37 670 749	306 142 100	30 614 210	99 496 183	153 071 050	15 307 105	604 630 648	54 680 911	7 322 652	1 628 380	977 012	3 742 935	68 351 890
9	0－80cm路床处理	5306	918					18 216	4726	11 588	3918	5450	31 906	18 216	8886	889	2888	4443	444	17 549	27 854	3106	1903	1144	1857	35 864
10	浆砌片石边沟	7677	1345					13 650	12 903	47 991	21 248	14 037	105 201	13 650	152 386	15 239	49 526	76 193	7619	300 963	80 310	6947	4932	2124	7701	102 014
11	石灰粉煤灰稳定类基层	6880	3212					12 003	34 260	63 915	24 871	25 698	158 836	12 003	11 551	1155	3754	5776	578	22 814	117 200	8448	5867	2693	10 888	145 095
12	透层	1262	568					254	6438	11 804	4 671	4 734	29 478	254	1908	191	620	954	95	3767	21 679	1454	1058	463	1983	26 636
13	中粒式沥青混凝土面层	23 792	4645					12 558	45 738	88 230	36 584	38 143	237 133	12 558	3704	370	1204	1852	185	7315	92 945	10 876	6841	3462	13 144	127 269
14	路缘石	608	291					3116	2976	5625	2162	2266	13 930	3116	30 301	3030	9848	15 150	1515	59 844	10 349	784	528	250	972	12 883
15	2.0m×2.0m钢筋混凝土盖板涵	248	40					248	468	1845	751	588	3940	248	2849	285	926	1424	142	5626	2865	241	187	80	307	3680
16	钢筋混凝土防撞护栏	23	4					24	34	125	61	35	283	24	294	29	95	147	15	580	223	16	15	6	19	278
17	里程碑、百米桩、公路界碑	11	2					11	15	57	28	16	128	11	141	14	46	70	7	278	101	7	7	3	8	127
18	公路交工前养护费	77	34					678	391	716	283	287	1789	678	7660	766	2489	3830	383	15 128	1337	90	65	29	122	1643
19	合计	6 792 186	1 697 668					37 772 845	9 152 321	24 299 314	13 731 153	3 318 651	58 991 294	37 772 845	306 508 165	30 650 817	99 615 154	153 254 083	15 325 408	605 353 626	55 088 009	7 362 247	1 652 712	989 238	3 784 490	68 876 696

编制：admin　　　　复核：

其他工程费及间接费综合费率计算表

建设项目名称：×××二级公路改建工程

编制范围：k0 +000 - k13 +625　　　　第1页　共1页　04表

序号	工程类别	其他工程费费率（%）													间接费费率（%）											
													综合费率		规费						企业管理费					
		冬季施工增加费	雨季施工增加费	夜间施工增加费	高原地区施工增加费	风沙地区施工增加费	沿海地区施工增加费	行车干扰工程施工增加费	安全及文明施工措施费	临时设施费	施工辅助费	工地转移费	Ⅰ	Ⅱ	养老保险费	失业保险费	医疗保险费	住房公积金	工伤保险费	综合费率	基本费用	主副食运费补贴	职工探亲路费	职工取暖补贴	财务费用	综合费率
1	2	3	4	5	6	7	8	9	10	11	12	13	14	15	16	17	18	19	20	21	22	23	24	25	26	27
01	人工土方	0.440	0.110					2.460	0.590	1.570	0.890	0.210	3.810	2.460	20.000	2.000	6.500	10.000	1.000	39.500	3.360	0.450	0.100	0.060	0.230	4.200
02	机械土方	0.670	0.110					2.190	0.590	1.420	0.490	0.670	3.950	2.190	20.000	2.000	6.500	10.000	1.000	39.500	3.260	0.350	0.220	0.130	0.210	4.170
03	汽车运输	0.120	0.110					2.090	0.210	0.920	0.160	0.400	1.920	2.090	20.000	2.000	6.500	10.000	1.000	39.500	1.440	0.370	0.140	0.120	0.210	2.280
04	人工石方	0.100	0.070					2.400	0.590	1.600	0.850	0.220	3.430	2.400	20.000	2.000	6.500	10.000	1.000	39.500	3.450	0.340	0.100	0.060	0.220	4.170
05	机械石方	0.130	0.100					1.710	0.590	1.970	0.460	0.430	3.680	1.710	20.000	2.000	6.500	10.000	1.000	39.500	3.280	0.330	0.220	0.110	0.200	4.140
06	高级路面	0.520	0.100					1.870	1.000	1.920	0.800	0.830	5.170	1.870	20.000	2.000	6.500	10.000	1.000	39.500	1.910	0.220	0.140	0.070	0.270	2.610
07	其他路面	0.200	0.090					1.770	1.020	1.870	0.740	0.750	4.670	1.770	20.000	2.000	6.500	10.000	1.000	39.500	3.280	0.220	0.160	0.070	0.300	4.030
08	构造物Ⅰ	0.490	0.080					1.410	0.720	2.650	1.300	0.750	5.990	1.410	20.000	2.000	6.500	10.000	1.000	39.500	4.440	0.320	0.290	0.120	0.370	5.540
09	构造物Ⅱ	0.600	0.080					1.430	0.780	3.140	1.560	0.890	7.050	1.430	20.000	2.000	6.500	10.000	1.000	39.500	5.530	0.350	0.340	0.130	0.400	6.750
10	构造物Ⅲ（一般）	1.180	0.170					1.420	1.570	5.810	3.030	1.770	13.530	1.420	20.000	2.000	6.500	10.000	1.000	39.500	9.790	0.640	0.550	0.230	0.820	12.030
10-1	构造物Ⅲ（室内管道）	1.180						1.420	1.570	5.810	3.030	1.770	13.360	1.420	20.000	2.000	6.500	10.000	1.000	39.500	9.790	0.640	0.550	0.230	0.820	12.030
10-2	构造物Ⅲ（安装工程）	1.180						1.420	0.785	5.810	3.030	1.770	12.575	1.420	20.000	2.000	6.500	10.000	1.000	39.500	9.790	0.640	0.550	0.230	0.820	12.030
11	技术复杂大桥	0.680	0.100						0.860	2.920	1.680	1.010	7.250		20.000	2.000	6.500	10.000	1.000	39.500	4.720	0.290	0.200	0.100	0.460	5.770
12	隧道	0.190							0.730	2.570	1.230	0.710	5.430		20.000	2.000	6.500	10.000	1.000	39.500	4.220	0.280	0.270	0.080	0.390	5.240
13	钢材及钢结构（一般）	0.050							0.530	2.480	0.560	0.970	4.590		20.000	2.000	6.500	10.000	1.000	39.500	2.420	0.300	0.160	0.070	0.480	3.430
13-1	钢材及钢结构（金属标志牌等）	0.050							0.530	2.480	0.560	0.970	4.590		20.000	2.000	6.500	10.000	1.000	39.500	2.420	0.300	0.160	0.070	0.480	3.430

编制：admin　　　　复核：

设备、工具、器具购置费计算表

建设项目名称：×××二级公路改建工程

编制范围：k0+000－k13+625　　　　第1页　共1页　05表

编号	设备、工具、器具规格名称	单位	数量	单价/元	金额/元	说　明
三	办公及生活用家具购置	公路公里	13.63	4640.00	63 220	

编制：admin　　　　复核：

工程建设其他费用及回收金额计算表

建设项目名称：×××二级公路改建工程

编制范围：k0+000－k13+625　　　　第1页　共1页　06表

序号	费用名称及回收金额项目	说明及计算式	金额（元）	备注
	第三部分　工程建设其他费用		94 158 999	
一	土地征用及拆迁补偿费		7 159 390	
	土地、青苗等补偿		7 159 390	
	永久占地费	20 000×313	6 260 000	
	青苗补偿费	1000×313	313 000	
	临时占地费	5000×20	100 000	
	安置补助费		486 390	
	住宅平房	300×1368	410 400	
	拆圬工	100×107	10 700	
	机井	8000×4	32 000	
	通信线杆	500×1	500	
	小树	15×2186	32 790	
二	建设项目管理费		86 999 609	
1	建设单位管理费	{建设单位管理费}（建安费为基数）	21 364 932	21 364 932.09
2	工程监理费	{工程监理费}	62 979 256	62 979 256.31
3	设计文件审查费	建安工程费*0.1%	2 519 170	{A}*0.1%
4	竣（交）工验收试验检测费	{竣（交）工验收试验检测费}	136 250	136 250
	预算总金额	第一、二、三部分费用合计+预备费+{K}	2 613 392 471	2 613 392 471.05+0+0

编制：admin　　　　复核：

人工、材料、机械台班单价汇总表

建设项目名称：×××二级公路改建工程

编制范围：k0 + 000 - k13 + 625　　　　第 1 页　共 2 页　07 表

序号	名　称	单位	代号	预算单价/元	备注	序号	名　称	单位	代号	预算单价/元	备注
1		工日		46.85	公路交工前养护费	26	柴油	kg	863	5.81	
2	人工	工日	1	46.85		27	煤	t	864	736.99	
3	机械工	工日	2	46.85		28	电	kW - h	865	1.80	
4	原木	m^3	101	1263.62		29	水	m^3	866	2.67	
5	锯材木中板 $\delta = 19 \sim 35$	m^3	102	1417.37		30	青（红）砖	千块	877	206.86	
6	光圆钢筋直径 10 ~ 14mm	t	111	4748.52		31	生石灰	t	891	217.99	
7	带肋钢筋直径 15 ~ 24mm，25mm 以上	t	112	4902.27		32	砂	m^3	897	53.58	
8	型钢	t	182	4646.02		33	中（粗）砂	m^3	899	53.58	
9	钢板	t	183	5978.52		34	砂砾	m^3	902	57.44	
10	钢管	t	191	5927.27		35	天然级配	m^3	908	57.44	
11	电焊条	kg	231	6.81		36	片石	m^3	931	96.35	
12	钢模板	t	271	5971.83		37	粉煤灰	m^3	945	42.66	
13	组合钢模板	t	272	5971.83		38	矿粉	t	949	162.05	
14	铁件	kg	651	7.18		39	碎石（2cm）	m^3	951	105.69	
15	铁钉	kg	653	5.64		40	碎石（4cm）	m^3	952	105.69	
16	8 ~ 12 号铁丝	kg	655	6.66		41	碎石（8cm）	m^3	954	105.69	
17	20 ~ 22 号铁丝	kg	656	6.66		42	碎石	m^3	958	105.69	
18	铁皮	m^2	666	28.84		43	石屑	m^3	961	78.88	
19	油漆	kg	732	12.34		44	路面用碎石（1.5cm）	m^3	965	105.69	
20	油毛毡	m^2	825	2.05		45	路面用碎石（2.5cm）	m^3	966	105.69	
21	32.5 级水泥	t	832	321.65		46	块石	m^3	981	271.37	
22	42.5 级水泥	t	833	332.00		47	其他材料费	元	996	1.00	
23	石油沥青	t	851	4860.76		48	设备摊销费	元	997	1.03	
24	重油	kg	861	4.32		49	75kW 以内履带式推土机	台班	1003	658.22	
25	汽油	kg	862	6.14		50	105kW 以内履带式推土机	台班	1005	868.69	

编制：admin　　　　复核：

人工、材料、机械台班单价汇总表

建设项目名称：×××二级公路改建工程

编制范围：k0+000－k13+625

第2页 共2页 07表

序号	名称	单位	代号	预算单价/元	备注	序号	名称	单位	代号	预算单价/元	备注
51	135kW以内履带式推土机	台班	1006	1268.12		75	$60m^3/h$以内混凝土输送泵	台班	1316	1554.00	
52	$2.0m^3$履带式单斗挖掘机	台班	1032	1170.47		76	3t以内载货汽车	台班	1371	264.72	
53	$1.0m^3$履带式单斗挖掘机	台班	1035	879.77		77	4t以内载货汽车	台班	1372	325.19	
54	$2.0m^3$履带式单斗挖掘机	台班	1037	1484.70		78	6t以内载货汽车	台班	1374	368.13	
55	$1.0m^3$轮胎式装载机	台班	1048	447.27		79	3t以内自卸汽车	台班	1382	326.32	
56	$2.0m^3$轮胎式装载机	台班	1050	791.93		80	5t以内自卸汽车	台班	1383	408.14	
57	$3.0m^3$轮胎式装载机	台班	1051	1010.68		81	8t以内自卸汽车	台班	1385	532.49	
58	120kW以内平地机	台班	1057	985.46		82	6000L以内洒水汽车	台班	1405	554.10	
59	6～8t光轮压路机	台班	1075	266.73		83	12t以内汽车式起重机	台班	1451	749.65	
60	8～10t光轮压路机	台班	1076	299.14		84	30kN以内单筒慢动电动卷扬机	台班	1499	131.71	
61	10～12t光轮压路机	台班	1077	389.58		85	50kN以内单筒慢动电动卷扬机	台班	1500	166.13	
62	12～15t光轮压路机	台班	1078	446.24		86	500mm木工圆锯机	台班	1710	96.51	
63	18～21t光轮压路机	台班	1080	583.00		87	32kV·A交流电弧焊机	台班	1726	211.82	
64	0.6t手扶式振动碾	台班	1083	102.15		88	小型机具使用费	元	1998	1.00	
65	300t/h以内稳定土厂拌设备	台班	1160	1614.25		89	定额基价	元	1999	1.00	
66	12.5m稳定土摊铺机	台班	1166	2614.60							
67	4000L以内沥青洒布车	台班	1193	439.03							
68	30t/h以内沥青混合料拌和设备	台班	1201	6143.48							
69	160t/h以内沥青混合料拌和设备	台班	1205	30 690.33							
70	9.0m以内带自动找平沥青混合料摊铺机	台班	1213	2294.52							
71	16～20t轮胎式压路机	台班	1224	654.79							
72	20～25t轮胎式压路机	台班	1225	803.68							
73	机动破路机	台班	1256	124.42							
74	250L以内强制式混凝土搅拌机	台班	1272	160.36							

编制：admin　　　　复核：

建筑安装工程费计算数据表

建设项目名称：×××二级公路改建工程　编制范围：k0+000－k13+625　数据文件编号：01　公路等级：一般公路二级

路线或桥梁长度（km）：13.625　路基或桥梁宽度（m）：0.0　第1页　共6页　08－1表

项的代号	本项目数	目的代号	本目节数	节的代号	本节细目数	细目的代号	费率编号	定额个数	定额代号	项或目或节或细目或定额的名称	单位	数量		定额调整情况
一	1									临时工程	公路公里	13.625		
		1	1							临时道路	km	0.500		
				1				2		临时便道的修建与维护	km	0.500		
							01		7～1～1～3	平原微丘区路基宽4.5m	1km	0.500		
							07		7～1～1～6	路面天然砂砾路面压实厚度15cm 路面宽3.5m	1km	0.500		
二	5									路基工程	km	13.625		
		1	2							场地清理	km	13.625		
				1	3					清理与掘除	m^2	202 410.000		
						1		1		清除表土	m^3	56 898.000		
							02		1～1～1～12	135kW以内推土机清除表土	$100m^3$	568.980		
						2		3		伐树、挖根、除草	m^2	12 750.000		
							01		1～1～1～1	人工伐树及挖根（直径10cm以上）	10棵	1101.200		
							01		1～1～1～4	砍挖灌木林（直径10cm以下）稀	$1000m^2$	1.312		
							01		1～1～1～5	砍挖灌木林（直径10cm以下）密	$1000m^2$	0.426		
						3		3		平整场地	m^2	13 332.000		
							08		4～11～1～1	场地不碾压	$1000m^2$	6.666		
							08		4～11～1～2	场地需碾压	$1000m^2$	6.666		
							08		4～11～1～3	推土机平整场地	$1000m^2$	13.332		
				2	1					挖除旧路面	m^2	6500.000		
						1		4		挖除水泥混凝土路面	m^2	6500.000		
							07		2～3～2～11	机械挖清破碎机水泥混凝土面层	$10m^3$	130.000		
							07		2～3～2～8	机械挖清挖掘机各类稳定土基层	$10m^3$	201.500		
							05		1～1～10～5	装载机斗容量$2m^3$以内软石	$1000m^3$天然密实方	3.315		
							03		1～1～11～37	8t以内自卸汽车运输10km石方	$1000m^3$天然密实方	3.315		+39*18.0

编制：admin　　复核：

建筑安装工程费计算数据表

建设项目名称：×××二级公路改建工程　　编制范围：k0+000－k13+625　　数据文件编号：01　　公路等级：一般公路二级

路线或桥梁长度（km）：13.625　　路基或桥梁宽度（m）：0.0　　第2页　共6页　08－1表

项的代号	本项目数	目的代号	本目节数	节的代号	本节细目数	细目的代号	费率编号	定额个数	定额代号	项或目或节或细目或定额的名称	单位	数量	定额调整情况
		2	2							挖方	m^3	69 852.000	
				1	1					挖土方	m^3	69 852.000	
						1		1		挖路基土方	m^3	69 852.000	
							02		1～1～9～8	斗容量2.0m^3以内挖掘机挖装普通土	1000m^3天然密实方	69.852	
				4				3		土方运输	m^3	60 712.000	
							02		1～1～10～2	装载机斗容量2m^3以内土方（清表土）	1000m^3天然密实方	56.898	
							03		1～1～11～9	8t以内自卸汽车运输5km土方	1000m^3天然密实方	56.898	+10＊8.0
							03		1～1～11～9	8t以内自卸汽车运输第一个1km土方	1000m^3天然密实方	3.814	
		3	1							填方	m^3	13.625	
				1				10		路基填方	m^3	97 035.000	
							02		1～1～18～7	二级公路18～21t光轮压路机碾压土方	1000m^3压实方	28.146	
							02		1～1～18～7	二级公路18～21t光轮压路机碾压土方（清表及填前碾压回填）	1000m^3压实方	67.961	
							02		1～1～18～7	二级公路18～21t光轮压路机碾压土方（加宽填筑土）	1000m^3压实方	0.928	
							02		1～1～18～29	二级公路18～21t光轮压路机	1000m^2	164.590	
							02		1～1～20～1	机械整修路拱	1000m^2	164.590	
							01		1～1～20～3	整修边坡（二级及以上等级公路）	1 km	97 035.000	
							02		1～1～5～4	填前12～15t光轮压路机压实	1000m^2	158.049	
							00			购清表及填前碾压回填土（压实方）	m^3	67 961.000	
							00			购宽填土方（压实方）	m^3	928.000	
							00			购水	m^3	2911.000	
		4						4		0－80cm路床处理	km	13.625	
							02		1～1～9～5	斗容量1.0m^3以内挖掘机挖装普通土	1000m^3天然密实方	126.439	

编制：admin　　　　复核：

建筑安装工程费计算数据表

建设项目名称：×××二级公路改建工程　　编制范围：k0+000－k13+625　　数据文件编号：01　　公路等级：一般公路二级

路线或桥梁长度（km）：13.625　　路基或桥梁宽度（m）：0.0　　第3页　共6页　08－1表

项的代号	本项目数	目的代号	本目节数	节的代号	本节细目数	细目的代号	费率编号	定额个数	定额代号	项或目或节或细目或定额的名称	单位	数量		定额调整情况
							02		1～1～18～7	二级公路18～21t光轮压路机碾压土方	1000m^{3}压实方	126.439		
							03		1～1～22～5	6000L以内洒水车洒水5km	1000m^{3}水	3.794		+6×8.0
							00			购水	m^3	3793.000		
		5	1							排水工程	km	3.629		
				1	1					边沟	m^3/m	4083.200	3629.000	
						3		11		浆砌片石边沟	m^3/m	4083.200	3629.000	
							08		1～2～3～1	边沟、排水沟、截水沟浆砌片石	10m^{3}实体	296.430		M5换M7.5
							08		1～2～4～8	水沟盖板预制混凝土矩形	10m^{3}实体	38.710		
							13		1～2～4～10	水沟盖板预制钢筋	1t钢筋	69.772		[111]量0.115 [112]量0.91
							03		4～8～3～2	人工装卸6km（6t以内）	100m^{3}实体	3.871		+16×10.0
							08		4～7～10～1	人字扒杆安装矩形板	10m^{3}构件	38.710		
							01		1～2～1～3	硬土	1000m^{3}天然密实方	16.163		
							08		4～11～5～1	填砂砾（砂）	10m^3	56.320		
							08		4～11～6～17	水泥砂浆抹面（厚2cm）	100m^2	33.772		
							08		1～2～4～5	边沟现浇混凝土	10m^{3}实体	37.500		
							08		4～5～7～2	墩、台、墙	10m^3	35.680		
							08		4～11～6～17	水泥砂浆抹面（厚2cm）	100m^2	10.330		
三	4									路面工程	km	13.625		
		3	1							路面基层	m^2	113 100.000		
				3				3		石灰粉煤灰稳定类基层	m^2	113 100.000		
							07		2～1～7～31	压实厚度16cm石灰粉煤灰碎石（5:15:80）	1000m^2	113.100		+32×1.0
							03		2～1～8～9	8t以内自卸汽车装载5km	1000m^3	18.096		+10×8.0
							07		2～1～9～11	摊铺机铺筑宽度12.5m以内基层	1000m^2	113.100		定额×2.0
		4	1							透层、粘层、封层	m^2	113 100.000		

编制：admin　　复核：

分项工程预算表

编制范围：k0 +000 – k13 +625

工程名称：临时便道的修建与维护　　　　第 1 页　共 42 页　08 – 2 表

序号	工料机名称	单位	单价/元	定额	数量	金额/元	定额	数量	金额/元	定额	数量	金额/元	合计 数量	合计 金额/元
	工程项目			汽车便道			汽车便道			汽车便道			合计	
	工程细目			平原微丘区路基宽 4.5m			路面天然砂砾路面压实厚度 15cm 路面宽 3.5m							
	定额单位			1km			1km							
	工程数量			0.500			0.500							
	定额表号			7 ~ 1 ~ 1 ~ 3			7 ~ 1 ~ 1 ~ 6							
1	人工	工日	46.85	28.800	14.400	675	167.300	83.650	3919				98.050	4594
2	水	m^3	2.67				67.000	33.500	8933.500				89	
3	天然级配	m^3	57.44				716.040	358.020	20 565				358.020	20 565
4	75kW 以内履带式推土机	台班	658.22	7.460	3.730	2455							3.730	2455
5	6 ~ 8t 光轮压路机	台班	266.73	0.630	0.315	84							0.315	84
6	8 ~ 10t 光轮压路机	台班	299.14	0.480	0.240	72	0.970	0.485	145				0.725	217
7	12 ~ 15t 光轮压路机	台班	446.24	1.860	0.930	415	1.940	0.970	433				1.900	848
8	0.6t 手扶式振动碾	台班	102.15				5.650	2.825	289				2.825	289
9	定额基价	元	1.00	7048.000	3524.000	3524	38 552.000	19 276.000	19 276				22 800.000	22 800
	直接工程费	元				3701			25 440					29 140
	其他工程费 I	元		3.810		141	4.670		1188					1329
	其他工程费 Ⅱ	元		2.460		91	1.770		85					176
	间接费 规费	元		39.500		266	39.500		1548					1814
	间接费 企业管理费	元		4.200		165	4.030		1077					1242
	利润及税金	元		7.000/3.410		445	7.000/3.410		3012					3457
	建筑安装工程费	元				4810			32 349					37 159

编制：admin　　　　复核：

分项工程预算表

编制范围：123

工程名称：平整场地　　　　第4页　共42页　08－2表

序号	工程项目			平整场地			平整场地			平整场地			合计	
	工程细目			场地不碾压			场地需碾压			推土机平整场地				
	定额单位			$1000m^2$			$1000m^2$			$1000m^2$				
	工程数量			6.666			6.666			13.332				
	定额表号			4~11~1~1			4~11~1~2			4~11~1~3				
	工料机名称	单位	单价/元	定额	数量	金额/元	定额	数量	金额/元	定额	数量	金额/元	数量	金额/元
1	人工	工日	46.85	45.200	301.303	14 116	45.200	301.303	14 116	2.000	26.664	1249	629.270	29 481
2	105kW以内履带式推土机	台班	868.69							0.640	8.532	7412	8.532	7412
3	8~10t光轮压路机	台班	299.14				0.240	1.600	479	0.240	3.200	957	4.800	1436
4	定额基价	元	1.00	2224.000	14 825.000	14 825	2291.000	15 272.000	15 272	680.000	9066.000	9066	39 163.000	39 163
	直接工程费	元				14 116			14 595			9618		38 329
	其他工程费 Ⅰ	元		5.990		846	5.990		874	5.990		576		2296
	其他工程费 Ⅱ	元		1.410		199	1.410		206	1.410		136		540
	间接费 规费	元		39.500		5576	39.500		5576	39.500		493		11 645
	间接费 企业管理费	元		5.540		840	5.540		868	5.540		572		2281
	利润及税金	元		7.000/3.410		1894	7.000/3.410		1952	7.000/3.410		1178		5024
	建筑安装工程费	元				23 470			24 071			12 574		60 115

编制：admin　　　　复核：

分项工程预算表

编制范围：k0 +000 – k13 +625

工程名称：挖除水泥混凝土路面

第5页 共42页 08 –2表

序号	工程项目			全部挖除旧路面			全部挖除旧路面			装载机装土、石方			自卸汽车运土、石方		
	工程细目			机械挖清破碎机水泥混凝土面层			机械挖清挖掘机各类稳定土基层			装载机斗容量 $2m^3$ 以内软石			8t以内自卸汽车运输10km石方		
	定额单位			$10m^3$			$10m^3$			$1000m^3$ 天然密实方			$1000m^3$ 天然密实方		
	工程数量			130.000			201.500			3.315			3.315		
	定额表号			2~3~2~11			2~3~2~8			1~1~10~5			1~1~11~37+39*18.0		
	工料机名称	单位	单价/元	定额	数量	金额/元	定额	数量	金额/元	定额	数量	金额/元	定额	数量	金额/元
1	人工	工日	46.85	9.300	1209.000	56 642	0.100	20.150	944						
2	$2.0m^3$ 履带式单斗挖掘机	台班	1170.4				0.100	20.150	23 585						
3	$2.0m^3$ 轮胎式装载机	台班	791.93							2.150	7.127	5644			
4	机动破路机	台班	124.42	2.450	318.500	39 628									
5	8t以内自卸汽车	台班	532.49										50.970	168.966	89 972
6	小型机具使用费	元	1.00	5.000	650.000	650									
7	定额基价	元	1.00	751.000	97 630.000	97 630	114.000	22 971.000	22 971	1515.000	5022.000	5022	24 793.000	82 189.000	82 189
	直接工程费	元				96 919			24 529			5644			89 972
	其他工程费 Ⅰ	元		4.670		4526	4.670		1146	3.680		208	1.920		1727
	其他工程费 Ⅱ	元		1.770		1715	1.770		434	1.710		97	2.090		1880
	间接费 规费	元		39.500		22 373	39.500		373	39.500			39.500		
	间接费 企业管理费	元		4.030		4157	4.030		1052	4.140		246	2.280		2134
	利润及税金	元		7.000/3.4101		2191	7.000/3.410		2905	7.000/3.410		660	7.000/3.410		10 192
	建筑安装工程费	元				141 883			30 439			6854			105 906

编制：admin　　　　复核：

分项工程预算表

编制范围：k0 +000 - k13 +625

工程名称：挖除水泥混凝土路面

第 6 页　共 42 页　08 - 2 表

序号	工料机名称	单位	单价/元	定额	数量	金额/元	定额	数量	金额/元	定额	数量	金额/元	合计 数量	合计 金额/元
	工程项目													
	工程细目													
	定额单位													
	工程数量													
	定额表号													
1	人工	工日	46.85										1229.150	57 586
2	2.0m³ 履带式单斗挖掘机	台班	1170.47										20.150	23 585
3	2.0m³ 轮胎式装载机	台班	791.93										7.127	5644
4	机动破路机	台班	124.42										318.500	39 628
5	8t 以内自卸汽车	台班	532.49										168.966	89 972
6	小型机具使用费	元	1.00										650.000	650
7	定额基价	元	1.00										207 812.000	207 812
	直接工程费	元												217 065
	其他工程费 I	元												7607
	其他工程费 Ⅱ	元												4127
	间接费 规费	元												22 746
	间接费 企业管理费	元												7589
	利润及税金	元												25 948
	建筑安装工程费	元												285 082

编制：admin　　　　复核：

分项工程预算表

编制范围：k0 +000 - k13 +625

工程名称：路基填方　　　　第9页　共42页　08 - 2表

序号	工程项目			填方路基			填方路基			填方路基			零填及挖方路基		
	工程细目			二级公路18～21t光轮压路机碾压土方			二级公路18～21t光轮压路机碾压土方（清表及填前碾压回填）			二级公路18～21t光轮压路机碾压土方（加宽填筑土）			二级公路18～21t光轮压路机		
	定额单位			1000m³压实方			1000m³压实方			1000m³压实方			1000m²		
	工程数量			28.146			67.961			0.928			164.590		
	定额表号			1～1～18～7			1～1～18～7			1～1～18～7			1～1～18～29		
	工料机名称	单位	单价/元	定额	数量	金额/元	定额	数量	金额/元	定额	数量	金额/元	定额	数量	金额/元
1	人工	工日	46.85	3.000	84.438	3956	3.000	203.883	9552	3.000	2.784	130	1.000	164.590	7711
2	120kW以内平地机	台班	985.46	1.630	45.878	45 211	1.630	110.776	109 166	1.630	1.513	1491	0.490	80.649	79 476
3	6～8t光轮压路机	台班	266.73	1.240	34.901	9309	1.240	84.272	22 478	1.240	1.151	307	0.310	51.023	13 609
4	18～21t光轮压路机	台班	583.00	2.930	82.468	48 079	2.930	199.126	116 090	2.930	2.719	1585	2.220	365.390	213 022
5	定额基价	元	1.00	3498.000	98 455.000	98 455	3498.000	237 728.000	237 728	3498.000	3246.000	3246	1752.000	288 362.000	288 362
	直接工程费	元				106 555			257 286			3513			313 819
	其他工程费 I	元		3.950		4209	3.950		10 163	3.950		139	3.950		12 396
	其他工程费 II	元		2.190		2334	2.190		5635	2.190		77	2.190		6873
	间接费 规费	元		39.500		1563	39.500		3773	39.500		52	39.500		3046
	间接费 企业管理费	元		4.170		4716	4.170		11 388	4.170		155	4.170		13 890
	利润及税金	元		7.000/3.410		12 599	7.000/3.410		30 421	7.000/3.410		415	7.000/3.410		37 052
	建筑安装工程费	元				131 975			318 665			435			1 387 076

编制：admin　　　　复核：

分项工程预算表

编制范围：k0 + 000 - k13 + 625

工程名称：路基填方

第 10 页　共 42 页　08 - 2 表

序号	工料机名称	单位	单价/元	定额	数量	金额/元	定额	数量	金额/元	定额	数量	金额/元	定额	数量	金额/元
	工程项目			整修路基			整修路基			填前夯（压）实及填前挖松			购清表及填前碾压回填土（压实方）		
	工程细目			机械整修路拱			整修边坡（二级及以上等级公路）			填前 12 ~ 15t 光轮压路机压实			购清表及填前碾压回填土（压实方）		
	定额单位			$1000m^2$			1 km			$1000m^2$			m^3		
	工程数量			164.590			97 035.000			158.049			67 961.000		
	定额表号			1 ~ 1 ~ 20 ~ 1			1 ~ 1 ~ 20 ~ 3			1 ~ 1 ~ 5 ~ 4					
1	人工	工日	46.85				336.700	32 671 684.500	1 530 668 419	2.800	442.537	20 733			
2	120kW 以内平地机	台班	985.46	0.090	14.813	14 598									
3	8 ~ 10t 光轮压路机	台班	299.14	0.140	23.043	6893									
4	12 ~ 15t 光轮压路机	台班	446.24							0.300	47.415	21 158			
5	定额基价	元	1.00	121.000	19 915.000	19 915	16 566.000	1 607 481 810.000	1 607 481 810	261.000	41 251.000	41 251			
	直接工程费	元				21 491			1 530 668 419			41 891			
	其他工程费 Ⅰ	元		3.950		849	3.810		58 318 467	3.950		1655			
	其他工程费 Ⅱ	元		2.190		471	2.460		37 654 443	2.190		917			
	间接费 规费	元		39.500			39.500		604 614 025	39.500		8189			
	间接费 企业管理费	元		4.170		951	4.200		68 318 936	4.170		1854			
	利润及税金	元		7.000/3.410		2530	7.000/3.410		201 108 572	7.000/3.410		5211	7.000/3.410		
	建筑安装工程费	元				26 292			2 500 682 862			59 718			

编制：admin　　　　复核：

分项工程预算表

编制范围：k0 +000 - k13 +625

工程名称：路基填方　　　　第11页　共42页　08-2表

序号	工程项目			购宽填土方（压实方）			购水						合计	
	工程细目			购宽填土方（压实方）			购水							
	定额单位			m^3			m^3							
	工程数量			928.000			2911.000							
	定额表号													
	工料机名称	单位	单价/元	定额	数量	金额/元	定额	数量	金额/元	定额	数量	金额/元	数量	金额/元
1	人工	工日	46.85										32 672 582.732	1 530 710 501
2	120kW 以内平地机	台班	985.46										253.629	249 941
3	6～8t 光轮压路机	台班	266.73										171.346	45 703
4	8～10t 光轮压路机	台班	299.14										23.043	6893
5	12～15t 光轮压路机	台班	446.24										47.415	21 158
6	18～21t 光轮压路机	台班	583.00										649.702	378 776
7	定额基价	元	1.00										1 608 170 767.000	1 608 170 766
	直接工程费	元												1 531 412 973
	其他工程费 Ⅰ	元												58 347 877
	其他工程费 Ⅱ	元												37 670 749
	间接费 规费	元												604 630 648
	间接费 企业管理费	元												68 351 890
	利润及税金	元		7.000/3.410			7.000/3.410							201 196 801
	建筑安装工程费	元												2 501 610 938

编制：admin　　　　复核：

分项工程预算表

编制范围：k0 + 000 – k13 + 625

工程名称：0 – 80cm 路床处理　　　　第 12 页　共 42 页　08 – 2 表

序号	工程项目			挖掘机挖装土、石方			填方路基			洒水汽车洒水			购水		
	工程细目			斗容量 1.0m³ 以内挖掘机挖装普通土			二级公路 18 ~ 21t 光轮压路机碾压土方			6000L 以内洒水车洒水 5km			购水		
	定额单位			1000m³ 天然密实方			1000m³ 压实方			1000m³ 水			m³		
	工程数量			126.439			126.439			3.794			3793.000		
	定额表号			1 ~ 1 ~ 9 ~ 5			1 ~ 1 ~ 18 ~ 7			1 ~ 1 ~ 22 ~ 5 + 6 * 8.0					
	工料机名称	单位	单价/元	定额	数量	金额/元	定额	数量	金额/元	定额	数量	金额/元	定额	数量	金额/元
1	人工	工日	46.85	4.500	568.976	26 657	3.000	379.317	17 771						
2	75kW 以内履带式推土机	台班	658.22	0.460	58.162	38 283									
3	1.0m³ 履带式单斗挖掘机	台班	879.77	2.150	271.844	239 160									
4	120kW 以内平地机	台班	985.46				1.630	206.096	203 099						
5	6 ~ 8t 光轮压路机	台班	266.73				1.240	156.784	41 819						
6	18 ~ 21t 光轮压路机	台班	583.00				2.930	370.466	215 982						
7	6000L 以内洒水汽车	台班	554.10							24.430	92.687	51 358			
8	定额基价	元	1.00	2279.000	288 154.000	288 154	3498.000	442 284.000	442 284	12 582.000	47 736.000	47 736			
	直接工程费	元				304 100			478 671			51 358			
	其他工程费 Ⅰ	元		3.950		12 012	3.950		18 907	1.920		986			
	其他工程费 Ⅱ	元		2.190		6660	2.190		10 483	2.090		1073			
	间接费 规费	元		39.500		10 529	39.500		7020	39.500					
	间接费 企业管理费	元		4.170		13 460	4.170		21 186	2.280		1218			
	利润及税金	元		7.000/3.410		36 163	7.000/3.410		56 597	7.000/3.410		5818	7.000/3.410		
	建筑安装工程费	元				382 924			592 864			60 453			

编制：admin　　　　复核：

分项工程预算表

编制范围：k0 +000 – k13 +625

工程名称：0 – 80cm 路床处理

第13页 共42页 08 – 2表

序号	工程项目												合计	
	工程细目													
	定额单位													
	工程数量													
	定额表号													
	工料机名称	单位	单价/元	定额	数量	金额/元	定额	数量	金额/元	定额	数量	金额/元	数量	金额/元
1	人工	工日	46.85										948.293	44 428
2	75kW 以内履带式推土机	台班	658.22										58.162	38 283
3	1.0m^3 履带式单斗挖掘机	台班	879.77										271.844	239 160
4	120kW 以内平地机	台班	985.46										206.096	203 099
5	6～8t 光轮压路机	台班	266.73										156.784	41 819
6	18～21t 光轮压路机	台班	583.00										370.466	215 982
7	6000L 以内洒水汽车	台班	554.10										92.687	51 358
8	定额基价	元	1.00										778 174.000	778 174
	直接工程费	元												834 129
	其他工程费 Ⅰ	元												31 906
	其他工程费 Ⅱ	元												18 216
	间接费 规费	元												17 549
	间接费 企业管理费	元												35 864
	利润及税金	元												98 579
	建筑安装工程费	元												1 036 242

编制：admin　　　　复核：

分项工程预算表

编制范围：k0 +000 - k13 +625

工程名称：石灰粉煤灰稳定类基层　　　　第19页　共42页　08 -2表

序号	工料机名称	单位	单价/元	定额	数量	金额/元	定额	数量	金额/元	定额	数量	金额/元	合计数量	合计金额/元
	工程项目			石灰粉煤灰稳定类			厂拌基层稳定土混合料运输			机械铺筑厂拌基层稳定土混合料			合计	
	工程细目			压实厚度16cm 石灰粉煤灰碎石(5:15:80)			8t以内自卸汽车装载5km			摊铺机铺筑宽度12.5m以内基层				
	定额单位			$1000m^2$			$1000m^3$			$1000m^2$				
	工程数量			113.100			18.096			113.100				
	定额表号			2~1~7~31+32*1.0			2~1~8~9+10*8.0			2~1~9~11，定额*2.0				
1	人工	工日	46.85	2.700	305.370	14 307				8.200	927.420	43 450	1232.790	57 756
2	水	m^3	2.67	30.000	3393.000	9059							3393.000	9059
3	生石灰	t	217.99	17.053	1928.694	420 436							1928.694	420 436
4	粉煤灰	m^3	42.66	68.210	7714.551	329 103							7714.551	329 103
5	碎石	m^3	105.69	177.640	20 091.084	2 123 427							20 091.084	2 123 427
6	$3.0m^3$ 轮胎式装载机	台班	1010.68	0.460	52.026	52 582							52.026	52 582
7	6~8t光轮压路机	台班	266.73							0.280	31.668	8447	31.668	8447
8	12~15t光轮压路机	台班	446.24							2.540	287.274	128 193	287.274	128 193
9	300t/h以内稳定土厂拌设备	台班	1614.25	0.230	26.013	41 991							26.013	41 991
10	12.5m稳定土摊铺机	台班	2614.60							0.360	40.716	106 456	40.716	106 456
11	8t以内自卸汽车	台班	532.49				21.430	387.797	206 498				387.797	206 498
12	6000L以内洒水汽车	台班	554.10							0.620	70.122	38 855	70.122	38 855
13	定额基价	元	1.00	8888.000	1 005 233.000	1 005 233	10 424.000	188 633.000	188 633	2737.000	309 555.000	309 555	1 503 421.000	1 503 420
	直接工程费	元				2 990 905			206 498			325 400		3 522 803
	其他工程费 Ⅰ	元		4.670		139 675	1.920		3965	4.670		15 196		158 836
	其他工程费 Ⅱ	元		1.770		1927	2.090		4316	1.770		5760		12 003
	间接费 规费	元		39.500		5651	39.500			39.500		17 163		22 814
	间接费 企业管理费	元		4.030		126 240	2.280		4897	4.030		13 958		145 095
	利润及税金	元		7.000/3.410		347 207	7.000/3.410		23 393	7.000/3.410		38 954		409 554
	建筑安装工程费	元				3 611 605			243 068			416 431		4 271 104

编制：admin　　　　复核：

分项工程预算表

编制范围：k0 +000 – k13 +625

工程名称：透层　　　　　　　　　　第20页　共42页　08 –2表

序号	工料机名称	单位	单价/元	定额	数量	金额/元	定额	数量	金额/元	定额	数量	金额/元	合计数量	合计金额/元
	工程项目			透层、粘层、封层										
	工程细目			透层粒料基层石油沥青										
	定额单位			$1000m^2$										
	工程数量			113.100										
	定额表号			2 ~2 ~16 ~1										
1	人工	工日	46.85	1.800	203.580	9538							203.580	9538
2	石油沥青	t	4860.76	1.082	122.374	594 832							122.374	594 832
3	煤	t	736.99	0.210	23.751	17 504							23.751	17 504
4	其他材料费	元	1.00	26.300	2974.530	2975							2974.530	2975
5	设备摊销费	元	1.03	13.400	1515.540	1561							1515.540	1561
6	4000L以内沥青洒布车	台班	439.03	0.090	10.179	4469							10.179	4469
7	小型机具使用费	元	1.00	3.000	339.300	339							339.300	339
8	定额基价	元	1.00	4335.000	490 289.000	490 289							490 289.000	490 289
	直接工程费	元				631 217								631 217
	其他工程费 Ⅰ	元		4.670		29 478								29 478
	其他工程费 Ⅱ	元		1.770		254								254
	间接费 规费	元		39.500		3767								3767
	间接费 企业管理费	元		4.030		26 636								26 636
	利润及税金	元		7.000/3.410		73 347								73 347
	建筑安装工程费	元				764 700								764 700

编制：admin　　　　　　　　　　复核：

分项工程预算表

编制范围：k0 + 000 – k13 + 625

工程名称：2.0×2.0m 钢筋混凝土盖板涵　　　　第25页　共42页　08 – 2表

序号	工程项目			基础、承台及支撑架			基础、承台及支撑架			实体式墩台			实体式墩台		
	工程细目			轻型墩台混凝土基础跨径4m以内			基础、支撑梁钢筋			轻型墩台混凝土墩台跨径4m以内			钢筋		
	定额单位			$10m^3$ 实体			1t			$10m^3$ 实体			1t钢筋		
	工程数量			4.070			2.051			1.120			0.661		
	定额表号			4~6~1~1改			4~6~1~12改			4~6~2~2改			4~6~2~8改		
	工料机名称	单位	单价/元	定额	数量	金额/元	定额	数量	金额/元	定额	数量	金额/元	定额	数量	金额/元
1	人工	工日	46.85	8.500	34.595	1621	7.400	15.177	711	18.800	21.056	986	7.600	5.024	235
2	原木	m^3	1263.62							0.092	0.103	130			
3	锯材木中板 $\delta = 19 \sim 35$	m^3	1417.37	0.003	0.012					170.082	0.092	130			
4	光圆钢筋直径10~14mm	t	4748.52										0.197	0.130	618
5	带肋钢筋直径15~24mm，25mm以上	t	4902.27				1.025	2.102	10 306				0.828	0.547	2683
6	型钢	t	4646.02	0.011	0.045	208				0.015	0.017	78			
7	钢管	t	5927.27							0.008	0.009	53			
8	电焊条	kg	6.81				1.400	2.871	20				3.500	2.314	16
9	组合钢模板	t	5971.83	0.024	0.098	583				0.034	0.038	227			
10	铁件	kg	7.18	9.400	38.258	275				19.500	21.840	157			
11	铁钉	kg	5.64							0.200	0.224	1			
12	8~12号铁丝	kg	6.66							0.300	0.336	2			
13	20~22号铁丝	kg	6.66				2.500	5.128	34				2.600	1.719	11
14	32.5级水泥	t	321.65	3.417	13.907	4473				3.754	4.204	1352			
15	水	m^3	2.67	12.000	48.840	130				12.000	13.440	36			
16	中（粗）砂	m^3	53.58	4.896	19.927	1068				4.898	5.486	294			
17	碎石（2cm）	m^3	105.69							8.160	9.139	966			
18	碎石（4cm）	m^3	105.69	8.466	34.457	3642				0.002	0.002	0			
19	碎石（8cm）	m^3	105.69	0.004	0.016	2									
20	其他材料费	元	1.00	25.600	104.192	104				65.100	72.912	73			

编制：admin　　　　复核：

分项工程预算表

编制范围：k0 +000 − k13 +625

工程名称：2.0 ×2.0m 钢筋混凝土盖板涵

第26页 共42页 08 −2表

序号	工程项目			基础、承台及支撑架			基础、承台及支撑架			实体式墩台			实体式墩台		
	工程细目			轻型墩台混凝土基础跨径4m以内			基础、支撑梁钢筋			轻型墩台混凝土墩台跨径4m以内			钢筋		
	定额单位			$10m^3$实体			1t			$10m^3$实体			1t钢筋		
	工程数量			4.070			2.051			1.120			0.661		
	定额表号			4~6~1~1改			4~6~1~12改			4~6~2~2改			4~6~2~8改		
	工料机名称	单位	单价/元	定额	数量	金额/元	定额	数量	金额/元	定额	数量	金额/元	定额	数量	金额/元
21	12t以内汽车式起重机	台班	749.65	0.170	0.692	519				0.290	0.325	243			
22	50kN以内单筒慢动电动卷扬机	台班	166.13										0.330	0.218	36
23	32kV · A交流电弧焊机	台班	211.82				0.350	0.718	152				0.700	0.463	98
24	小型机具使用费	元	1.00	7.600	30.932	31	25.100	51.480	51	8.900	9.968	10	18.100	11.964	12
25	定额基价	元	1.00	2654.000	10 802.000	10 802	3934.000	8069.000	8069	3751.000	4201.000	4201	3997.000	2642.000	2642
	直接工程费	元				12 673			11 274			4740			3710
	其他工程费 I	元		5.990		759	4.590		517	5.990		284	4.590		170
	其他工程费 II	元		1.410		31				1.410		17			
	间接费 规费	元		39.500		640	39.500		281	39.500		390	39.500		93
	间接费 企业管理费	元		5.540		746	3.430		404	5.540		279	3.430		133
	利润及税金	元		7.000/3.410		1535	7.000/3.410		1308	7.000/3.410		580	7.000/3.410		431
	建筑安装工程费	元				16 383			13 785			6291			4537

编制：admin　　　　复核：

分项工程预算表

编制范围：k0 + 000 – k13 + 625

工程名称：2.0 × 2.0m 钢筋混凝土盖板涵 　　　第 27 页　共 42 页　08 – 2 表

序号	工程项目			现浇板上部构造			现浇板上部构造			混凝土			钢筋		
	工程细目			矩形板混凝土			矩形板钢筋			墩、台帽混凝土泵送木模			桥（涵）台帽钢筋		
	定额单位			$10m^3$ 实体			1t 钢筋			$10m^3$ 实体			1t		
	工程数量			0.870			1.201			0.400			0.274		
	定额表号			4 ~ 6 ~ 8 ~ 1 改			4 ~ 6 ~ 8 ~ 4 改			4 ~ 6 ~ 3 ~ 3			4 ~ 6 ~ 3 ~ 9 改		
	工料机名称	单位	单价/元	定额	数量	金额/元	定额	数量	金额/元	定额	数量	金额/元	定额	数量	金额/元
1	人工	工日	46.85	14.800	12.876	603	6.400	7.686	360	22.300	8.920	418	9.300	2.548	119
2	原木	m^3	1263.62	0.013	0.011	14				0.186	0.074	94			
3	锯材木中板 $\delta = 19 \sim 35$	m^3	1417.37	0.099	0.086	122				0.307	0.123	174			
4	光圆钢筋直径 10 ~ 14mm	t	4748.52				0.250	0.300	1426				0.243	0.067	316
5	带肋钢筋直径 15 ~ 24mm，25mm 以上	t	4902.27				0.775	0.931	4563				0.782	0.214	1050
6	型钢	t	4646.02	0.019	0.017	77									
7	电焊条	kg	6.81				0.900	1.081	7				2.800	0.767	5
8	组合钢模板	t	5971.83	0.038	0.033	197									
9	铁件	kg	7.18	16.900	14.703	106				27.200	10.880	78			
10	铁钉	kg	5.64							2.900	1.160	7			
11	20 ~ 22 号铁丝	kg	6.66				2.900	3.483	23				3.600	0.986	7
12	铁皮	m^2	28.84							4.800	1.920	55			
13	油毛毡	m^2	2.05	7.000	6.090	12									
14	32.5 级水泥	t	321.65							4.368	1.747	56 2			
15	42.5 级水泥	t	332.00	4.519	3.932	1305									
16	水	m^3	2.67	15.000	13.050	35				18.000	7.200	19			
17	中（粗）砂	m^3	53.58	4.588	3.992	214				5.820	2.328	125			
18	碎石（2cm）	m^3	105.69	8.058	7.010	741									
19	碎石（4cm）	m^3	105.69	0.004	0.003	0				7.592	3.037	321			
20	其他材料费	元	1.00	46.600	40.542	41				8.600	3.440	3			

编制：admin　　　　复核：

分项工程预算表

编制范围：k0 +000 – k13 +625

工程名称：2.0 ×2.0m 钢筋混凝土盖板涵

第28页 共42页 08 –2表

序号	工程项目			现浇板上部构造			现浇板上部构造			混凝土			钢筋		
	工程细目			矩形板混凝土			矩形板钢筋			墩、台帽混凝土泵送木模			桥（涵）台帽钢筋		
	定额单位			$10m^3$ 实体			1t 钢筋			$10m^3$ 实体			1t		
	工程数量			0.870			1.201			0.400			0.274		
	定额表号			4 ~6 ~8 ~1 改			4 ~6 ~8 ~4 改			4 ~6 ~3 ~3			4 ~6 ~3 ~9 改		
	工料机名称	单位	单价/元	定额	数量	金额/元	定额	数量	金额/元	定额	数量	金额/元	定额	数量	金额/元
21	$60m^3/h$ 以内混凝土输送泵	台班	1554.00							0.110	0.044	68			
22	12t 以内汽车式起重机	台班	749.65	0.500	0.435	326									
23	32kV · A 交流电弧焊机	台班	211.82				0.180	0.216	46				0.430	0.118	25
24	小型机具使用费	元	1.00	8.600	7.482	7	17.300	20.777	21	12.000	4.800	5	24.100	6.603	7
25	定额基价	元	1.00	3970.000	3454.000	3454	3834.000	4605.000	4605	4297.000	1719.000	1719	4024.000	1103.000	1103
	直接工程费	元				3801			6446			1930			1529
	其他工程费 Ⅰ	元		5.990		228	4.590		296	5.990		116	4.590		70
	其他工程费 Ⅱ	元		1.410		13				1.410		7			
	间接费 规费	元		39.500		238	39.500		142	39.500		165	39.500		47
	间接费 企业管理费	元		5.540		224	3.430		231	5.540		114	3.430		55
	利润及税金	元		7.000/3.410		462	7.000/3.410		747	7.000/3.410		236	7.000/3.410		178
	建筑安装工程费	元				4967			7863			2567			1879

编制：admin　　　　复核：

分项工程预算表

编制范围：k0 + 000 – k13 + 625

工程名称：2.0 × 2.0m 钢筋混凝土盖板涵　　第 29 页　共 42 页　08 – 2 表

序号	工程项目			涵洞拱盔、支架			行车道铺装混凝土			水泥砂浆勾缝及抹面			人工挖基坑土、石方		
	工程细目			板涵支架			行车道铺装沥青混凝土			水泥砂浆抹面（厚 2cm）			土方干处基坑深 3m 以内		
	定额单位			$100m^2$ 水平投影面积			$10m^3$ 实体			$100m^2$			$1000m^3$		
	工程数量			0.220			0.130			0.064			0.112		
	定额表号			4 ~ 9 ~ 1 ~ 3			4 ~ 6 ~ 13 ~ 7			4 ~ 11 ~ 6 ~ 17			4 ~ 1 ~ 1 ~ 1		
	工料机名称	单位	单价/元	定额	数量	金额/元	定额	数量	金额/元	定额	数量	金额/元	定额	数量	金额/元
1	人工	工日	46.85	29.400	6.468	303	5.400	0.702	33	5.500	0.352	16	448.300	50.210	2352
2	原木	m^3	1263.62	2.311	0.508	642									
3	锯材木中板 $\delta = 19 \sim 35$	m^3	1417.37	0.878	0.193	274									
4	铁件	kg	7.18	64.300	14.146	102									
5	32.5 级水泥	t	321.65				0.014	0.002	1	0.837	0.054	17			
6	石油沥青	t	4860.76				1.225	0.159	774						
7	水	m^3	2.67							15.000	0.960	3			
8	砂	m^3	53.58				4.710	0.612	33						
9	中（粗）砂	m^3	53.58							2.780	0.178	10			
10	矿粉	t	162.05				1.284	0.167	27						
11	石屑	m^3	78.88				2.610	0.339	27						
12	路面用碎石（1.5cm）	m^3	105.69				7.230	0.940	99						
13	其他材料费	元	1.00				11.800	1.534	2						
14	设备摊销费	元	1.03				72.700	9.451	10						
15	$1.0m^3$ 轮胎式装载机	台班	447.27				0.150	0.020	9						
16	6 ~ 8t 光轮压路机	台班	266.73				0.170	0.022	6						
17	10 ~ 12t 光轮压路机	台班	389.58				0.160	0.021	8						
18	30t/h 以内沥青混合料拌和设备	台班	6143.48				0.160	0.021	128						
19	3t 以内自卸汽车	台班	326.32				0.860	0.112	36						
20	500mm 木工圆锯机	台班	96.51	0.380	0.084	8									

编制：admin　　复核：

分项工程预算表

编制范围：k0 +000 – k13 +625

工程名称：2.0×2.0m 钢筋混凝土盖板涵　　　　第30页　共42页　08 –2 表

序号	工程项目			涵洞拱盔、支架			行车道铺装混凝土			水泥砂浆勾缝及抹面			人工挖基坑土、石方		
	工程细目			板涵支架			行车道铺装沥青混凝土			水泥砂浆抹面（厚2cm）			土方干处基坑深3m以内		
	定额单位			$100m^2$ 水平投影面积			$10m^3$ 实体			$100m^2$			$1000m^3$		
	工程数量			0.220			0.130			0.064			0.112		
	定额表号			4~9~1~3			4~6~13~7			4~11~6~17			4~1~1~1		
	工料机名称	单位	单价/元	定额	数量	金额/元	定额	数量	金额/元	定额	数量	金额/元	定额	数量	金额/元
21	小型机具使用费	元	1.00	8.400	1.848	2	3.400	0.442	0						
22	定额基价	元	1.00	5537.000	1218.000	1218	7109.000	924.000	924	713.000	46.000	46	22 056.000	2470.000	2470
	直接工程费	元				1331			1192			46			2352
	其他工程费 Ⅰ	元		5.990		80	5.990		71	5.990		3	5.990		141
	其他工程费 Ⅱ	元		1.410		4	1.410		3	1.410		0	1.410		33
	间接费 规费	元		39.500		120	39.500		13	39.500		7	39.500		929
	间接费 企业管理费	元		5.540		78	5.540		70	5.540		3	5.540		140
	利润及税金	元		7.000/3.410		163	7.000/3.410		143	7.000/3.410		6	7.000/3.410		316
	建筑安装工程费	元				1776			1493			64			3911

编制：admin　　　　复核：

分项工程预算表

编制范围：k0 +000 - k13 +625

工程名称：2.0×2.0m 钢筋混凝土盖板涵

第31页　共42页　08 -2表

序号	工程项目			基础垫层			混凝土搅拌机拌和			浆砌片石			浆砌块石		
	工程细目			填砂砾（砂）			容量250L以内			基础、护底、截水墙			轻型墩台、拱上横墙、墩上横墙		
	定额单位			$10m^3$			$10m^3$			$10m^3$			$10m^3$		
	工程数量			3.040			6.460			2.510			1.290		
	定额表号			4~11~5~1			4~11~11~1			4~5~2~1改			4~5~3~7		
	工料机名称	单位	单价/元	定额	数量	金额/元	定额	数量	金额/元	定额	数量	金额/元	定额	数量	金额/元
1	人工	工日	46.85	5.900	17.936	840	2.700	17.442	817	9.500	23.845	1117	18.800	24.252	1136
2	原木	m^3	1263.62										0.015	0.019	24
3	锯材木中板δ=19~35	m^3	1417.37										0.040	0.052	73
4	钢管	t	5927.27										0.006	0.008	46
5	铁钉	kg	5.64										0.200	0.258	1
6	8~12号铁丝	kg	6.66										2.200	2.838	19
7	32.5级水泥	t	321.65							1.089	2.733	879	0.750	0.968	311
8	水	m^3	2.67							4.000	10.040	27	10.000	12.900	34
9	中（粗）砂	m^3	53.58							3.750	9.413	504	3.050	3.935	211
10	砂砾	m^3	57.44	13.000	39.520	2270									
11	片石	m^3	96.35							11.500	28.865	2781			
12	块石	m^3	271.37										10.500	13.545	3676
13	其他材料费	元	1.00							1.200	3.012	3	4.200	5.418	5
14	250L以内强制式混凝土搅拌机	台班	160.36				0.450	2.907	466						
15	小型机具使用费	元	1.00							7.000	17.570	18	5.600	7.224	7
16	定额基价	元	1.00	693.000	2107.000	2107	176.000	1137.000	1137	1442.000	3619.000	3619	2375.000	3064.000	3064

编制：admin　　　　复核：

分项工程预算表

编制范围：k0+000－k13+625

工程名称：2.0×2.0m 钢筋混凝土盖板涵　　　　第32页　共42页　08－2表

序号	工料机名称	单位	单价/元	定额	数量	金额/元	定额	数量	金额/元	定额	数量	金额/元	定额	数量	金额/元
	工程项目			基础垫层			混凝土搅拌机拌和			浆砌片石			浆砌块石		
	工程细目			填砂砾（砂）			容量250L以内			基础、护底、截水墙			轻型墩台、拱上横墙、墩上横墙		
	定额单位			$10m^3$			$10m^3$			$10m^3$			$10m^3$		
	工程数量			3.040			6.460			2.510			1.290		
	定额表号			4~11~5~1			4~11~11~1			4~5~2~1改			4~5~3~7		
	直接工程费	元				3110			1283			5329			5545
	其他工程费 Ⅰ	元		5.990		186	13.530		174	5.990		319	5.990		332
	其他工程费 Ⅱ	元		1.410		12	1.420		18	1.410		16	1.410		16
	间接费 规费	元		39.500		332	39.500		323	39.500		441	39.500		449
	间接费 企业管理费	元		5.540		183	12.030		177	5.540		314	5.540		326
	利润及税金	元		7.000/3.410		383	7.000/3.410		187	7.000/3.410		652	7.000/3.410		678
	建筑安装工程费	元				4207			2162			7071			7346

编制：admin　　　　复核：

分项工程预算表

编制范围：k0 +000 - k13 +625

工程名称：公路标线

第38页 共42页 08 -2表

序号	工料机名称	单位	单价/元	定额	数量	金额/元	定额	数量	金额/元	定额	数量	金额/元	合计 数量	合计 金额/元
	工程项目			路面标线										
	工程细目			热熔标线沥青路面										
	定额单位			$100m^2$										
	工程数量													
	定额表号			6 ~1 ~9 ~4										
1	人工	工日	46.85	5.100										
2	热熔涂料	kg	6.19	469.000										
3	反光玻璃珠	kg	2.91	37.000										
4	其他材料费	元	1.00	200.000										
5	含热熔釜标线车 BJ -130、油抹器动力等热熔标线设备	台班	549.38	0.550										
6	4t 以内载货汽车	台班	325.19	0.490										
7	定额基价	元	1.00											
	直接工程费	元												
	其他工程费 Ⅰ	元		5.990										
	其他工程费 Ⅱ	元		1.410										
	间接费 规费	元		39.500										
	间接费 企业管理费	元		5.540										
	利润及税金	元		7.000/3.410										
	建筑安装工程费	元												

编制：admin 复核：

分项工程预算表

编制范围：k0 +000 - k13 +625

工程名称：公路交工前养护费　　　　第41页　共42页　08 -2表

序号	工料机名称		单位	单价/元	定额	数量	金额/元	定额	数量	金额/元	定额	数量	金额/元	合计 数量	合计 金额/元
	工程项目														
	工程细目														
	定额单位				工日										
	工程数量				817.500										
	定额表号														
1			工日	46.85	1.000	817.500	38 300								
2	定额基价		元	1.00	47.000	38 300.000	38 300							38 300.000	38 300
	直接工程费		元				38 300								38 300
	其他工程费	I	元		4.670		1789								1789
	其他工程费	Ⅱ	元		1.770		678								678
	间接费	规费	元		39.500		15 128								15 128
	间接费	企业管理费	元		4.030		1643								1643
	利润及税金		元		7.000/3.410		5032								5032
	建筑安装工程费		元				62 570								62 570

编制：admin　　　　复核：

材料预算单价计算表

建设项目名称：×××二级公路改建工程

编制范围：k0+000－k13+625

第1页　共3页　09表

序号	规格名称	单位	原价/元	运杂费					原价运费合计/元	场外运输损耗		采购及保管费		预算单价/元
				供应地点	运输方式、比重及运距/km	毛重系数或单位毛重	运杂费构成说明或计算式	单位运费/元		费率（%）	金额/元	费率（%）	金额/元	
1	原木	m^3	1200.000	石家庄——辛集	汽车、1.0、80.0	1.000 000	(0.38*80.0+2.4*1.0)*1*1	32.800	1232.80			2.500	30.820	1263.620
2	锯材木中板 $\delta=19\sim35$	m^3	1350.000	石家庄——辛集	汽车、1.0、80.0	1.000 000	(0.38*80.0+2.4*1.0)*1*1	32.800	1382.80			2.500	34.570	1417.370
3	光圆钢筋直径10～14mm	t	4600.000	石家庄——辛集	汽车、1.0、80.0	1.000 000	(0.38*80.0+2.3*1.0)*1*1	32.700	4632.70			2.500	115.818	4748.520
4	带肋钢筋直径15～24mm，25mm以上	t	4750.000	石家庄——辛集	汽车、1.0、80.0	1.000 000	(0.38*80.0+2.3*1.0)*1*1	32.700	4782.70			2.500	119.568	4902.270
5	型钢	t	4500.000	石家庄——辛集	汽车、1.0、80.0	1.000 000	(0.38*80.0+2.3*1.0)*1*1	32.700	4532.70			2.500	113.318	4646.020
6	钢板	t	5800.000	石家庄——辛集	汽车、1.0、80.0	1.000 000	(0.38*80.0+2.3*1.0)*1*1	32.700	5832.70			2.500	145.818	5978.520
7	钢管	t	5750.000	石家庄——辛集	汽车、1.0、80.0	1.000 000	(0.38*80.0+2.3*1.0)*1*1	32.700	5782.70			2.500	144.568	5927.270
8	电焊条	kg	6.600	石家庄——辛集	汽车、1.0、80.0	0.001 100	(0.38*80.0+2.3*1.0)*1*0.0011	0.040	6.64			2.500	0.166	6.810
9	钢模板	t	5880.000	石家庄——辛集	汽车、1.0、80.0	1.000 000	(0.38*80.0+2.3*1.0)*1*1	32.700	5912.70			1.000	59.127	5971.830
10	组合钢模板	t	5880.000	石家庄——辛集	汽车、1.0、80.0	1.000 000	(0.38*80.0+2.3*1.0)*1*1	32.700	5912.70			1.000	59.127	5971.830
11	铁件	kg	7.000	工地价格——	汽车、1.0、0.0	0.001 100			7.00			2.500	0.175	7.180
12	铁钉	kg	5.500	工地价格——	汽车、1.0、0.0	0.001 100			5.50			2.500	0.138	5.640
13	8～12号铁丝	kg	6.500	工地价格——	汽车、1.0、0.0	0.001 000			6.50			2.500	0.163	6.660
14	20～22号铁丝	kg	6.500	工地价格——	汽车、1.0、0.0	0.001 000			6.50			2.500	0.163	6.660
15	铁皮	m^2	28.000	石家庄——辛集	汽车、1.0、80.0	0.004 320	(0.38*80.0+2.3*1.0)*1*0.004 32	0.140	28.14			2.500	0.703	28.840

编制：admin　　　　复核：

材料预算单价计算表

建设项目名称：×××二级公路改建工程

编制范围：k0+000-k13+625

第2页 共3页 09表

序号	规格名称	单位	原价/元	运杂费					原价运费合计/元	场外运输损耗		采购及保管费		预算单价/元
				供应地点	运输方式、比重及运距/km	毛重系数或单位毛重	运杂费构成说明或计算式	单位运费/元		费率（%）	金额/元	费率（%）	金额/元	
16	油漆	kg	12.000	石家庄——辛集	汽车、1.0、80.0	0.001000	(0.41*80.0+2.7*1.0) *1*0.001	0.040	12.04			2.500	0.301	12.340
17	热熔涂料	kg	6.000	石家庄——辛集	汽车、1.0、80.0	0.001000	(0.41*80.0+2.7*1.0) *1*0.001	0.040	6.04			2.500	0.151	6.190
18	反光玻璃珠	kg	2.800	石家庄——辛集	汽车、1.0、80.0	0.001000	(0.41*80.0+2.7*1.0) *1*0.001	0.040	2.84			2.500	0.071	2.910
19	油毛毡	m^2	2.000	工地价格——	汽车、1.0、0.0	0.001970			2.00			2.500	0.050	2.050
20	32.5级水泥	t	270.000	鹿泉——辛集	汽车、1.0、100.0	1.010000	(0.38*100.0+2.3*1.0)*1*1.01	40.700	310.70	1.000	3.107	2.500	7.845	321.650
21	42.5级水泥	t	280.000	鹿泉——辛集	汽车、1.0、100.0	1.010000	(0.38*100.0+2.3*1.0)*1*1.01	40.700	320.70	1.000	3.207	2.500	8.098	332.000
22	石油沥青	t	4700.000	石家庄——辛集	汽车、1.0、80.0	1.000000	(0.49*80.0+3.0*1.0)*1*1	42.200	4742.20			2.500	118.555	4860.760
23	重油	kg	4.200	本地——本地	汽车、1.0、20.0	0.001000	(0.49*20.0+3.0*1.0+2.0)*1*0.001	0.010	4.21			2.500	0.105	4.320
24	汽油	kg	5.980	本地——本地	汽车、1.0、20.0	0.001000	(0.49*20.0+3.0*1.0+2.0)*1*0.001	0.010	5.99			2.500	0.150	6.140
25	柴油	kg	5.660	本地——本地	汽车、1.0、20.0	0.001000	(0.49*20.0+3.0*1.0+2.0)*1*0.001	0.010	5.67			2.500	0.142	5.810
26	煤	t	700.000	本地1——本地2	汽车、1.0、20.0	1.000000	(0.38*20.0+2.3*1.0+2.0)*1*1	11.900	711.90	1.000	7.119	2.500	17.975	736.990
27	电	kW-h	1.800	工地价格——	汽车、1.0、0.0				1.80					1.800
28	水	m^3	2.600	工地价格——	汽车、1.0、0.0	1.000000			2.60			2.500	0.065	2.670
29	青（红）砖	千块	165.000	本地1——本地2	汽车、1.0、20.0	2.600000	(0.38*20.0+2.3*1.0+2.0)*1*2.6	30.940	195.94	3.000	5.878	2.500	5.045	206.860
30	生石灰	t	170.000	井陉——辛集	汽车、1.0、110.0	1.000000	0.35*110.0*1*1	38.500	208.50	2.000	4.170	2.500	5.317	217.990
31	砂	m^3	20.000	藁城——辛集	汽车、1.0、60.0	1.500000	0.35*60.0*1*1.5	31.500	51.50	1.500	0.773	2.500	1.307	53.580

编制：admin　　　　复核：

材料预算单价计算表

建设项目名称：×××二级公路改建工程

编制范围：k0+000－k13+625 第3页 共3页 09表

序号	规格名称	单位	原价/元	运杂费 供应地点	运输方式、比重及运距/km	毛重系数或单位毛重	运杂费构成说明或计算式	单位运费/元	原价运费合计/元	场外运输损耗 费率(%)	场外运输损耗 金额/元	采购及保管费 费率(%)	采购及保管费 金额/元	预算单价/元
32	中（粗）砂	m^3	20.000	藁城——辛集	汽车、1.0、60.0	1.500000	0.35*60.0*1*1.5	31.500	51.50	1.500	0.773	2.500	1.307	53.580
33	砂砾	m^3	20.000	藁城——辛集	汽车、1.0、60.0	1.700000	0.35*60.0*1*1.7	35.700	55.70	0.600	0.334	2.500	1.401	57.440
34	天然级配	m^3	20.000	藁城——辛集	汽车、1.0、60.0	1.700000	0.35*60.0*1*1.7	35.700	55.70	0.600	0.334	2.500	1.401	57.440
35	片石	m^3	38.000	鹿泉——辛集	汽车、1.0、100.0	1.600000	0.35*100.0*1*1.6	56.000	94.00			2.500	2.350	96.350
36	粉煤灰	m^3	10.000	石家庄——辛集	汽车、1.0、80.0	0.930000	(0.38*80.0+2.3*1.0)*1*0.93	30.410	40.41	3.000	1.212	2.500	1.041	42.660
37	矿粉	t	120.000	鹿泉——辛集	汽车、1.0、100.0	1.000000	0.35*100.0*1*1	35.000	155.00	2.000	3.100	2.500	3.953	162.050
38	碎石（2cm）	m^3	50.000	鹿泉——辛集	汽车、1.0、100.0	1.500000	0.35*100.0*1*1.5	52.500	102.50	0.600	0.615	2.500	2.578	105.690
39	碎石（4cm）	m^3	50.000	鹿泉——辛集	汽车、1.0、100.0	1.500000	0.35*100.0*1*1.5	52.500	102.50	0.600	0.615	2.500	2.578	105.690
40	碎石（8cm）	m^3	50.000	鹿泉——辛集	汽车、1.0、100.0	1.500000	0.35*100.0*1*1.5	52.500	102.50	0.600	0.615	2.500	2.578	105.690
41	碎石	m^3	50.000	鹿泉——辛集	汽车、1.0、100.0	1.500000	0.35*100.0*1*1.5	52.500	102.50	0.600	0.615	2.500	2.578	105.690
42	石屑	m^3	24.000	鹿泉——辛集	汽车、1.0、100.0	1.500000	0.35*100.0*1*1.5	52.500	76.50	0.600	0.459	2.500	1.924	78.880
43	路面用碎石（1.5cm）	m^3	50.000	鹿泉——辛集	汽车、1.0、100.0	1.500000	0.35*100.0*1*1.5	52.500	102.50	0.600	0.615	2.500	2.578	105.690
44	路面用碎石（2.5cm）	m^3	50.000	鹿泉——辛集	汽车、1.0、100.0	1.500000	0.35*100.0*1*1.5	52.500	102.50	0.600	0.615	2.500	2.578	105.690
45	块石	m^3	200.000	鹿泉——辛集	汽车、1.0、100.0	1.850000	0.35*100.0*1*1.85	64.750	264.75			2.500	6.619	271.370
46	其他材料费	元	1.000		汽车、1.0、0.0				1.00					1.000
47	设备摊销费	元	1.000		汽车、1.0、0.0	1.000000			1.00			2.500	0.025	1.030

编制：admin 复核：

机械台班单价计算表

建设项目名称：×××二级公路改建工程

编制范围：k0+000－k13+625　　　　第1页　共2页　11表

序号	定额号	机械规格名称	台班单价/元	不变费用/元		可变费用/元																	
				调整系数：		机械工		重油		汽油		柴油		煤		电		水		木柴		养路费及车船税	合计
				1.0		46.85 元/工日		4.32 元/kg		6.14 元/kg		5.81 元/kg		0.0 元/t		1.8 元/kW·h		2.67 元/m³		0.0 元/kg			
				定额	调整值	定额	费用	定额	费用	定额	费用	定额	费用	定额	费用	定额	费用	定额	费用	定额	费用		
1	1003	75kW 以内履带式推土机	658.22	245.140	245.14	2.000	93.70					54.970	319.38										413.08
2	1005	105kW 以内履带式推土机	868.69	330.410	330.41	2.000	93.70					76.520	444.58										538.28
3	1006	135kW 以内履带式推土机	1268.12	604.690	604.69	2.000	93.70					98.060	569.73										663.43
4	1032	2.0m³ 履带式单斗挖掘机	1170.47	541.150	541.15	2.000	93.70					92.190	535.62										629.32
5	1035	1.0m³ 履带式单斗挖掘机	879.77	411.150	411.15	2.000	93.70					64.530	374.92										468.62
6	1037	2.0m³ 履带式单斗挖掘机	1484.70	855.380	855.38	2.000	93.70					92.190	535.62										629.32
7	1048	1.0m³ 轮胎式装载机	447.27	112.920	112.92	1.000	46.85					49.030	284.86									2.64	334.35
8	1050	2.0m³ 轮胎式装载机	791.93	200.440	200.44	1.000	46.85					92.860	539.52									5.12	591.49
9	1051	3.0m³ 轮胎式装载机	1010.68	241.360	241.36	2.000	93.70					115.150	669.02									6.60	769.32
10	1057	120kW 以内平地机	985.46	408.050	408.05	2.000	93.70					82.130	477.18									6.53	577.41
11	1075	6～8t 光轮压路机	266.73	107.570	107.57	1.000	46.85					19.330	112.31										159.16
12	1076	8～10t 光轮压路机	299.14	117.500	117.50	1.000	46.85					23.200	134.79										181.64
13	1077	10～12t 光轮压路机	389.58	146.870	146.87	1.000	46.85					33.710	195.86										242.71
14	1078	12～15t 光轮压路机	446.24	164.320	164.32	1.000	46.85					40.460	235.07										281.92
15	1080	18～21t 光轮压路机	583.00	192.200	192.20	1.000	46.85					59.200	343.95										390.80
16	1083	0.6t 手扶式振动碾	102.15	38.100	38.10	1.000	46.85					2.960	17.20										64.05
17	1160	300t/h 以内稳定土厂拌设备	1614.25	455.640	455.64	4.000	187.40									539.560	971.21						1158.61
18	1166	12.5m 稳定土摊铺机	2614.60	1728.360	1728.36	2.000	93.70					136.410	792.54										886.24
19	1193	4000L 以内沥青洒布车	439.03	179.140	179.14	1.000	46.85			34.280	210.48											2.56	259.89
20	1201	30t/h 以内沥青混合料拌和设备	6143.48	940.690	940.69	5.000	234.25	897.600	3877.63							606.060	1090.91						5202.79
21	1205	160t/h 以内沥青混合料拌和设备	30690.33	4234.100	4234.10	6.000	281.10	4787.200	20680.70							3052.460	5494.43						26456.23

编制：admin　　　　复核：

机械台班单价计算表

建设项目名称：×××二级公路改建工程

编制范围：k0+000－k13+625　　　　第2页　共2页　11表

序号	定额号	机械规格名称	台班单价/元	不变费用/元		可变费用/元																	
				调整系数：		机械工		重油		汽油		柴油		煤		电		水		木柴		养路费及车船税	合计
				1.0		46.85 元/工日		4.32 元/kg		6.14 元/kg		5.81 元/kg		0.0 元/t		1.8 元/kW·h		2.67 元/m^3		0.0 元/kg			
				定额	调整值	定额	费用	定额	费用	定额	费用	定额	费用	定额	费用	定额	费用	定额	费用	定额	费用		
22	1213	9.0m 以内带自动找平沥青混合料摊铺机	2294.52	1592.200	1592.20	3.000	140.55					96.690	561.77										702.32
23	1224	16～20t 轮胎式压路机	654.79	362.240	362.24	1.000	46.85					42.290	245.70										292.55
24	1225	20～25t 轮胎式压路机	803.68	464.650	464.65	1.000	46.85					50.290	292.18										339.03
25	1227	含热熔釜标线车 BJ－130、油抹器动力等热熔标线设备	549.38	175.140	175.14	2.000	93.70			45.430	278.94											1.60	374.24
26	1256	机动破路机	124.42	19.640	19.64	1.000	46.85					9.970	57.93										104.78
27	1272	250L 以内强制式混凝土搅拌机	160.36	18.580	18.58	1.000	46.85									52.740	94.93						141.78
28	1316	60m^3/h 以内混凝土输送泵	1554.00	849.950	849.95	1.000	46.85									365.110	657.20						704.05
29	1371	3t 以内载货汽车	264.72	57.480	57.48	1.000	46.85			25.960	159.39											1.00	207.24
30	1372	4t 以内载货汽车	325.19	66.380	66.38	1.000	46.85			34.280	210.48											1.48	258.81
31	1374	6t 以内载货汽车	368.13	91.380	91.38	1.000	46.85					39.240	227.98									1.92	276.75
32	1382	3t 以内自卸汽车	326.32	67.620	67.62	1.000	46.85			34.280	210.48											1.37	258.70
33	1383	5t 以内自卸汽车	408.14	103.490	103.49	1.000	46.85			41.630	255.61											2.19	304.65
34	1385	8t 以内自卸汽车	532.49	194.910	194.91	1.000	46.85					49.450	287.30									3.43	337.58
35	1405	6000L 以内洒水汽车	554.10	257.900	257.90	1.000	46.85					42.430	246.52									2.83	296.20
36	1451	12t 以内汽车式起重机	749.65	387.110	387.11	2.000	93.70					44.950	261.16									7.68	362.54
37	1499	30kN 以内单筒慢动电动卷扬机	131.71	17.220	17.22	1.000	46.85									37.580	67.64						114.49
38	1500	50kN 以内单筒慢动电动卷扬机	166.13	20.080	20.08	1.000	46.85									55.110	99.20						146.05
39	1710	500mm 木工圆锯机	96.51	5.850	5.85	1.000	46.85									24.340	43.81						90.66
40	1726	32kV·A 交流电弧焊机	211.82	7.240	7.24	1.000	46.85									87.630	157.73						204.58

编制：admin　　　　复核：

复习思考题

1. 什么是概算和施工图预算？
2. 概预算的作用是什么？
3. 简述概预算的费用构成。
4. 实际出现的工程与项目表不一致时，如何处理？
5. 什么是直接费、直接工程费？它们之间有什么区别？
6. 简述公路工程建设各项费用的计算程序及计算方法。

习　题

1. 某石砌桥墩高 19m，用 M10 砂浆砌料石镶面。试确定该项目的预算定额。

2. 某两孔跨径 20m 石拱桥，制备一孔木拱盔（满堂式），试确定其实际周转次数的周转性材料预算定额。

3. 某桥主桥灌注桩采用回旋钻机钻孔，桩径 140cm，孔深 40m，砂土黏土，干处埋设钢护筒，灌注桩混凝土用回旋钻潜水钻起重机吊斗无拌和船施工，混凝土拌和站拌和（40m/s 以内），$6m^3$ 搅拌运输车运送，试确定其预算定额值。

4. 某桥预制构件场预制 T 梁的梁长 19.96m、梁肋底宽 0.18m、翼板宽 1.60m、共 12 个底座。试计算预制 T 梁的底座所需水泥用量和养护 12 片梁所需的蒸汽养护室工程量及其所需原木和锯材数。

5. 某路线工程的桥涵工程所需片石由两种方法取得，一种是在采石场开采片石，一种是利用开炸路基石方时捡清片石，试列出这两种采集片石方法的预算定额。

6. 试确定 180kW 以内稳定土拌和机的台班费用定额值和台班单价，已知当地规定人工单价为 46.85 元/工日，柴油单价为 6.00 元/kg。

7. 某桥需运输钢材 750.00t，汽车运输，运距 25km，基本运价 0.34 元/（t·km）。囤存费 3.0 元/t，装卸费 2.5 元/t。试计算钢材的单位运杂费和总运杂费。

第5章　公路工程施工招标、投标造价的编制

本章学习应掌握内容：

1. 工程量清单计量规则含义及内容；
2. 标底编制要求及标底作用；
3. 标底文件的主要内容；
4. 标底编制方法；
5. 编制标底价格需考虑的其他因素。
6. 常见报价方法。

5.1　公路工程工程量清单计量规则

5.1.1　工程量清单计量规则的目的和意义

1. 工程量清单的含义

工程量清单，也称工程数量清单，它是单价合同的产物，是招标文件的重要组成部分，是一种以一定计量单位说明工程实物数量的文件，也是与招标文件中技术规范相对应的文件，它详细说明了技术规范中各工程细目的数量。

有报价的工程量清单称为报价单，是投标文件中最主要的组成部分，中标后含单价的工程量清单是合同文件的重要组成部分，是工程招标及实施工程时计量与支付的重要依据，在工程实施期间，对工程费用起控制作用。因此，工程量清单的正确编制，对做好招标投标工作有着重要意义。

2. 制定工程量清单的计量规则的目的和意义

在公路建设中，工程量计量、计价是一项至关重要而又十分复杂的工作。由于现行工程量清单计价的有关规定中，部分工程细目的计量规则的描述比较笼统，在工程结算中甲、乙双方往往对清单细目所包含的工程内容在理解上有差异，以致造成工程经济纠纷；同时由于附属（助）工作在工程量清单中的认定比较模糊，也造成一部分建设资金的不合理支出等问题。为了解决这些问题，交通部公路工程定额站委托湖南省交通厅交通建设造价管理站依据交通部发布的《公路工程国内招标文件范本》（交公路发［2003］94号）和建设部发布的《建设工程工程量清单计价规范》（GB 50500—2003），制定了公路工程工程量清单计量规则，作为公路基本建设工程造价计价规定的组成部分。

该《规则》以湖南省公路建设的实际情况为基础，借鉴和吸收了其他省、市的相关经验，具有较强的针对性、实用性和可操作性，对加强公路招标管理、规范施工招标工程量清

单编制和工程计量行为，有效控制公路工程投资，提高投资效益，起到积极的作用。

5.1.2　工程量清单计量规则的主要内容

1. 总说明

为了统一公路工程工程量清单的项目号、项目名称、计算单位、工程量计算规则和界定工程内容，制定本规则。

（1）本规则是《公路基本建设工程造价计价规范》的组成部分，是编制工程量清单的依据。

（2）本规则主要依据交通部《公路工程国内招标文件范本》（2003年版）中的技术规范，结合公路建设项目内容编制。本规则与技术规范相互补充，若有不明确或不一致之处，以本规则为准。

（3）本规则共分八章：第一章总则，第二章路基工程，第三章路面工程，第四章桥梁、涵洞工程，第五章隧道工程，第六章安全设施及预埋管线工程，第七章绿化及环境保护工程，新增第八章房建工程是依据公路建设项目房建工程内容增编。

（4）本规则由项目号、项目名称、项目特征、计量单位、工程量计算规则和工程内容构成。

1）本规则项目号的编写分别按项、目、节、细目表达，根据实际情况可按厚度、标号、规格等增列细目或子细目，与工程量清单细目号对应方式示例如下：

细目号209－1－a浆砌片石（块）石挡土墙

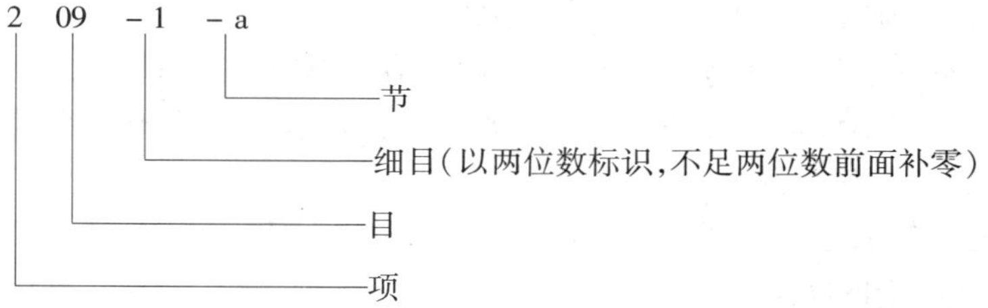

2）项目名称以工程和费用名称命名，如有缺项，招标人可按本规则的原则进行补充，并报工程造价管理部门核备。

3）项目特征是按不同的工程部位、施工工艺或材料品种、规格等对项目作的描述，是设置清单项目的依据。

4）计量单位采用基本单位，除各章另有特殊规定外，均按以下单位计量：

以体积计算的项目——m^3

以面积计算的项目——m^2

以重量计算的项目——t、kg

以长度计算的项目——m

以自然体计算的项目——个、棵、根、台、套、块……

没有具体数量的项目——总额

5）工程量计算规则是对清单项目工程量的计算规定，除另有说明外，清单项目工程量均按设计图示以工程实体的净值计算；材料及半成品采备和损耗、场内二次转运、常规的检测、试验等均包括在相应工程项目中，不另行计量。

6）工程内容是为完成该项目的主要工作，凡工程内容中未列的其他工作，为该项目的附属工作，应参照各项目对应的招标文件范本技术规范章节的规定或设计图纸综合考虑在报价中。

（5）施工现场交通组织、维护费，应综合考虑在各项目内，不另行计量。

（6）为满足项目管理成本核算的需要，对于第四章桥梁、涵洞工程，第五章隧道工程，应按特大桥、大桥、中小桥、分离式立交桥和隧道单洞、连洞分类使用本规则的计量项目。

（7）本规则在具体使用过程中，可根据实际情况，补充个别项目的技术规范内容与工程量清单配套使用。

2. 第一章　总则

（1）本章总则包括：保险费、竣工文件、施工环保、临时道路、临时用地、临时供电设施、电信设施、承包人驻地建设费用。

（2）有关问题的说明及提示：

1）保险费分为工程一切险和第三方责任险。

工程一切险是为永久工程、临时工程和设备及已运至施工工地用于永久工程的材料和设备所投的保险。

第三方责任险是对因实施本合同工程而造成的财产（本工程除外）的损失和损害或人员（业主和承包人雇员除外）的死亡或伤残所负责任进行的保险。

保险费率按议定保险合同费率办理。

2）竣工文件编制费是承包人对承建工程，在竣工后按交通部发布的《公路工程竣工验收办法》的要求，编制竣工图表、资料所需的费用。

3）施工环保费是承包人在施工过程采取预防和消防环境污染措施所需的费用。

4）临时道路（包括便道、便桥、便涵、码头）是承包人为实施与完成工程建设所必须修建的设施，包括工程竣工后的拆除与恢复。

5）临时用地费是承包人为完成工程建设，临时占用土地的租用费。工程完工后承包人应自费负责恢复到原来的状况，不另行计量。

6）临时供电设施、电信设施费是承包人为完成工程建设所需要的临时电力、电信设施的架设与拆除的费用，不包括使用费。

7）承包人的驻地建设费是指承包人为工程建设必须临时修建的承包人住房、办公房、加工车间、仓库、试验室和必要的供水、卫生、消防设施所需的费用，其中包括拆除与恢复到原来的自然状况的费用。

3. 第二章　路基工程

（1）本章路基工程包括：清理与挖除、路基挖方、路基填方、特殊地区路基处理、排水设施、边坡防护、挡土墙、挂网坡面防护、预应力锚索及锚固板、抗滑桩、河床及护坡铺砌工程。

（2）有关问题的说明及提示：

1）路基石方的界定。用不小于165kW（220匹马力）推土机单齿松土器无法勾动，须用爆破、钢楔或气钻方法开挖，且体积大于或等于一立方米的孤石为石方。

2）土石方体积用平均断面积法计算。但与似棱体公式计算方式计算结果比较，如果误差超过5%时，采用似棱体公式计算。

3）路基挖方以批准的路基设计图纸所示界限为限，均以开挖天然密实体积计量。其中包括边沟、排水沟、截水沟、改河、改渠、改路的开挖。

4）挖方作业应保持边坡稳定，应做到开挖与防护同步施工，如因施工方法不当，排水不良或开挖后未按设计及时进行防护而造成的塌方，则塌方的清除和回填由承包人负责。

5）借土挖方按天然密实体积计量，借土场或取土坑中非适用材料的挖除、弃运及场地清理、地貌恢复、施工便道便桥的修建与养护、临时排水与防护作为借土挖方的附属工程，不另行计量。

6）路基填料中石料含量等于或大于 70% 时，按填石路堤计量；小于 70% 时，按填土路堤计量。

7）路基填方以批准的路基设计图纸所示界限为限，按压实后路床顶面设计高程计算。应扣除跨径大于 5m 的通道、涵洞空间体积，跨径大于 5m 的桥则按桥长的空间体积扣除。为保证压实度两侧加宽超填的增加体积，零填零挖的翻松压实，均不另行计量。

8）桥涵台背回填只计按设计图纸或工程师指示进行的桥涵台背特殊处理数量。但在路基土石方填筑计量中应扣除涵洞、通道台背及桥梁桥长范围外台背特殊处理的数量。

9）回填土指零挖以下或填方路基（扣除 10～30cm 清表）路段挖除非适用材料后好土的回填。

10）填方按压实的体积以立方米计量，包括挖台阶、摊平、压实、整型，其开挖作业在挖方中计量。

11）本章项目未明确指出的工程内容如：养护、场地清理、脚手架的搭拆、隧的安装、拆除及场地运输等均包含在相应的工程项目中，不另行计量。

12）排水、防护、支挡工程的钢筋、锚杆、锚索除锈制作安装运输及锚具、锚垫板、注浆管、封锚、护套、支架等，包括在相应的工程项目中，不另行计量。

13）取弃土场的防护、排水及绿化在本章的相应工程项目中计量。

4. 第三章　路面工程

（1）本章路面工程，包括垫层、底基层、基层、沥青混凝土面层、水泥混凝土面层、其他面层、透层、黏层、封层、路面排水、路面其他工程。

（2）有关问题的说明及提示：

1）水泥混凝土路面模板制作安装及缩缝、胀缝的填灌缝材料、高密度橡胶板，均包含在浇筑不同厚度水泥混凝土面层的工程项目中，不另行计量。

2）水泥混凝土路面养护用的养护剂、覆盖的麻袋、养护器材等，均包含在浇筑不同厚度水泥混凝土面层的工程项目中，不另行计量。

3）水泥混凝土路面的钢筋包括传力杆、拉杆、补强角隅钢筋及结构受力连续钢筋、支架钢筋。

4）沥青混凝土路面和水泥混凝土路面所需的外掺剂不另行计量。

5）沥青混合料、水泥混凝土和（底）基层混合料拌和场站、贮料场的建设、拆除、恢复均包括在相应工程项目中，不另行计量。

6）钢筋的除锈、制作安装、成品运输，均包含在相应工程的项目中，不另行计量。

5. 第四章　桥梁涵洞工程

（1）本章包括：桥梁荷载试验、补充地质勘探、钢筋、挖基、混凝土灌注桩、钢筋混凝土沉桩、钢筋混凝土沉井、扩大基础；现浇混凝土下部构造，混凝土上部构造。预应力钢材，现浇预应力上部构造，预制预应力混凝土上部构造，斜拉桥上部构造，钢架拱上部构造；浆砌块片石及混凝土预制块、桥面铺装、桥梁支座、伸缩缝装置、涵洞工程。

（2）有关问题的说明及提示：

1）本章所列基础、下部结构、上部结构混凝土的钢筋，包括钢筋及钢筋骨架用的铁丝、钢板、套筒、焊接、钢筋垫块或其他固定钢筋的材料以及钢筋除锈、制作安装、成品运输，作为钢筋工程的附属工作，不另行计量。

2）附属结构、圆管涵、倒虹吸管、盖板涵、拱涵、通道的钢筋，均包含在各项目内，不另行计量。附属结构包括缘石、人行道、防撞墙、栏杆、护栏、桥头搭板、枕梁、抗震挡块、支座垫块等构造物。

3）预应力钢材、斜拉索的除锈制作安装运输及锚具、锚垫板、定位筋、连接件、封锚、护套、支架、附属装置和所有预埋件，包括在相应的工程项目中，不另行计量。

4）本章所列工程项目涉及的养护、场地清理、吊装设备、拱盔、支架、工作平台、脚手架的搭设及拆除、模板的安装及拆除，均包括在相应工程项目内，不另行计量。

5）混凝土拌和场站、构件预制场、贮料场的建设、拆除、恢复，安装架设设备摊销、预应力张拉台座的设置及拆除均包括在相应工程项目中，不另行计量。

材料的计量尺寸为设计净尺寸。

6）桥梁支座，包括固定支座、圆形板式支座、球冠圆板式支座，以体积立方分米（dm^3）计量，盆式支座按套计量。

（3）设计图纸标明的及由于地基出现溶洞等情况而进行的桥涵基底处理计量规则见第二章路基工程中特殊路基处理。

6. 第五章　隧道工程

（1）本章包括洞口与明洞工程、洞身开挖、洞身衬砌、防水与排水、洞内防火涂料和装饰工程、监控量测、地质预报等。

（2）有关问题的说明及提示：

1）场地布置，核对图纸、补充调查、编制施工组织设计，试验检测、施工测量、环境保护、安全措施、施工防排水、围岩类别划分及监控、通信、照明、通风、消防等设备、设施预埋构件设置与保护，所有准备工作和施工中应采取的措施均为各节、各细目工程的附属工作，不另行计量。

2）风水电作业及通风、照明、防尘为不可缺少的附属设施和作业，均应包括在本章各节有关工程细目中，不另行计量。

3）隧道名牌、模板装拆、钢筋除锈、拱盔、支架、脚手架搭拆、养护清场等工作均为各细目的附属工作，不另行计量。

4）连接钢板、螺栓、螺帽、拉杆、垫圈等作为钢支护的附属构件，不另行计量。

5）混凝土拌和场站、贮料场的建设、拆除、恢复均包括在相应工程项目中，不另行计量。

6）洞身开挖包括主洞、竖井、斜井。洞外路面、洞外消防系统土石开挖、洞外弃渣防护等计量规则见有关章节。

7）材料的计量尺寸为设计净尺寸。

7. 第六章　安全设施及预埋管线工程

（1）本章内容包括护栏、隔离设施、道路交通标志、道路诱导设施、防眩设施、通信管道及电力管道、预埋（预留）基础、收费设施和地下通道工程。

（2）有关问题的说明及提示：

1）护栏的地基填筑、垫层材料、砌筑砂浆、嵌缝材料、油漆以及混凝土中的钢筋、钢缆索护栏的封头混凝土等均不另行计量

2）隔离设施工程所需的清场、挖根、土地平整和设置地线等工程均为安装工程的附属工作，不另行计量。

3）交通标志工程所有支承结构、底座、硬件和为完成组装而需要的附件，均不另行计量。

4）道路诱导设施中路面标线玻璃珠包含在涂敷面积内，附着式轮廓标的后底座、支架连接件，均不另行计量。

5）防眩设施所需的预埋件、连接件、立柱基础混凝土及钢构件的焊接，均作为附属工作，不另行计量。

6）管线预埋工程的挖基及回填、压实及接地系统、所有封缝料和牵引线及拉棒检验等作为相关工程的附属工作，不另行计量。

7）收费设施及地下通道工程：

① 挖基、挖槽及回填、压实等作为相关工程的附属工作，不另行计量。

② 收费设施的预埋件为各相关工程项目的附属工作，不另行计量。

③ 凡未列入计量项目的零星工程，均含在相关工程项目内，不另行计量。

8. 第七章　绿化及环境保护工程

（1）本章包括：撒播草种和铺植草皮、人工种乔木、灌木、声屏障工程。

（2）有关问题的说明及提示：

1）本章绿化工程为植树及中央分隔带及互通立交范围内和服务区、管养工区、收费站、停车场的绿化种植区。

2）除按图纸施工的永久性环境保护工程外，其他采取的环境保护措施已包含在相应的工程项目中，不另行计量。

3）由于承包人的过失、疏忽、或者未及时按设计图纸做好永久性的环境保护工程，导致需要另外采取环境保护措施，这部分额外增加的费用应由承包人负担。

4）在公路施工及缺陷责任期间，绿化工程的管理与养护以及任何缺陷的修正与弥补，是承包人完成绿化工程的附属工作，均由承包人负责，不另行计量。

9. 第八章　房建工程

（1）本章房建工程包括建筑基坑、地基与地下防水、混凝土、砖砌体、门窗、地面与楼面、屋面钢结构、抹灰、勾缝、室外及附属设施、暖卫及给排水、电气、收费设施工程。

（2）有关问题的说明及提示

1）本章涉及到的总则、清理场地与拆除、土石方开挖、土石方填筑、收费设施、地下通道等计量规则见有关章节。

2）本章所列工程细目，涉及到正负零以上支架搭设及拆除、模板安装及拆除、垂直起

吊材料构件、预埋铁件的除锈、制作安装均包括在相应的工程项目中，不另行计量。

3）本章所列工程项目的涉及到的养护工作，包括在相应的工程项目中，不另行计量。

注：各章各项目具体计量规则参见交通部公路工程定额站、湖南省交通厅主编，人民交通出版社《公路工程工程量清单计量规则》，本书从略。

5.2 公路工程招标标底的编制

5.2.1 标底编制要求及标底作用

1. 标底编制要求

公路工程标底是由招标单位自行编制或由委托有编制能力的单位编制的建筑产品的一种预期价格。标底编制的过程是业主对招标项目所需工程费用的自我测算过程。编制标底可以使业主掌握工程项目的预计成本，对各项费用心中有数，为评标工作和施工过程的造价控制工作打下基础。

编制标底，应遵循以下原则和要求：

1）标底的价格应反映公路工程产品的价值（即在标底编制过程中要遵循价值规律）。

2）标底的价格应反映公路工程市场的供求状况对公路工程产品价格的影响（即标底编制应服从供求规律）。

3）标底的价格应体现社会生产力的平均先进水平（以达到通过招标，促使社会劳动生产力水平提高的目的和优选承包商的目的）。

4）统一工程项目划分，统一计量单位，统一计算规则。

5）以施工图纸、招标文件和国家规定的技术标准和工程造价定额为依据。

6）根据我国现行的工程造价计算方法，并考虑到向国际惯例靠拢，提倡优质优价。

7）一个工程只能编制一个标底。

8）标底必须经招标管理机构审定。

9）标底审定后必须及时妥善封存、严格保密，不得泄露。

2. 标底与概、预算的联系与区别

标底的编制原则与要求决定了标底不同于工程概预算，但标底的编制又离不开工程的概、预算。一方面，根据我国的规定，标底必须控制在批准的概算或投资包干的限额之内，如标底突破批准的概算，必须先经原概算批准机关批准；另一方面，由于技术、经验和所掌握的资料的限制，标底编制单位不得不以概、预算定额及相应的编制办法为基础来进行成本预测，并以此作为标底编制的依据。

标底和概预算的主要区别在于：

（1）计算项目不同。标底项目要按工程量清单的项目和数量进行编制，工程量清单项目是对概预算定额项目的综合扩大，一个清单项目可能包括若干个定额项目，所以标底中的项目单价是所完成项目的综合单价。概、预算则按定额项目和图纸计算工程数量套用相应定额进行编制。

（2）费用取法不同。标底可根据现场具体情况，考虑必要的工程特殊措施费，如边通车、边施工路段具体的维持通车的措施费，概、预算除在其他工程费中计算行车干扰工程施工增加费外，一般不能再计其他费用，标底可根据具体工程和不同的承包方式考虑不同的包干系数，概预算则按规定的不可预见费率计算。

标底中的其他工程费、间接费、利润、税金的费率应根据招标工程的规模地区条件、招标方式和招标单位的实际情况取定，而概预算则按费用定额规定编制；

（3）计算范围不同。标底只计算工程量清单的费用（主要是建筑安装工程费用），概预算则是计算建设项目全部投资的预计数额，除建筑安装工程费外，还包括设备、工具、器具及家具购置、工程建设其他费用、预备费、回收金额等其他费用；

（4）对结果处理不同。标底应根据具体工期要求和施工组织计划编制，受工期和施工组织计划影响较大，如工期紧或质量标准高时，可相应提高标底价，这样一方面确保招标工作的顺利，另一方面也体现优质优价的管理理念。而概、预算则难以考虑工期和质量要求等具体情况。再者，清单编制标底则需进行反复调整，直到标底价满意为止，而一般概、预算编制完成后不能随意调整或变动。

（5）项目归属不同。工人的各种津贴，在标底中列在工人工资中，进入直接工程费，而概、预算则单列于其他工程费用中的施工补助费一栏中。

（6）反映社会生产力水平不同。如前所述，标底反映的价格是一种社会生产力的平均先进水平，更反映社会市场的际状况，体现的是一种竞争的价格。而概、预算反映的是社会生产力的平均水平，具有相对的滞后性。

除此之外，标底计算时，一般把劳务利润与材料利润分别合在劳动费和材料费中，这与概、预算也是不同的。另外，标底中将机械购置费的摊销部分单列一项进行计算，一般新机械按一定的期限摊销完；概、预算则按国家规定的折旧率计，且另行计入机械购置费。

3. 标底的作用

公路工程标底在招标中作用主要体现在以下三个方面：

（1）标底是评标中衡量投标报价是否合理的尺度，是确定投标单位能否中标的重要依据。

《公路工程国内招标文件范本》（2003版）中规定：评标价的分值确定如下：

招标人设有标底，招标人将对投标人的评标价按下述规定进行评分

1）复合标底计算：

$$C=(A+B)/2 \tag{5-1}$$

式中　A——招标人的标底扣除暂定金额后的值（标底开标时应公布）；

B——投标人评标价平均值，B值为投标人的评标价在A值的105%（含105%）至A值的85%（含85%）范围内的投标人评标价的平均值；若所有投标人评标价均未进入复合标底的计算范围，则$C=A$；

C——复合标底值。

2）复合标底降低5%之后为评标基准价D；

3）当投标人的评标价等于D时得满分，每高于D一个百分点扣2分，每低于D一个百分点扣1分，中间值按比例内插。

用公式表示如下：

$$F_1 = F - \frac{|D_1 - D|}{D} \times 100 \times E \tag{5-2}$$

式中 F_1——投标人评标价得分；

F——评标价所占的百分比权重分值，$F=100$；

D_1——投标人所占的百分比权重分值；

D——评标基准价（复合标底×95%）。

若 $D_1 \geqslant D$，则 $E=2$；若 $D_1 < D$，则 $E=1$。

可见投标单位是否能取得中标资格，其标价与标底的差距大小是重要的影响因素。

还需说明的是，上述规定为公路工程招标文件范本中的规定，招标单位在实际操作中可以对规定进行非原则性的改动，如有的项目在招标过程中将"复合标底降低5%之后为评标基准价 D"这一做法改为现场随机抽取标有1~5之间的数字（数字的步距为0.2，即小球上的数字为1、1.2、1.4—5.0）的小球，抽中的小球上标有的数字即作为复合标底的降低值的百分数。此法既可加大评标基准价的随机性，又可有效的规避施工企业串通围标，确保招标的公正性。

（2）标底是招标中防止投标单位盲目报价，抑制投标单位低价抢标现象的重要手段。低价抢标现象是建设市场不成熟，法律法规不健全，招标管理不规范的产物。低价抢标者不顾客观实际，盲目压低标价。中标后，在施工过程中，采取种种不正常手段追求利润，或偷工减料，或拖延施工进度或无理索赔。导致工程的质量和施工进度就无法得到保障，最终损害的是业主的合法权益，并给社会公共安全造成隐患。要防止这种现象发生，可采取的一种有效的措施就是在评标过程中，以标底为武器，坚决剔除那些低价抢标的标书，使招标投标制真正达到既能降低投标报价，又能保证工程质量和施工进度，从而提高投资效益、节约社会资源的目的。所以，标底在招标中具有防止不正当竞争的作用。

（3）标底是控制投资额、核实建设规模的文件。招标工程的标底，无论是由业主自行编制或委托设计单位，造价咨询公司代为编制，根据《公路工程施工招标投标管理办法》规定，标底编制应当符合国家有关工程造价管理的规定，并应当控制在批准的概算以内。从这方面看，标底又是核实建设规模的文件。

标底的性质、地位和作用要求我们在实际工作中严肃认真地对待标底编制工作，科学合理的组织标底编制工作，最大限度地做好标底保密工作，从而保证招标工作的健康开展。

5.2.2 标底编制的依据

标底编制的依据主要有以下6点。

（1）招标文件。标底作为衡量评审投标价的尺度，其编制的范围必须同投标人投标报价范围一致，因此，要将招标文件中的投标须知、合同条款、工程量清单、图纸以及参考资料作为编制标底必须遵守的主要依据，而且对于招标期间业主发出的修改书和标前会的问题解答，凡与标底编制有关的方面，也必须同投标人一样，要在标底编制时考虑进去。

（2）概、预算定额 。概、预算定额是国家各专业部或各地区根据专业和地区的特点，对本专业本地区的建筑安装工程按照合理的施工组织和一般正常的施工条件编制的专一的或地区的统一定额，是一种具有法定性的指标，标底要起控制投资额和作为招标工程确定的预期价格，就应该参照颁布的现行的概、预算定额来编制标底。

（3）费用定额。费用定额也是编制标底的依据。费用定额与编制标底有关的取费标准是其他工程费、间接费、利润、税金、施工图预算包干费等。编制标底时，费用定额项目和费率的取定可根据招标工程的工程规模，招标方式、招标文件的有关规定以及参加招标的各施工企业的情况而定，但其基本费率的取费依据是费用定额。

（4）国家有关法律、法规以及国务院和省、自治区、直辖市人民政府建设行政主管部门制定的有关工程造价的文件、规定。

（5）采用的施工组织设计、施工方案、施工技术措施等。

（6）招标时的人工、材料、设备及施工机械台班等要素市场价格信息，以及国家或地方有关政策性调价文件的规定。

5.2.3　标底编制步骤

公路工程标底的编制程序和方法基本上和概预算相同。不同的是，如前节所述，公路工程标底比概、预算要求更为具体和确切，更应结合招标工程的实际。标底编制的具体步骤如下：

1. 确定标底编制单位

标底可由招标单位自行编制或委托经建设行政主管部门批准具有编制标底资格和能力的中介机构代理编制。

2. 准备工作

（1）审核招标图纸和说明。如发现图纸、说明和技术规范相互之间有矛盾或不符之处，或不够明确，或错误的地方，应要求设计单位给予交底或澄清。

（2）熟悉招标文件内容。除要清楚投标人须知，合同条款、工程量清单和辅助资料表及招标期间业主发出的修改书和标前会的问题解答中与报价有关的内容外，还应对价格调整的有关规定、预付款额度、工程质量和工期的要求等特别注意。

（3）参加交底会及考察工程现场。标底编、审人员均应参加施工图交底、施工方案交底以及对工程施工现场条件和周围环境进行实地考察、以作为考虑施工方案、工程特殊技术措施和临时工程设置等的依据。

（4）进行材料价格调查。掌握主要材料、当地材料的实际市场价格，作为编标的依据，主要材料应重点考虑运输方式，地方材料应特别注意（主要为砂石料）调查料场价、运距、运费和料源。

3. 计算工程量

（1）复核工程量清单。招标文件工程量清单中的工程量是投标人投标报价的统一依据，也是标底编制的依据，因此首先要弄清楚工程量清单中工程数量的范围、应根据图纸和技术规范中计量支付的规定计算一遍工程数量，看是否和工程量清单一致，如有出入，必须搞清出入的原因。应注意的是，在招标期间，如果工程量清单进行修改，应将修改后的清单统一发放到各投标人，无论编制标底的人还是投标人都不能对工程量清单进行单方面改动，即使在工程量清单错误的情况下。

（2）按定额计算工程量。工程量清单复核无误以后，接着应以工程量清单的第一个细目作为一个项目，根据图纸和施工组织方案，考虑由几个定额子目组成和计算这几个定额项目的工程量。如工程量清单的一个细目是直径1.5m水中钻孔灌注桩，技术规范计量和支付中规定，除钻孔桩钢筋在钢筋一节中另行计量外，它还应包括灌注桩成桩后的所有工作。一般可由以下定额项目组成：不同土质的钻孔长度；护筒埋设；水中钻孔桩平台；灌注混凝土；船上拌和台和泥浆船摊销；船上拌和混凝土等。

有定额可套的临时工程如便道、便桥等的工程数量也应该按施工方案予以计算确定。

4. 确定工、料、机单价

根据准备工作中收集到的资料，计算和确定人工、材料、机械台班单价。

5. 计算综合费率

综合费率由其他工程费、间接费、利润等组成，要根据招标文件中有关条款和概、预算编制办法的有关规定确定各项费率。

6. 计算工程项目总金额

按概、预算编制办法计算各项工程项目的总金额，也就是编制一个概、预算。

7. 编制标底单价

即根据工程量清单各工程细目所包含的工作内容及相应的计量与支付办法，在概、预算工作的基础上，对概、预算08表中的分项工程进行适当合并、分解或其他技术处理，然后按综合费率再增加税金，包干费等项目后确定出各工程细目的标底单价。也可直接利用标底03表，在增加利润、税金、包干费等项目后算出每项的合计金额除以该项工程量则得出相应项目单价。

8. 计算标底总金额

按工程量清单计算各章金额，其中100章总则中的保险费、临时工程费、监理工程师设施等按实计算列入，其余各章按工程量清单中的数量乘前一步骤中得出的单价计算，然后计算工程量清单汇总表，汇总表，得出标底总金额（和投标总价对应）。

9. 编写标底说明

计算出标底总金额后，应写标底编制说明，其内容与概、预算编制说明相似，包括标底编制依据、费率取定、问题说明等。将编制说明、标底的工程量清单、人工和主要材料数量汇总表等合在一起，就成了一份完整的标底文件。

10. 审核标底价格

5.2.4 标底文件的主要内容

（1）标底的综合编制说明。

（2）标底价格审定书、标底价格计算书、带有价格的工程量清单、现场因素、各种施工措施费的测算明细以及采用固定价格工程的风险系数测算明细等。

（3）主要人工、材料、机械设备用量表。

（4）标底附件：如各项交底纪要、各种材料及设备的价格来源、现场的地质、水文、地上情况的有关资料、编制标底价格所依据的施工方案或施工组织设计等。

（5）标底价格编制的有关表格。

5.2.5　标底编制方法

目前我国标底编制方法有主要采用概、预算法编制法和工程量清单计价来编制，实际操作中也有采用投标价的加权平均值作为标底。

1. 概、预算法编制法

其操作方法及工作范围与概预算编制过程相同，通常是根据施工图纸及技术说明，按照预算定额规定的分部分项子项目，逐项计算出工程量，再套用定额计算。但用概、预算法编制标底应注意以下事项：

（1）概算编制的标底应适当下浮。

（2）合同没有价格调整的条款时，用暂定金额考虑工程造价增长预留费。

（3）使用概预算定额明显偏高或偏低时，项目套用定额应适当调整。

（4）编制的概预算金额应根据市场供求情况调整。

2. 工程量清单计价法编制标底

用工程量清单确定的工程数量，按技术规范中单价计量范围进行综合单价分析，确定单价并汇总标底总额。其编制方法和步骤与投标报价基本上是一致的。

其标底编制的主要步骤简述如下：

（1）根据有关资料，分别进行人工、材料（包括自采材料）、机械台班单价计算。

（2）按计算的工、料、机单价和工程预算定额，进行工程基础单价计算。

（3）按工程基础单价，统计工、料、机台班数量，并计算其费用。

（4）根据有关基本资料，计算工程直接费以外（或称待摊费），并进行标底价初步汇总。

（5）按直接费的比例，将待摊费摊入到各分项工程中，完成工程拟定的单价计算。

（6）根据工程拟定单价和工程量清单所列工程数量计算各细目费用，然后汇总出标底总价。

（7）编写编制说明，介绍工程概况及各项指标、定额、依据、费率、价格的选用等有关事项：

3. 投标价的加权平均值作为标底

用各投标单位的有效标价，采用统计平均法计算标底，其特点为：

（1）反映标底编制原则与要求。

（2）简化标底编制的工作量。

（3）不存在标底保密问题。

5.2.6　编制标底价格需考虑的其他因素

总之，标底编制的指导思想是在符合实际的，可靠的施工组织条件下，合理估算工程造价，使施工中不可预见的因素都包含在内。无论采用什么方法计算标底均应考虑以下因素：

1. 工程量

通过已批准的估计文件，计算和复核图纸工程量，并确定施工组织设计中额外工程量。

2. 工期

标底必须适应目标工期的要求，对提前工期因素有所反映。基价。

3. 质量

标底必须适用招标方的质量要求，对高于国家验收规范的质量因素有所反映。

4. 材料差价

标底必须适应材料采购渠道和市场价格的变化。考虑材料差价因素，并将差价列入标底。

5. 工程承发包模式

标底价格应根据招标文件或合同条件的规定，按规定的工程发承包模式，确定相应的计价方式，考虑相应的风险费用。

5.3 公路工程施工投标报价的编制

5.3.1 投标报价原则

从目前的招投标来看，准确、合理的报价对中标的决定作用越来越重要。但报价是否合理是相对的。合理的标价既要保证实际做得到并要留有余地，还应具有竞争力，要符合市场行情。所以报价高低既取决于承包商自身的实力和水平，也取决市场的行情。而市场行情包括竞争对手的实力、水平和市场供求情况。所以承包商自身实力水平与市场行情二者之间存在一定的矛盾，报价时应综合考虑。当承包商的水平达到市场的高层次，也就是处于同行业先进水平时，二者的差距就缩小了，承包商也就更加有了中标的可能性。

除了考虑以上方面外，报价编制时还应按照既定的投标策略进行，不同的投标策略会导致不同的报价水平，投标人员应当注意的是，中标是投标者的最终目的。

（1）以招标文件中设定的发承包双方责任划分，作为考虑投标报价费用项目和费用计算基础；根据工程发承包模式考虑投标报价的费用内容和计算深度。

（2）以施工方案、技术措施等作为投标报价计算的基本条件。

（3）以反映企业技术和管理水平的企业定额作为计算人工、材料和机械台班消耗量的基本依据。

（4）充分利用现场考察、调研成果、市场价格信息和行情资料，编制基价，确定调价方法。

（5）报价计算方法要科学严谨，简明适用。

5.3.2 报价编制的依据

1. 招标单位提供的招标文件

如前所述，投标报价的编制依据应与标底的编制依据一样，所以，投标报价也必须以招标文件为依据。一般来说，公路工程招标文件应包括下列内容：投标邀请书、投标须知、合同条款、技术规范、工程量清单、投标书（含投标书附件）及投标担保格式、图纸、勘察资料、辅助资料表（格式）、合同格式。

根据需要，业主在开标前规定的日期内，可颁发合同、规范、图纸的修改书和变更通知。但这些均以书面为准。修改书和通知具有与招标文件同等的效力。

2. 投标者自己收集的资料

（1）招标文件所规定的各种国家标准、部颁标准、技术规范等。

（2）国家颁发的《公路工程预算定额》和《公路基本建设工程概算、预算编制办法》及地方颁发的有关收费标准和定额。

（3）工程所在地的政治形势、自然条件、交通运输条件及水陆运输材料运价、物价行情、有关地方法规等。

（4）该项目中标后，当地的工程市场信息、有关后续工程的可行性。

（5）业主供应材料情况及交货地点、单价；当地材料供应盈缺情况，建材部等规定的材料单价，并预测当地材料市场涨落情况。

（6）本工程的现场情况，包括地形、地质、气象、雨量、劳动力、生活品供应、当地地方病等。

（7）有关报价的参考资料，如当地近几年来同类性质已完工程的造价分析，以及本企业历年来（至少五年）已完工程的成本分析。

（8）当地工程机械出租的可能性，品种、数量、单价、发电厂供电正常率及提供本项目供电的功率和单价。

（9）有哪些竞争对手参加投标，各有多大实力、业主对竞争对手信誉如何，竞争对手历次投标策略及报价水平。

（10）本企业为本项目提供新添施工设备经费可能性，设备投资在标价中分摊费与成本的比率。

（11）本企业的企业定额。

3. 施工组织设计建议书

施工组织设计建议书既是投标文件的组成部分，也是投标报价的主要依据。在进行标价计算之前，首先要确定施工组织设计建议书。按照《公路工程国内招投标文件范本》（2003年版）规定，它包括下列 7 个方面：

（1）施工组织设计的文字说明。

（2）分项工程进度率计划（斜率图）。

（3）工程管理曲线。

（4）施工总平面布置。

（5）主要分项工程施工工艺框图。

（6）分项工程生产率和施工周期表。

（7）施工总体计划表。

5.3.3　工程定额的选用

工程定额反映施工队伍的生产效率和管理水平，也是决定标价水平的重要因素。一旦工程定额选定，标价水平也就大体确定了，因此，要慎重从事。

5.3.4 合理利用当地分包商和租用机械

当地分包商专业性比较强，拥有某些机械，报价一般较低，在编制施工方案时可以适当考虑利用。例如塑料插板处理软土地基工程，通常数量不大，需要专用插板机，分包出去可免购该机费用和设备往返调迁费用。又如施工高峰期，运料量大，车辆不够用，将运料部分包给运输商，就可减少车辆配置数量，还可降低成本。

应当指出，决定由当地分包商分包部分工程或租用机械时，所选合作对象应是靠得住的，而且事先有所安排，计划也要比较准确，以便按照与分包所签合同的计划行事。因为在此种情况下．对分包商有所依赖，如果一旦落空，就会造成被动。

5.3.5 投标报价的组成

投标报价的组成应按照招标文件中要求进行组合，按照《公路工程国内招投标文件范本》规定，投标报价采用工程量清单形式报价。工程量清单包括 100 ~ 800 章、专项暂定金额、计日工合计、不可预见费（暂定金额），其中 100 ~ 800 章采用单价形式，其单价为全费用单价，即单价中包括为完成该工程细目所必需的全部直接费、间接费、利润和税金。

其中 100 章总则项目为包干使用项目，中标后不允许调整，因此承包人应进行详细、通盘考虑，防止中标后出现较大亏损，但也不能盲目报高，因为此部分费用报的过于高，势必会导致总价偏高。

200 ~ 800 章为路基、路面、桥涵、隧道、安全设施及预埋管线、绿化及环境保护、房建工程内容，此部分工程量以实际完成数量进行结算，因此投标人对此部单价要仔细计算。

专项暂定金额、计日工合计、不可预见费（暂定金额）包含在投标人的投标报价中，招标单位多要求投标单位按 100 ~ 800 章合价的某一百分比计算此部分费用，这部报价不是承包商结算的最终依据，施工中按实际发生支付。

5.3.6 报价的计算与分析

1. 报价计算方法

投标单位在计算标价时首先应按照合同要求和本单位的习惯，然后确定计算的方法、程序和报价策略。常用的报价计算方法有单价分析法、系数法、类比法。具体应用时最好不要用单一的计算方法，而用几种方法进行复核和综合分析，如采用单项分析逐项计算，还应采用类比法进行复核等。

2. 报价的计算内容

计算一个项目的投标报价应为以下三部分之和。

（1）施工成本。包括直接成本（即工、料、机等直接费），间接成本（包括现场管理费、公司管理费、临时设施费、施工队伍调遣费等）等费用之和。

（2）利润和税金。利润是根据本项目的具体情况和公司的利润目标制定的应获取的费用，税金则是由国家统一标准征收的费用。

（3）风险费用。根据招标文件中的合同条款，在各种风险中由承包人承担的风险，则以相应的风险费予以保证。

投标报价中要科学地计算上述三项费用，综合形成总报价方案，使其既具有竞争力，又有利可图，而且还应严格保密，防止报价方案泄密。

标价具体计算内容包括：直接费计算和待摊费的计算并对报价做出合理的评估。直接费计算方法又包括：定额单价分析法、工序单价分析法、总价控制法三种；待摊费的主要内容有：施工管理费、缺陷修复费、保险费、税收，贷款利息和保函手续费、上缴管理费、代理人酬金、投标费、不可预见费、物价上涨费及计划利润等。

3. 编制报价注意事项

（1）要计算和核实工程量。工程量是整个算标工作的基础，因为施工方法，人工用量，材料用量，机械设备使用量，脚手架，模板和临时设施数量等，都是根据工程量的多少来确定的。

（2）要做好工、料、机直接工程费的计算工作，它是计算公路工程报价的基本要素，其他费用都由直接工程费乘上相应的系数得出，可见直接工程费的计算准确程度直接影响到报价水平。

（3）要注意选择各项费率，费率的选择也是报价成功与否的关键。在选择费率时既要考虑到以此费率计算出来的费用能包住实际发生的费用，还要考虑用此费率计算的标价有无竞争力。

（4）在确定工程细目的单价时应注意到工程量清单中每一个项目都有许多项预算定额（或称工程细目）完成的。因此，一定要考虑每一个项目分多少工种定额来完成。考虑不全面会产生漏项，在计算工程细目的单价时，应考虑施工组织设计对单价的影响，认真分析，做到不重不漏。

综上所述，计算标价的过程中关键在于掌握好工程量、直接工程费、各项费率和工程细目四大因素。只要这四大因素计算准确和确定合理，就能保证报出的标价具体有一定的竞争力，就能在中标后取得较好的经济效果。

（5）算标时还要注意一个问题，就是数字计算。数字计算很简单，却很容易被投标人忽视。常见的失误有：小数点点错、算术错误。

按照评标修正原则，投标文件中用数字表示的金额与文字表示的金额不一致时，以文字金额为准；单价与工程量的乘积与总价不一致时，以单价为准，若单价有明显的小数点错位，应以总价为准，并修改单价。

但出现上述问题都属于投标偏差，对中标结果有影响。

（6）标价计算好后，可同本企业多年积累的工程决算台账和财务决算相比较，通过比较以确定管理费和其他费率能否降低，报价是否适度，是否有希望中标；如认为可以降低，则抓紧修改标书，把标价降低到最适中的位置。

5.3.7　投标报价计算示例

如前所述，目前公路工程招标采用工程量清单报价的形式，工程量清单中的单价为全费用单价，因此投标人在计算报价时应把完成工程量清单细目中所有可能发生的费用全部计算进去，填写单价，通常单价确定后不再允许进行调整，除非符合招标文件中规定的特殊情况。将所有工程细目的单价乘以该细目的工程量即为该细目的合价。将工程量清单

100－800 中分章汇总，最后再将各章的合价汇总，加上专项暂定金额、计日工合计、不可预见费（暂定金额）即为项目最终报价。

因为在前面章节已详细介绍过了预算的编制过程，故本节不再对单价计算作过多介绍。下面是某公路工程的工程量清单报价案例，见表 5－1～表 5－9。

表 5－1 **D. 工程量清单汇总表**

合同段编号：6 货币单位：人民币元

序号	章次	科 目 名 称	合 计
1	100	总则	12 866 140
2	200	路基	
3	300	路面	
4	400	桥梁、涵洞	195 368 625
5		第 100 章至 400 章清单合计	208 234 765
6		专项暂定金按第（5）金额的 2% 计取	4 164 695
7		按第（5）金额的 3% 计取作为计日工	6 247 043
8		按第（5）金额的 3% 计取作为不可预见因素的暂定金额	6 247 043
9		投标价(5＋6＋7＋8)＝14	420 262 171

表 5－2 **第 100 章 总 则**

合同段编号：6 货币单位：人民币元

细目编号	项 目 名 称	单位	数量	单价	合价或金额
101－1	保险费				
－a	按合同条款规定，提供建筑工程一切险	总额	1.000	726 140	726 140.00
－b	按合同条款规定，提供第三方责任险	总额	1.000	40 000	40 000.00
102－1	施工技术总结及竣工文件	总额	1.000	1 200 000	1 200 000.00
102－2	施工环保费	总额	1.000	500 000	500 000.00
102－3	项目管理软件（暂定金额）	总额	1.000	100 000	100 000.00
103－1	临时道路修建、养护及拆除（包括原道路的养护费）	总额	1.000	500 000	500 000.00
103－2	临时码头的扩建、维护及拆除	总额	1.000	1 000 000	1 000 000.00
103－3	临时供电设施架设、维修、拆除	总额	1.000	500 000	500 000.00
103－4	电信设施的提供、维修与拆除	总额	1.000	100 000	100 000.00
103－5	供水与排污设施	总额	1.000	200 000	200 000.00
清单 第 100 章合计					12 866 140

表 5－3　　第 400 章　桥　　涵

合同段编号：6　　货币单位：人民币元

	项　目　名　称	单位	数量	单价	合价或金额
403－1	基础钢筋				
－a	桩基、承台光圆钢筋（HPB235）	kg	116 133. 200	6. 19	718 865
－b	桩基、承台带肋钢筋（HRB335）	kg	3 282 694. 300	6. 23	20 451 185
403－2	下部结构钢筋（过渡墩）				
－b	带肋钢筋（HRB335）	kg	263 440. 200	6. 25	1 646 501
403－3	钢筋焊网				
－a	Φ6@10×10 钢筋焊网	kg	107 484. 000	6. 35	682 523
403－4	索塔钢筋				
－a	光圆钢筋（HPB235）	kg	43. 700	6. 43	281
－b	带肋钢筋（HRB335）	kg	2 973 924. 200	6. 45	19 181 811
405－1	过渡墩钻孔灌注桩				
－a	桩径Φ2. 0m	m	560. 000	2454. 14	1 374 318
405－2	索塔钻孔灌注桩				
－a	索塔钢护筒（制作埋设）	m	2041. 300	20 622. 28	42 096 260
－c	桩径Φ2. 8m～3. 2 变截面钻孔灌注桩（Φ2. 8m 部分）	m	624. 000	26 424. 15	16 488 670
－d	桩径Φ2. 8m～3. 2 变截面钻孔灌注桩（Φ3. 2m 部分）	m	2088. 000	11 592. 82	24 205 808
411－1	后张法预应力钢绞线Φ S15. 2mm				
－a	墩塔上下横梁及横隔板预应力钢绞线	kg	86 956. 000	10. 02	871 299
－b	过渡墩墩身预应力钢绞线	kg	11 222. 000	9. 83	110 312
－c	过渡墩墩顶系梁预应力钢绞线	kg	9477. 000	10. 26	97 234
－d	主塔塔柱预应力钢绞线	kg	5250. 000	13. 18	69 195
411－2	上横梁 ϕ32mm 精轧螺纹钢筋	kg	996. 400	16. 46	16 401
425－1	过渡墩				
－a	墩身混凝土 C40（含墩顶横系梁）	m^3	2571. 000	783. 31	2 013 890
－b	承台混凝土 C35	m^3	637. 200	649. 56	413 900

续表

	项　目　名　称	单位	数量	单价	合价或金额
-d	支座垫石 C40 小石子混凝土	m^3	17.600	554.94	9767
-e	挡块混凝土 C40	m^3	6.200	555.00	3441
425-2	索塔				
-a	哑铃形承台混凝土 C35	m^3	17 155.700	1704.82	29 247 380
-b	塔座混凝土 C35	m^3	640.100	869.43	556 522
-c	塔柱混凝土 C55	m^3	16 324.700	1461.75	23 862 630
-d	上横梁混凝土 C55	m^3	796.200	1443.33	1 149 179
-e	下横梁混凝土 C55	m^3	1030.400	1278.03	1 316 882
-f	拱梁及竖杆结合部混凝土 C55	m^3	376.000	1949.82	733 132
-g	索塔拱梁等钢结构吊装、监测等	总额	1.000	1 000 000.00	1 000 000
-h	索塔拱梁、竖杆、圈墙等钢构件制作、连接、涂装、运输（专项暂定金额）	暂定总额	1.000	7 000 000.00	7 000 000
-i	支座垫石混凝土 C40	m^3	13.200	563.79	7442
-j	挡块混凝土 C40	m^3	15.400	555.00	8547
425-3	预埋件制作与安装	kg	5000.000	7.05	35 250
	清单　第 400 章合计				195 368 625

表 5-4　　　　单价分析表（03 表分项格式）

项目编号：403-4-b

项目名称：带肋钢筋（HRB335）　单位：kg　单价：6.45 元　摊消费：元　标表 4-2

编号	项目名称	单位	工程量	人工费	材料费	机械费	工料机合计	综合费费率%	综合费	合计	单价
4-6-1-12 换	基础、支撑梁钢筋	1t	90.447	34 818	440 473	7114	482 404	14.868	71 726	554 130	6126.57
4-6-5-11 换	立柱主筋连接钢筋焊接连接高 250m 以内	1t	2624.865	1 556 624	12 569 980	493 868	14 620 472	16.333	2 387 952	17 008 424	6479.73
4-6-5-15 换	横梁钢筋	1t	245.900	140 709	1 157 230	40 711	1 338 650	16.275	217 866	1 556 516	6329.87
4-6-2-62	钢筋	1t	12.713	5158	59 088	257	64 503	15.202	9806	74 309	5845.12

表5-5

单价分析表（03表格式）

合同段：6合同　　货币单位：人民币/元　　标表4-1

编号	项目名称	单位	工程量	人工费	材料费	机械费	工料机合计	综合费费率%	综合费	摊消费	合计	单价
101-1-a	按合同条款规定，提供建筑工程一切险	总额	1.000						726 140		726 140	726 140.00
101-1-b	按合同条款规定，提供第三方责任险	总额	1.000						40 000		40 000	40 000.00
102-1	施工技术总结及竣工文件	总额	1.000						1 200 000		1 200 000	1 200 000.00
102-2	施工环保费	总额	1.000						500 000		500 000	500 000.00
102-3	项目管理软件（暂定金额）	总额	1.000						100 000		100 000	100 000.00
103-1	临时道路修建、养护及拆除（包括原道路的养护费）	总额	1.000						500 000		500 000	500 000.00
103-2	临时码头的扩建、维护及拆除	总额	1.000						1 000 000		1 000 000	1 000 000.00
103-3	临时供电设施架设、维修、拆除	总额	1.000						500 000		500 000	500 000.00
103-4	电信设施的提供、维修与拆除	总额	1.000						100 000		100 000	100 000.00
103-5	供水与排污设施	总额	1.000						200 000		200 000	200 000.00
104-1	承包人驻地建设	总额	1.000						8 000 000		8 000 000	8 000 000.00
403-1-a	桩基、承台光圆钢筋（HPB235）	kg	116 133.200	30 206	553 747	30 413	614 366	17.009	104 499		718 865	6.19

续表

编号	项目名称	单位	工程量	人工费	材料费	机械费	工料机合计	综合费费率%	综合费	摊消费	合计	单价
403-1-b	桩基、承台带肋钢筋（HRB335）	kg	3 282 694.300	972 608	16 283 598	407 134	17 663 340	15.783	2 787 845		20 451 185	6.23
403-2-b	带肋钢筋（HRB335）	kg	263 440.200	137 631	1 246 489	37 302	1 421 422	15.835	225 079		1 646 501	6.25
403-3-a	Φ6@10×10 钢筋焊网	kg	107 484.000	58 270	511 738	18 441	588 450	15.987	94 073		682 523	6.35
403-4-a	光圆钢筋（HPB235）	kg	43.700	25	209	7	242	16.236	39		281	6.43
403-4-b	带肋钢筋（HRB335）	kg	2 973 924.200	1 737 309	14 226 771	541 950	16 506 030	16.211	2 675 781		19 181 811	6.45
405-1-a	桩径 ϕ2.0m	m	560.000	142 058	550 094	423 472	1115 624	23.188	258 694		1 374 318	2454.14
405-2-a	索塔钢护筒（制作埋设）	m	2041.300	2 813 521	30 018 839	3 750 516	36 582 876	15.071	5 513 384		42 096 260	20 622.28
405-2-c	桩径 ϕ2.8m～3.2 变截面钻孔灌注桩（ϕ2.8m 部分）	m	624.000	522 551	1 071 768	12 134 124	13 728 444	20.106	2 760 226		16 488 670	26 424.15
405-2-d	桩径 ϕ2.8m～3.2 变截面钻孔灌注桩（ϕ3.2m 部分）	m	2088.000	1 380 937	6 743 803	11 532 685	19 657 426	23.138	4 548 382		24 205 808	11 592.82
411-1-a	墩塔上下横梁及横隔板预应力钢绞线	kg	86 956.000	27 723	708 101	12 374	748 198	16.453	123 101		871 299	10.02
411-1-b	过渡墩墩身预应力钢绞线	kg	11 222.000	4845	87 206	2181	94 232	17.064	16 080		110 312	9.83
411-1-c	过渡墩墩顶系梁预应力钢绞线	kg	9477.000	3057	79 046	1364	83 467	16.494	13 767		97 234	10.26
411-1-d	主塔塔柱预应力钢绞线	kg	5250.000	3359	54 630	995	58 984	17.311	10 211		69 195	13.18
411-2	上横梁 ϕ32mm 精轧螺纹钢筋	kg	996.400	1111	12 758	381	14 249	15.102	2152		16 401	16.46

续表

编号	项目名称	单位	工程量	人工费	材料费	机械费	工料机合计	综合费费率%	综合费	摊消费	合计	单价
425-1-a	墩身混凝土 C40（含墩顶横系梁）	m^3	2571.000	259 695	1 194 893	195 603	1 650 191	22.040	363 699		2 013 890	783.31
425-1-b	承台混凝土 C35	m^3	637.200	51 441	267 605	20 469	339 515	21.909	74 385		413 900	649.56
425-1-d	支座垫石 C40 小石子混凝土	m^3	17.600	1963	4738	1030	7731	26.342	2036		9767	554.94
425-1-e	挡块混凝土 C40	m^3	6.200	691	1669	363	2723	26.357	718		3441	555.00
425-2-a	哑铃形承台混凝土 C35	m^3	17 155.700	4 023 238	13 593 789	6 019 631	23 636 658	23.737	5 610 722		29 247 380	1704.82
425-2-b	塔座混凝土 C35	m^3	640.100	121 750	185 053	114 979	421 783	31.945	134 739		556 522	869.43
425-2-c	塔柱混凝土 C55	m^3	16 324.700	2 413 456	5 565 355	11 599 947	19 578 758	21.880	4 283 872		23 862 630	1461.75
425-2-d	上横梁混凝土 C55	m^3	796.200	108 530	324 301	512 372	945 203	21.580	203 976		1 149 179	1443.33
425-2-e	下横梁混凝土 C55	m^3	1030.400	124 855	416 774	537 000	1 078 629	22.088	238 253		1 316 882	1278.03
425-2-f	拱梁及竖杆结合部混凝土 C55	m^3	376.000	59 263	168 313	385 432	613 008	19.596	120 124		733 132	1949.82
425-2-g	索塔拱梁等钢结构吊装、监测等	总额	1.000						1 000 000		1 000 000	1 000 000.00
425-2-h	索塔拱梁、竖杆、圈墙等钢构件制作、连接、涂装、运输（专项暂定金额）	暂定总额	1.000						7 000 000		7 000 000	7 000 000.00
425-2-i	支座垫石混凝土 C40	m^3	13.200	1519	3553	800	5872	26.739	1570		7442	563.79
425-2-j	挡块混凝土 C40	m^3	15.400	1718	4146	901	6764	26.353	1783		8547	555.00
425-3	预埋件制作与安装	kg	5000.000	2679	27 380	465	30 524	15.481	4726		35 250	7.05

表 5－6　　单价分析表（08 表格式）

项目编号：403－4－b

项目名称：带肋钢筋（HRB335）　单位：kg　数量：2 973 924.200　单价：6.45 元　摊销费：元　标表 4－3

代号	工程项目			基础、承台及支撑架			劲性骨架及钢筋			劲性骨架及钢筋			支座垫石			合计		
	工程细目			基础、支撑梁钢筋			立柱主筋连接钢筋焊接连接高 250m 以内			横梁钢筋			钢筋					
	定额单位			1t			1t			1t			1t 钢筋					
	工程数量			90.447			2 624.865			245.900			12.713					
	定额表号			4－6－1－12 改			4－6－5－11 改			4－6－5－15 改			4－6－2－62					
	工料机名称	单位	单价/元	定额	数量	金额/元	定额	数量	金额/元	定额	数量	金额/元	定额	数量	金额/元	定额	数量	金额/元
1	人工	工日	52.02	7.400	669.308	34 817	11.400	29 923.460	1 556 618	11.000	2704.900	140 709	7.800	99.161	5158		33 396.829	1 737 303
112	带肋钢筋直径	t	4500.00	1.025	92.70841	7187	1.025	2690.487	12 107 190	1.025	252.047	1 134 214	1.025	13.031	58 639		3048.273	13 717 229
231	电焊条	kg	7.50	1.400	126.626	950	4.300	11 286.920	84 652	3.000	737.700	5533					12 151.246	91 134
232	钢筋连接套筒	个	20.00	11.498	1039.960	20 799	6.693	17 568.221	351 364	2.603	640.078	12 802					19 248.259	384 965
656	20～22 号铁丝	kg	6.80	2.500	226.118	1538	1.500	3937.297	26 774	2.800	688.520	4682	5.200	66.108	450		4918.043	33 443
1500	50kN 以内单筒慢动电动	台班	133.33				0.450	1181.189	157 488	0.430	105.737	14 098					1286.926	171 586
1726	32kV·A 交流电弧焊机	台班	153.01	0.350	31.656	4844	0.680	1784.908	273 109	0.540	132.786	20 318					1949.351	298 270
1998	小型机具使用费	元	1.00	25.100	2270.220	2270	24.100	63 259.248	63 259	25.600	6295.040	6295	20.200	256.803	257		72 081.310	72 081
	其他材料费	元																
	其他机械使用费	元																
	其他工程费	元		4.890		23 590	4.890		714 941	4.890		65 460	4.890		3154			807 145
	间接费 规费	元		41.300		14 380	41.300		642 886	41.300		58 113	41.300					717 508
	间接费 企业管理费	元		3.060		15 483	3.060		469 264	3.060		42 966	3.060					529 783
	利润	元																
	税金	元		3.410		18 273	3.410		560 862	3.410		51 327	3.410		2450			632 912
	合计	元				554 130			17 008 424			1 556 516			74 309			19 193 378
	单位单价	元				6127			6480			6330			5845			24 781
	每 kg 单价	元				0.19			5.72			0.52			0.02			6.45

表 5－7　　单价分析表（08 表合计格式）

清单编号：403－4－b　　计量单位：kg　　数量：2 973 924. 200　　标表 4－4

工程或费用名称：带肋钢筋（HRB335）		综合单价（元）：6. 45				
代号	工料机名称	数量	单位	单价/元	合价/元	备注
1	人工	33 396. 829	工日	52. 02	1 737 303	
2	带肋钢筋直径 15～24mm，25mm 以上	3048. 273	t	4500. 00	13 717 229	
231	电焊条	12 151. 246	kg	7. 50	91 134	
232	钢筋连接套筒	19 248. 259	个	20. 00	384 965	
656	20～22 号铁丝	4918. 043	kg	6. 80	33 443	
1500	50kN 以内单筒慢动电动卷扬机	1286. 926	台班	133. 33	171 586	
1726	32kV · A 交流电弧焊机	1949. 351	台班	153. 01	298 270	
1998	小型机具使用费	72 081. 310	元	1. 00	72 081	
	其他材料费		元			
	其他机械使用费		元			
	其他工程费		元		807 145	
	间接费 规费		元		717 508	
	间接费 企业管理费		元		529 783	
	利润			元		
	税金			元		632 912
	建安工程费用			元		19 193 378
	调整费用			元		－11 567
	调整后建安工程费用			元		19 181 811

投标人（公章）：

投标人授权代表（签名）：

表 5－8

工程项目单价构成表

合同段:6 合同　　货币单位:人民币(元)　　标表 4－5

项目编号	项目说明	综合单价 (1)+(2)+…+(N)	单位	工序1 分项单价 (1)		工序2 分项单价 (2)		工序3 分项单价 (3)		工序4 分项单价 (4)	
403－1－a	桩基、承台光圆钢筋(HPB235)	6.19	kg	钢筋主筋连接方式焊接连接	5.45	钢筋主筋连接方式焊接连接	0.74				
403－1－b	桩基、承台带肋钢筋(HRB335)	6.23	kg	承台钢筋	2.67	承台钢筋	0.09	钢筋主筋连接方式套筒连接	3.33	钢筋主筋连接方式套筒连接	0.15
403－2－b	带肋钢筋(HRB335)	6.25	kg	主筋连接方式钢筋套筒连接 70m 以内	5.25	系梁钢筋	0.89	钢筋	0.11		
403－3－a	ϕ6@10×10 钢筋焊网	6.35	kg	承台钢筋	0.91	基础、支撑梁钢筋	0.15	承台钢筋	0.11	主筋连接方式钢筋焊接连接 70m 以内	0.56
403－3－a				系梁钢筋	0.12	立柱主筋连接钢筋焊接连接高 250m 以内	4.04	横梁钢筋	0.45		
403－4－a	光圆钢筋(HPB235)	6.43	kg	横梁钢筋	6.43						
403－4－b	带肋钢筋(HRB335)	6.45	kg	基础、支撑梁钢筋	0.19	立柱主筋连接钢筋焊接连接高 250m 以内	5.72	横梁钢筋	0.52	钢筋	0.02
405－1－a	桩径 ϕ2.0m	2454.14	m	单个基坑体积 > 1500m^3 土方挖掘机 1.0m^3 以内	58.04	填砂砾(砂)	135.26	麻袋围堰高度 2.0m	42.19	钢护筒埋设干处	33.57
405－1－a				桩径 200cm 以内孔深 60m 以内砂土	99.89	桩径 200cm 以内孔深 60m 以内黏土	593.47	桩径 200cm 以内孔深 60m 以内砂砾	48.56	桩径 200cm 以内孔深 60m 以内砾石	50.40
405－1－a				桩径 200cm 以内孔深 60m 以内卵石	178.36	回旋、潜水钻成孔桩径 250cm 以内混凝土输送泵	1116.79	容量 750L 以内	97.63		

表 5－9　　**工程项目单价分析表**

项目编号：403－4－b　　计量单位：kg　　标表 4－6

工程或费用名称：带肋钢筋（HRB335）		综合单价/元：6.45				
代号	项目名称	数量	单位	单价/元	合价/元	备注
一	定额基价		元		4.26	
二	工料机费		元		5.55	
	1. 人工费		元		0.58	
1	人工	0.011	工日	52.02	0.58	
	2. 材料费		元		4.78	
112	带肋钢筋直径 15～24mm，25mm 以上	0.001	t	4500.00	4.61	
231	电焊条	0.004	kg	7.50	0.03	
232	钢筋连接套筒	0.006	个	20.00	0.13	
656	20～22 号铁丝	0.002	kg	6.80	0.01	
	3. 机械费		元		0.18	
1500	50kN 以内单筒慢动电动卷扬机	0.000	台班	133.33	0.06	
1726	32kV·A 交流电弧焊机	0.001	台班	153.01	0.10	
1998	小型机具使用费	0.024	元	1.00	0.02	
三	费用					
1	直接工程费		元		5.55	
2	其他工程费		元		0.27	
3	直接费		元		5.82	
4	间接费　规费		元		0.24	
5	间接费　企业管理费		元		0.18	
6	利润		元			
7	税金		元	3.41	0.21	
8	建安工程费用		元		6.45	
9	调整费用		元			
10	调整后建安工程费用		元		6.45	

投标人（公章）：
投标人授权代表（签名）：

5.2.8 确定投标报价的策略

投标策略是指投标人在投标竞争中的系统工作部署及其参与投标竞争的方式和手段。投标策略作为投标取胜的方式、手段和艺术，贯穿于投标竞争的始终。常用的投标策略主要有：

1. 不平衡报价法

对于投标策略已经确定的工程项目，我们在确定了一个合理的目标报价后，还可运用不平衡报价技巧，使我们既保能够保证中标，又可获得较大的利益。所谓不平衡报价是指在总价基本确定的前提下，如何调整内部各子项的报价，以期在不影响总报价的条件下，在中标后能获得较好的经济效益，具体表现如下：

（1）早期开工的项目（如软土地基处理、基础等）报以较高的单价，以有利于资金尽早回笼，便于周转；后期开的项目（如路面中的面层、交通设施、绿化等）报以较低单价。

（2）估计今后可能增加工程量的项目，可提高其单价（如软土地基处理），而工程量减少的可能减少甚至取消的项目，其单价可降低。

（3）没有工程量只填报单价的项目，其单价宜高，这样，既不影响总的投标价，又有利于多获利。

采用不平衡报价还应建立在对工程量仔细核对分析的基础上，特别是对报低单价的项目，如工程量执行时增多将造成投标人的重大损失。不平衡报价虽然可保证投标者在中标后多获取利益，但严重不平衡报价可能会导致标书被拒绝。

2. 根据招标项目的不同特点采用不同报价

投标报价时，既要考虑自身的优势和劣势，也要分析招标项目的特点。按照工程项目的不同特点、类别、施工条件等来选择报价策略。

（1）当遇到下列工程时，可将报价报的高一些：施工条件差的工程；专业要求高的技术密集型工程，而投标人在这方面又有专长，声望也较高；总价低的小工程，以及自己不愿做、又不方便不投标的工程；特殊的工程，如港口码头、地下开挖工程等；工期要求紧急的工程，支付条件不理想的工程，投标对手少的工程。

（2）遇到下列工程时，可将报价报的低一些：施工条件好的工程；工作简单、工程量大而其投标人都可以做的工程；招标人目前急于打入某一市场、某一地区，或在该地区面临工程结束，机械设备等无工地转移时；招标人在附近有工程，而本项目又可利用该工程的设备、劳务，或有条件短期内突击完成的工程；投标对手多，竞争激烈的工程；非急需工程；支付条件好的工程。

3. 多方案报价法

对于一些招标文件，如果发现工程范围不很明确，条款不清楚或很不公正，或技术规范要求过于苛刻时，则要在充分估计投标风险的基础上，按多方案报价法处理，即是按原招标文件报一个价，然后再提出，如某某条款作某些改动，报价可降多少，由此可报出一个较低的价。这样可以降低总价，吸引招标人。

4. 增加建议法

有时招标文件中规定，可以提一个建议方案，即可以修改设计方案，提出投标者的方案。投标人这时应抓住机会，组织一批有经验的设计和施工工程师，对原招标文件的设计和施工方案仔细研究，提出更为合理的方案以吸引招标人，促成自己的方案中标，这种新建议方案可以降低总造价或缩短工期，或使工程运用更为合理。但要注意对原招标方案也一定要报价。建议方案不要写得太具体，要保留方案的技术关键，防止招标人将此方案交给其他投标人。同时要强调的是，建议方案一定要比较成熟，有很好的可操作性。

5. 无利润报价

缺乏竞争优势的承包商，在不得已的情况下，只好在报价时根本不考虑利润而去夺标。这种办法一般是处于以下条件进采用。

（1）有可能在得标合，将部大部分工程分包给索价较低的一些分包商。

（2）对于分期建设的项目，先以低价获得首期工程，而后赢得机会创造第二期工程中的竞争优势，并在以后的实施中盈利。

（3）较长时期内，投标人没有在建的工程项目，如果再不得标，就难以维持生存。因此，虽然本工程无利可图，但只要能有一定的管理费维持公司的日常运转，就可设法渡过暂时的困难。

复习思考题

1. 什么是工程量清单？
2. 制定工程量清单的计量规则的目的和意义是什么？
3. 简述工程量清单计量规则的主要内容。
4. 简述公路工程招标标底的编制要求。
5. 简述标底与预算的联系和区别。
6. 简述标底编制的依据。
7. 简述标底编制的步骤。
8. 简述投标报价编制的依据。
9. 投标报价计算的内容有哪些？

第 6 章　造价软件应用

本章学习应掌握内容：

1. 同望 WECOST 造价软件编制步骤；
2. 应用同望 WECOST 造价软件编制施工图预算；
3. 应用同望 WECOST 造价软件编制标底。

6.1　常用造价软件介绍

随着计算机技术的飞速发展，公路工程造价编制工作步入了计算机时代。简明的窗口界面、菜单式的功能显示，易学易用的操作方式等操作软件特有的优点，已经受到了广大使用者的青睐。下面介绍一下当前主要应用的几种工程造价编制软件。

6.1.1　神机妙算工程造价系列软件

神机妙算工程造价系列软件是建设部认定的工程量清单计价软件，从 1992 年研制开发至今，经过不断升级完善，以及本地化的二次开发，其中，工程量自动计算软件，构件钢筋自动计算软件，工程造价软件技术较为成熟。

6.1.2　海德纵横 SmartCost 公路工程造价系统

1. 主要特性、主要功能和特点

“海德纵横 Smartcost 公路工程造价系统”是一套全新设计的公路工程造价软件，具有多项旧式软件所不具备的创新功能。广泛适用于设计、施工招投标、施工成本管理、项目造价审核、监理等领域。

（1）智能定额调整。所有定额调整均自动完成：简单易用，不错不漏，抛弃半手工调整状态。

（2）智能定额逼近。输入定额号时，系统自动根据输入的定额号智能逼近所需的定额，边输入边提示，无需死记定额号。

（3）即时造价计算功能。任何数据一经修改，相关计算结果立即显示，造价即时刷新，便于及时审核单价，发现问题。无需“造价计算”、无需“工料机分析”、无需“分项剖析”。

（4）复制清单。由多人分专业编制，一人合并汇总，组成一个完整的标底文件。

（5）支持定额成批复制——大大减少重复录入工作。

（6）成批计算材料预算单价。

1）在计算材料单价时，对同运距的各种材料只需输入一次计算数据。

2）与“造价管理信息网”结合，自动读取供应价文件中的原价数据，不必一个个输入。

（7）灵活的报表。同类软件的报表多为固定的，不能做任何修改，而实际上项目的报表形式千差万别，用户只能导出到 Excel 后，花大量时间手工修改。使用海德纵横 SmartCost 能快速完成报表编排工作。

1）可自定义报表的基本格式。

2）报表直接保存为 Excel 文件，格式保持完美（直接保存，并非一行一行输出）。

3）可将数据直接复制到 Excel 中，编制特殊报表。

4）提供报表快速定制，报表模板服务。

（8）定额模糊查找。不必强记定额号，省去手工查找的麻烦。试试在定额名称处输入“水泥”，系统立即将名称中含“水泥”的定额过滤出来，大大加快定额选择的速度。

（9）定额打包。将常用的定额组合保存为模板，随时调用。

（10）造价审核/比较。特别适用于造价审核部门，可对上报的造价文件进行对照审核。对于招投标过程，可进行清单项目一级的单价审核比较，利于快速分析投标人报价的合理性，控制不平衡报价。

（11）数据通用性强。

1）报表模板与系统分离。可根据业主对项目单价分析的要求，快速制订报表模板，系统计算结果直接写入模板。

2）报表可直接保存成 Excel 文件，格式保留完整，便于进一步分析、修改。利于投标人根据不同项目的报表格式要求进行修改。

3）兼容同类造价产品数据。

（12）率先解决 m^2、m^3输出问题（而不是只能输出 m2、m3）。

（13）计算灵活。组价方式多样、计算基数无穷、即时计算。

一个项目的组价，可灵活使用定额组价、数量乘单价组价、基数计算、直接输入清单单价等多种计算方法，更加得心应手。

（14）追踪工料机来源。可追踪工料机出处，出自何定额、项目。不仅可得到水泥、沙石的消耗量，还可得到混凝土、砂浆的消耗量。

2. 如何获取帮助

SmartCost 提供了多种帮助方式，除可通过软件的帮助菜单访问帮助信息外，还提供动画教程（例题实战）、常见疑难问题的解答、应用技巧等帮助内容，可不断通过网络更新。因此，建议经常访问 www. smartcost. com. cn 以获取最新的帮助信息。

在使用软件过程中，除可以通过上述方式获取帮助外，软件还对某些内容提供即时注释功能，只需将鼠标指针放在想得到注释内容上（如某一定额），然后停留片刻（约 2s），在随后出现的浮动窗口里将显示与该内容相应的注释。

3. 用纵横 SmartCost 编制概预算

根据工程造价的组成。软件操作围绕三大费用展开，编制造价文件主要进行如下几部分工作：

（1）建立建设项目。需要编制哪个项目的造价文件，则需先建立这样的建设项目。

（2）建立造价文件。造价文件一般以编制范围或标段命名。

（3）建立概预算项目表。即划分该造价文件的项目组成结构，一般按部颁标准项目表进行划分，根据工程项目的规模不同，项目表的划分可粗可细。

（4）为各项目选择计算方式，即套定额计算、数量单价计算或以基数计算。

第一部分，建筑安装工程费，实体项目，一般以套用定额或数最单价类计算；第二、三部分，实为各项管理费用，一般以基数计算。

（5）输人工料机预算单价。第二步中对项目套用了定额，定额内含工料机消耗量，这时录入工料机预算单价，即可计算出造价。

（6）设置工程各项利税费率值。

“各项基数”乘以“利税费率”等于“各项利税费”。

一个建设项目下可能包括多个编制范围或标段。如需对同一项目的不同的范围或不同标段分别编制其造价，则可通过新建多个造价文件进行。

海德纵横 SmartCost 公路造价软件已通过交通部的测评，面向工程管理软件行业，专注工程造价。纵横 SmartCost 独创的清单精灵，按工序引导每个公路清单项目的组价，有效避免错漏项调价功能，深入至消耗量、单价、费率的每一个细节，实现任意单价调整构思。材料预算单价计算简便快捷，直接从材料信息价文件中读取原价，可成批设置运费计算数据。该软件更利于让多人协同工作、标底保密。

6.1.3 同望 WECOST 公路工程造价管理系统

是继同望经典造价软件 WCOST 之后，于 2007 年推出的新一代公路工程造价软件。系统支持公路新旧编办和定额，采用全新的技术架构，功能更加强大，操作更加符合用户习惯，真正实现了多阶段、多种计价模式、网络化、编制审核一体化。性能稳定，使用方便，功能强大，计算准确，数据及时，是目前国内较受用户欢迎信赖的工程造价软件。

6.2 同望造价的安装和进入

6.2.1 同望 WECOST 的主要功能

（1）系统强大的审核功能、数据对比分析功能，使造价管理部门在显著提高工作效率的同时，有力保障造价监管力度和全过程的透明性，杜绝各种不规范行为，有效控制工程投资。

（2）通过网络实现造价文件审核流转、动态审查，满足业主的审核需求，实现造价实时监控、事中控制。方便进行多项目、多阶段的造价管理，对造价数据进行汇总和对比分析，实现科学合理地控制工程投资、有效节约国家建设资金。

（3）为综合性大型施工企业量身定制，实现过去无法做到的企业跨专业项目数据集成问题。有效利用企业知识成果（企业定额），借助信息化手段实现成本控制目标，从中标成本、责任成本和实际成本三个环节进行成本管理，推动企业规模效益升级，从而提升企业的核心竞争力。

6.2.2 同望 WECOST 的系统特点

同望 WECOST 公路工程造价管理系统将计价依据管理系统与编制系统分离，可以为用户定义不同专业、地方或企业的计价依据包，保证了造价管理工作的规范性，保护了自己的知识成果。

该系统采用B/S和C/S架构相结合的技术方案，由网上造价工作平台和单机造价编审系统两部分构成。

（1）界面简洁明快，可分解和组合任意层次的“建设项目”、“单项/单位工程”。可选择不同类型的计价依据，并能将各个子项目的金额灵活汇总，输出项目级报表，让用户总揽全局。

（2）编制造价文件时可以方便的选择系统内置的项目模板或者导入清单，对项目节可自由进行升级降级操作。

（3）系统提供丰富、便捷的标准换算和调整选项，用户只需对调整选项轻轻单击，即可自动完成调整目标。同时可将定额名称智能替换为调整后的名称，还可对相同调整内容的定额进行批量调整。

（4）可以在部颁取费标准的基础上自定义新的取费模板，包括新增费用项目、对取费程序的计算公式任意修改与灵活定义，并可与部颁取费标准进行逐个费用项的对比。自定义的取费模板还可以应用到其他建设项目中，共享用户的成果，统一取费规则。

（5）以往编制一份造价文件最耗费工作量的就是材料计算。现在用户可以建立和维护自己的材料价格库，将其导入到造价文件中，批量进行价格调整，大大提高了编制、审核的效率。

（6）快速、合理的调价是投标报价制胜的法宝，系统提供“正算调价”和“反算调价”两种方式。“正调”可调整工料机消耗量、工料机单价和综合费率；“反调”即通过输入一个控制目标价，系统自动反算出工料机的消耗、单价和综合费率。调价快捷灵活，结果立竿见影，同步输出各种调价后的报表。

（7）系统可以对项目级的工料机汇总（即汇总多个造价文件的工料机），提供多种查询条件查询所需的工料机信息，可以批量调整不同造价文件的材料价格，一次完成所有造价文件的工料机分析计算工作，实时把握材机消耗。

（8）强大的“分项模板”功能，可以保存不同层级的分部分项工程，包括其下属所有定额、工程量、工料机和调整信息。通过鼠标拖拽的方式在同一项目或不同建设项目之间自由复制，还可导出分项模板，实现经验共享，让造价编制信手拈来，变得轻松自如。

（9）支持多级审核，审核时可以对编制文件任意位置进行修改并留痕，各级审核过程用不同颜色标识区分（设置不同部门的审核颜色），方便查看，可查询任意级别审核内容和结果，并输出审核报表。

（10）系统不仅内置了全国各省的公路补充定额，用户还可以方便地把系统定额、补充定额和系统工料机保存到“我的定额库”和“我的工料机库”，并对其进行管理和维护，形成企业定额库。

（11）系统提供对于现有造价软件WCOST的数据接口，造价人员可以将用WCOST编制的概预估算和清单数据完美导入到新系统中继续使用或进入审核流程。

（12）造价工作平台像一条纽带，把各个单机编审软件有序连接。系统通过B/S架构的造价工作平台进行统一的组织机构维护和用户管理，控制造价文件的上传和下载。同时维护C/S软件版本和计价依据组件版本，控制版本升级和发布。

（13）内置丰富实用的项目级汇总报表，包括编制和审核汇总报表。并可批量打印。

（14）同望 WECOST 是 ICMS 整体架构的一部分，可以根据用户管理的需要轻松实现向 ICMS 扩展，满足用户对工程项目全生命周期的造价工作进行全方面、动态管理的需求。

6.2.3 同望 WECOST 的安装步骤

1. 系统硬件要求

配置：主频 1G 以上 CPU，512MB 以上内存，500MB 以上可用硬盘空间。

2. 系统软件需求

系统平台：Windows 2000 /XP

3. 安装系统

（1）运行安装盘中的 SETUP. EXE 文件，出现欢迎界面，单击【下一步】按钮，系统进入下一步操作，单击【取消】退出系统安装。

（2）系统出现是否接受所提出的协议界面，选择【我接受…】并单击【下一步】继续安装，单击【取消】按钮退出安装，单击【上一步】按钮返回上一步操作界面。

（3）系统出现选择安装目录界面，如果不想采用默认安装目录，单击【浏览】按钮设置安装目录，单击【下一步】按钮继续安装，单击【取消】按钮退出安装，单击【上一步】按钮返回上一步。

（4）系统出现确定程序文件夹界面，单击【安装】按钮继续安装，单击【取消】按钮退出安装，单击【上一步】按钮返回上一步操作界面。

（5）系统出现正在安装界面。

（6）系统安装完成，单击【完成】，页面自动关闭。

4. 运行系统

（1）在【开始】菜单中选择【程序】→【WECOST 公路工程造价管理系统】→【WECOST 公路工程造价管理系统】，即可启动系统。

（2）或者双击桌面上的【WECOST 公路工程造价管理系统】快捷图标即可。

6.2.4 同望 WECOST 的启动

正确安装本系统之后，便可运行程序。本系统分为两种登录类型：

（1）登录到网络：在无锁状态下启动系统会提示“未检测到软件锁，系统将转为网络试用版!”登录到网络进行版本试用。网络版用户可通过锁或其他权限，登录到网络。

（2）登录到本地：网络版用户可选择登录到本地，在网络发生问题时也可进入软件。

（3）单机版用户登录：单机版用户只能登录到本地，并进行本地用户管理。第一次登录时用系统管理员的身份登录，用户名：admin，初始密码：12345678，然后单击“管理用户”，在弹出的窗口单击“新增”按钮，创建用户，可以修改用户密码，或删除用户名。或者登录后在【工具】菜单的“管理用户”里也可以进行上述操作。

提示：

（1）本系统的试用版为网络试用，即必须登录网络才能进行版本试用。试用用户的用户名和密码都是“temp”。

（2）网络版用户第一次登录只能选择【登录到网络】。

（3）如果输入的【账号】、【密码】、【网站 URL】错误，系统会弹出提示框。

（4）自动登录：在【是否自动登录】的复选框中“打钩”后，再次启动系统时系统默认上一次的账号和登录方式登录。

6.3 WECOST 造价软件应用

6.3.1 编制流程

编制流程图如图 6－1 所示。

6.3.2 同望 WCOST2000 编制概（预）算文件的应用

步骤一：新建建设项目

（1）在项目管理窗口空白处单击鼠标右键，弹出右键菜单，选择【新建】→【建设项目】，如图 6－2 所示。

（2）在项目管理界面，选择【文件】菜单→【新建建设项目】。

在弹出的创建建设项目对话框中，输入【编号】、【名称】，选择【编制类型】，然后单击【确认】，即完成创建建设项目，如图 6－3 所示。

建设项目建立好以后，选中新建的建设项目，双击项目编号、项目名称处可以修改该建设项目的【编号】和【工程名称】，或者直接在右栏的【基本信息】中修改相关信息，如图 6－4 所示。

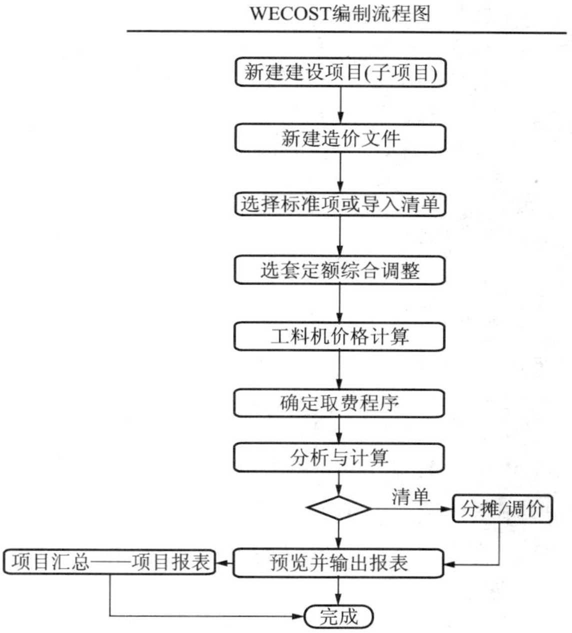

图 6－1　编制流程图

说明：建设项目的编制类型是用来控制项目报表的输出的。如选择建议估算类型，则只汇总输出建议估算报表。

图 6－2　新建建设项目

步骤二：新建造价文件（如图 6－5）

（1）新建预算书

1）选中子项目单击鼠标右键，选择【新建】→【造价文件】。

2）选择【文件】菜单→【新建造价文件】。

3）单击快捷键新建造价文件。

根据工程实际情况，填写项目基本信息。

（2）基本操作

1）复制、粘贴。可以对建设项目、子项目、预算书进行复制、粘贴操作。

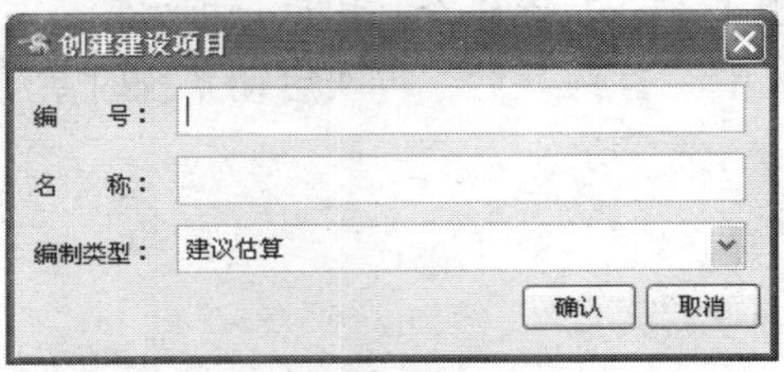

图 6－3　创建建设项目对话框

复制：选中目标源，单击鼠标右键选择【复制】。

粘贴：选择要粘贴的位置，单击鼠标右键选择【粘贴】，系统提示：“粘贴成功”。

2）删除。选中要删除的文件，单击鼠标右键选择【删除】，系统会询问：“你在删除《＊＊＊》前，是否先导出文件?”

选择【是】指定导出文件路径后保存，【否】系统再次询问：“是否确定真的删除《＊＊＊》?”

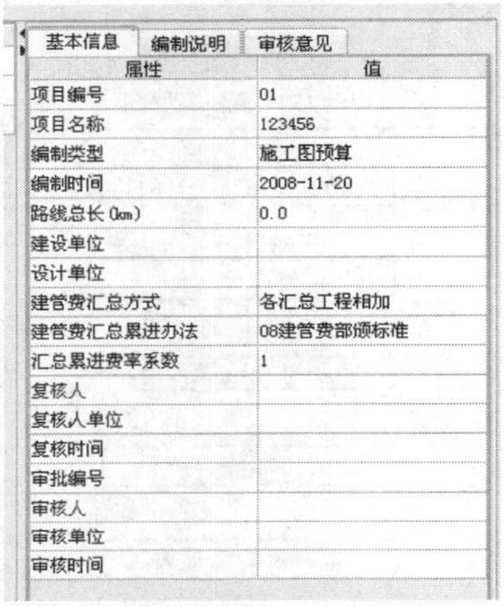

图 6－4　基本信息

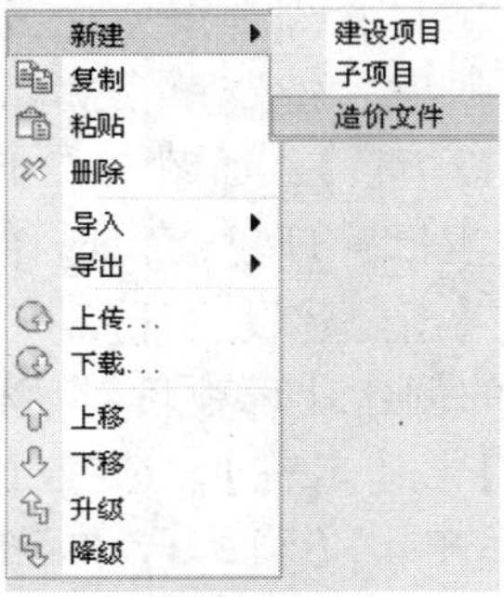

图 6－5　新建造价文件

选择【是】删除选定记录，选择【否】撤销删除操作。

步骤三：预算书操作

打开造价文件后，默认显示“预算书”界面，如图 6－6 所示。

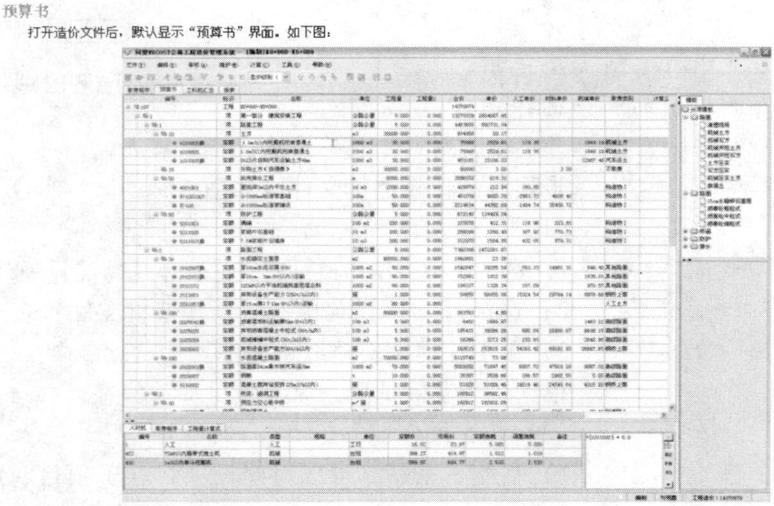

图 6－6　“预算书”界面

（1）选择标准项。在“预算书”界面的空白处，单击鼠标右键【选择】→【标准项】，系统弹出选择标准项对话框，选择节点后，双击或单击鼠标右键选择【添加选中】即可。

（2）增加前项、后项、子分项。

在“预算书”界面选择要增加的位置，单击鼠标右键选择【增加】→【项】。

选择【增加】→【后项】，在选中项的后面增加一个非标准项。

选择【增加】→【子分项】，在选中项的下级节点增加一个非标准项。

说明：在估算、概算、预算的第一部分下增加项或清单同级的数量单价类，需注意以下约定：

1）项或清单同级的数量单价类：单击鼠标右键选择【增加】→【前项】或【后项】或【子分项】或【清单】，输入【编号】、【名称】、【单位】、【数量】，在【人工单价】或【材料单价】或【机械单价】列中输入相应的单价，并选择相应的取费类别，即可进行计算。

如不需计算技术装备费、利润、税金，可将取费类别设置为独立取费，并勾选不需计算的项目。

2）项或清单同级的计算公式类：单击鼠标右键选择【增加】→【项】或【清单】，输入【编号】、【名称】、【单位】，然后在【计算公式】列直接填入计算公式，如10000＊3：

也可单击【计算公式】右侧的按钮，弹出“取费基数编辑对话框”。在【费率】或【费用项目】标签下，双击选择费率项或费用项，在上半视窗的多行文本框中可任意编辑公式。

步骤四：选套定额

（1）选套定额方法。

1）方法一：选择增加的位置，单击鼠标右键【选择】→【定额】，弹出选择定额对话框，从定额的下拉框中选择需要的定额库（系统默认的定额库是创建预算文件时的定额库），然后再找到所需套用的定额子目，双击左键选入或者单击鼠标右键选择【添加选中行】，如图6－7所示。

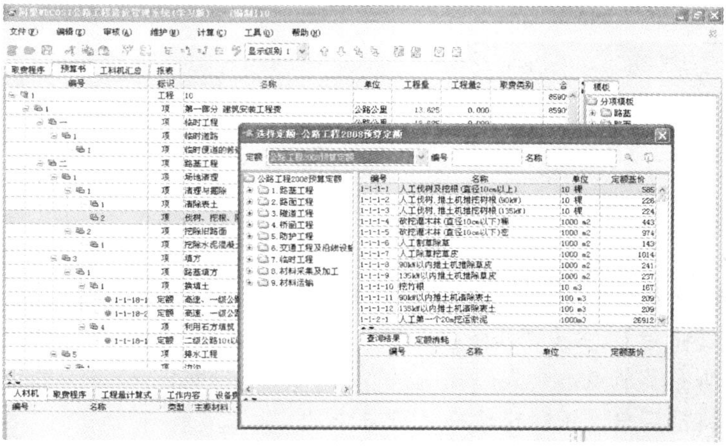

图6－7 选择定额

小技巧：在新增的空定额编号栏中输入定额号后回车，光标自动跳到工程量一栏，输入【工程量】及选择【取费类别】后回车，系统自动增加下一条空定额，可参照上述方法增加完所有的定额。

2）方法二：选择增加的位置，单击鼠标右键【选择】→【工料机】，弹出选择工料机对话框，从工料机的下拉框中选择需要的工料机库，然后选择要增加的人工、材料、机械，双击或单击鼠标右键选择【添加选中行】，则将工料机添加到预算书中。

3）方法三：选择增加的位置，单击鼠标右键选择【增加】→【人工】/【材料】/【机械】，输入新增的工料机【编号】、【名称】、【单位】、【工程量】、【工料机单价】、【取费类别】等信息后回车，系统自动增加下一条工料机。

（2）填写桥长米、公路公里。

单位为桥长米：在新建造价文件时，选择的项目模板为【部颁独立桥梁模板】。

单位为公路公里：在新建造价文件时，选择的项目模板为【部颁路线工程模板】。

在“项目管理”界面的造价文件基本信息栏中输入【设计长度】（指路线工程，单位为公路公里的工程量）/【桥长米】（指桥梁工程，单位为桥长米的工程量）或在“预算书”界面中，单击鼠标右键选择【修改预算书属性】，输入【设计长度】/【桥长米】后，在预算书界面单击鼠标右键选择【填写公路公里】/【填写桥长米】，系统自动将数值填写到单位为公路公里或桥长米的“工程量”中。

（3）分部分项及子目信息。对定额进行调整后，会在定额编号处标一个“换”字，在主表备注中会标注有该定额所有进行调整过的信息，工料机窗口中相应记录的备注中也会有标明，还可以在调整信息窗口查看关于该定额的所有详细的调整信息。

图6-8　预算书属性

例：对定额2012007中进行了厚度、配比、材料价格做了调整。

（4）修改预算书属性。在“预算书”界面，单击鼠标右键选择【修改预算书属性】，弹出修改预算书属性对话框，用户可以直接选择/修改造价文件属性值，如图6-8所示。

（5）填写工程量。系统默认设置子项工程量继承父项工程量，所以在上级节点填写工程量时，下级节点自动继承。同时，当修改上级节点工程量时，下级节点工程量也自动修改。

如不需要自动继承工程量功能，可在【工具】菜单→【系统参数设置】处，把“是否自动填写工程量”的值设置为“否”。

（6）工程量乘系数。选择需要调整工程量的记录（项、子项、定额、工料机），单击鼠标右键菜单选择【批量】→【工程量乘系数】，输入工程量系数后确定即可。如选中的是上级节点，则其下所有子节点也会乘以相应系数。

步骤五：工料机汇总，工料机价格计算

（1）定额选套后，进行工料机分析，在形成的工料机文件中，计算运费或导入已有的材料单价，如图6-9所示。工料机分析是单位工程造价基础数据分析，是各类费用的计算基础。工料机分析包括工料机消耗量汇总、工料机分项汇总、工料机预算价确定、机械台班单价计算、材料单价计算等。

进入“工料机汇总”窗口，系统会自动汇总当前单位工程的工料机编号、名称、单位、消耗量及单价信息，并按人工、材料、机械分类。

（2）车船税维护。在项目管理或预算书界面，单击【维护】菜单→【车船税维护】，进入车船税维护界面，如图 6－10 所示。

图 6－9　工料机价格计算

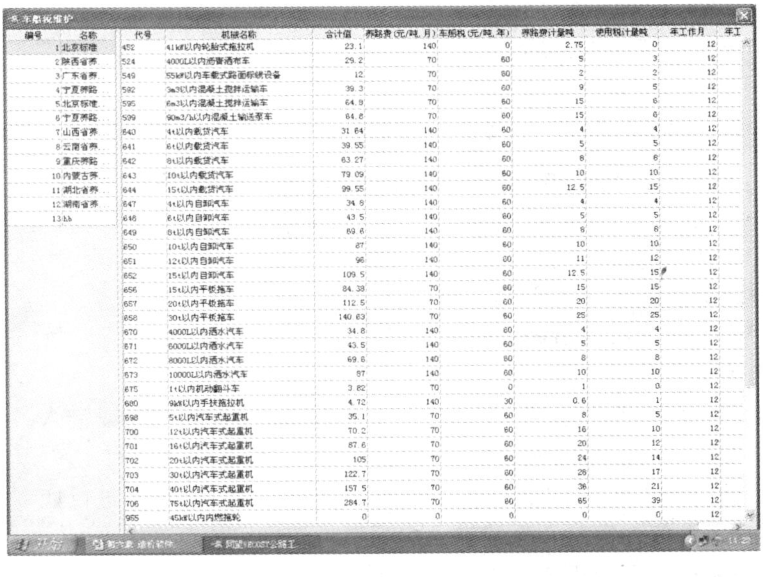

图 6－10　车船税维护界面

修改数据：在左栏中选择标准后，在右栏中【养路费】、【车船税】、【养路费计量吨】、【使用税计量吨】、【年工作月】、【年工作台班】处双击可修改原有数据，修改后回车确认，系统自动刷新【合计值】。

增加数据：在右栏处单击鼠标右键选择【增加】，系统自动在末尾处增加一条新记录，输入【代号】、【养路费】、【车船税】、【养路费计量吨】、【使用税计量吨】、【年工作月】、

【年工作台班】，系统自动计算【合计值】。

删除数据：选择要删除的记录，单击鼠标右键选择【删除】，该条记录被删除。

导入数据：右键导入，选择 . txt 格式的车船税标准，确定导入。

导出数据：选择要导入的车船税标准，右键导出，在弹出的对话框中选择保存路径，确定导出。

说明：操作数据完毕退出该维护界面，系统会自动进行保存。

（3）起讫地点。系统可以保存材料的起讫地点，以方便在【工料机汇总】的材料单价计算【采购点】窗口选择。

新增：单击【新增】，输入【起点】、【终点】、【运距】、选择【运输工具】后回车即可，如图 6－11 所示。

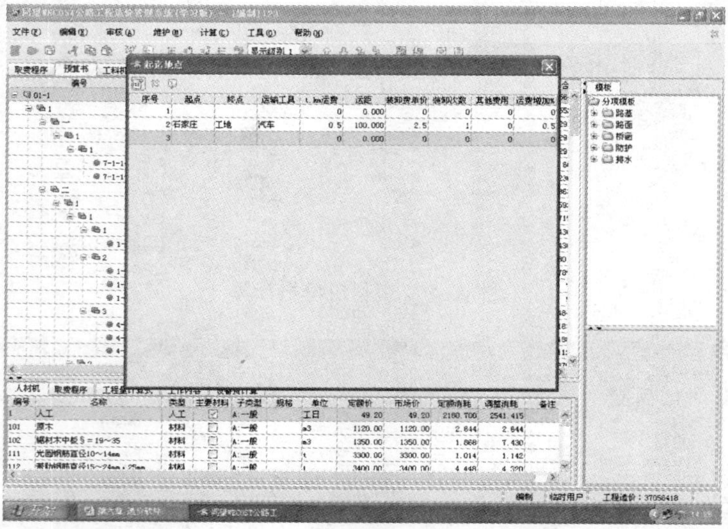

图 6－11 起讫地点输入

删除：选择要删除的记录，单击［删除］即可。

保存：用户操作完毕后单击关闭时系统自动进行保存。

步骤六：确定取费程序

切换到“取费程序”窗口，首先，设置项目属性值，直接选择或输入各项属性值即可。然后，选择计费模板，可使用部颁模板，也可以自定义模板。

（1）取费计算。切换到“取费程序”窗口，如图 6－12 所示，进行如下操作：

1）设置项目属性值，直接选择或输入各项属性值即可。

2）选择计费模板：可使用部颁模板，也可以自定义模板。

（2）取费自定义。

自定义模板：即自定义新的计费模板。可以定义计费方式、增加或删除计费项目等。

单击【自定义模板】，在弹出对话框中填写模板名称，在下拉列表中选择参照的系统模板。

步骤七：分析计算

分析计算是建设项目各项费用的综合分析，是各类报表的数据源。在分析计算以前，应完成选套定额、确定工程量、工料机分析计算、选择取费模板以及设置项目属性，最后进行

图 6－12　“取费程序”窗口

分析计算。

选择取费模板后，单击菜单【计算】→【分析计算】，系统进行分析计算。

说明：有多个取费模板时，系统按当前取费模板进行造价计算。切换取费模板后，需重新分析计算。

步骤八：分摊/调价

（1）分摊。系统提供三种分摊方式：按清单金额比重分摊、按集中拌混凝土（水泥）用量分摊和按沥青混合料用量分摊。分摊界面分为 3 个窗口：分摊方式、分摊源和分摊目标。

1）新增分摊。在“分摊方式”窗口空白处单击鼠标右键选择【新增分摊步骤】，或者单击左侧工具栏的新增图标，输入分摊方式的名称。

2）确定分摊源。在右上“分摊源”窗口空白处单击鼠标右键选择【新增分摊源】，也可直接单击右侧的图标新增分摊源。

弹出选择分摊源界面，选中分摊项后单击【添加选中】。

3）确定分摊目标。在右下“分摊目标”窗口单击鼠标右键选择【新增分摊目标】，也可直接单击右侧的图标新增分摊目标。

在弹出的界面选择所需要分摊至的清单项，可以通过 Ctrl、Shift 键或者鼠标拖选的方式选择，单击【添加选中】。

4）分摊计算。在左边“分摊方式”窗口选择分摊计算方式【JE】、【SN】或【LQ】的其中一种［分别代表“按清单金额比重，按集中拌混凝土（水泥）用量和按沥青混合料用量分摊”］进行分摊计算，也可以通过鼠标右键选择任一方式进行分摊计算。系统即自动计算出分摊目标各自所占比例和分摊金额。

如果需要调整分摊比例，则可以直接在比例框中输入新的比例值，系统会自动计算新的分摊金额。

其他分摊方式分摊操作同上。

说明：分摊后的“分摊源”项不再出现在“标表2 工程量清单”中。

5）删除分摊。单击“分摊方式”窗口左侧的图标，可以删除选中的分摊步骤。

（2）调价。系统提供“正向调价”和“反向调价”两种调价方式，可反复调价直至所需报价，并同步输出调价后的各种报表。

1）正向调价。正向调价可调整：工料机消耗量，工料机单价和综合费率。具体操作方式如下：

① 直接在父节点处输入工料机消耗、单价或费率的调价系数，子节点自动按此系数调整。

② 单击正向调价按钮，则“目标报价”栏的“综合单价”和“金额”计算出新的结果。

调价后可以在“差额”栏对比所调清单项的“单价差额”和“合价差额”。

2）反向调价。输入一个目标控制价，系统即根据选择条件反算报价。反向调价有三种方式：反调工料机消耗计算、反调综合费率计算和反调综合单价计算。

① 反调工料机消耗计算：先设置复选条件，确认是否对人工、材料或机械同时进行调整，然后输入目标控制价后单击按钮即可。

② 反调综合费率计算：输入目标控制价后单击按钮。

③ 反调工料机单价计算：输入目标控制价后单击按钮。

3）停止、撤销调价。在进行调价的过程中，如需中止调价，可直接单击“停止”按钮。停止后，系统会取误差最小的系数作为调价系数。

单击调价工具栏的删除图标，可以撤销选中节点的调价计算。

单击清空图标撤销所有调价计算。

4）设置不调价

① 设置子目不调价。调价界面，在不参与调价的分部分项或定额的［不调价］复选框中勾选即可。

② 设置工料机不调价。切换到工料机汇总界面，在不参与调价的工料机的［不调价］复选框中勾选即可。

③ 设置费率不调价

a. 全局费率设置：切换到取费程序界面，在不参与调价的费率项的［不调价］复选框勾选即可。

b. 局部费率设置：如果只有某一分部分项下的某一费率不调价，则，切换到预算书界面，在该分部分项的取费程序处设置独立取费，并在不参与调价的费率项的［不调价］复选框勾选即可。此操作会影响该分部分项下，所有和该分部分项相同取费类别的定额的费率，使之不调价。

步骤九：输出报表

报表包括“预算书报表”和“项目报表”，其中，报表又分为“编制报表”和“审核报表”。

选择【文件】菜单→【打印报表】，弹出“连续打印报表”界面，选择汇总项目，可以批量打印该项目的项目报表。如果要打印某一个造价文件的预算书报表，则选择该造价文件，即可在不打开预算书编制界面的情况下连续打印其下的所有预算书报表。

复习思考题

1. 简述同望 WECOST 造价软件编制施工图预算步骤。
2. 简述选套定额的方法。
3. 简述取费程序步骤。

第7章　公路工程费用结算与竣工决算

本章学习后应掌握

1. 工程费用结算概念；
2. 工程费用结算内容；
3. 工程支付种类和方法；
4. 竣工决算的作用；
5. 编制竣工决算的程序及方法；
6. 看懂竣工决算的表格。

7.1　工程费用结算

7.1.1　工程费用结算的概念

公路工程项目建设费用根据内容、性质不同可分为：建筑安装工程费；设备及工具、器具购置费；工程建设其他费用三大类。

在三大费用中，建筑安装工程费所占比例最大，同时，也是受各种因素影响最大、最复杂的一类费用。在施工阶段特别是工程竣工后合理确定这部分费用，是公路工程造价管理、控制、结算的主要内容。因此通常所指的工程费用结算就是建筑安装工程费部分的结算。

工程费用结算从广义来说，是合同双方按完成的合格工程量或工作量，依据协定的计价条款及有关规定，合理确定造价并办理支付的过程。公路工程费用结算按要求、作用、时间的不同可分为期中结算（按月结算）和竣工结算两种。

期中结算是工程还未完工，业主（建设单位）根据监理工程师签认的某一时期内“中间计量证书”中合格工程量及相应单价确定承包商（施工单位）应获取的工程款项，以及工程变更、工程索赔、价格调整等承包商应获得的其他款项，作为期中支付（进度款）的依据。

竣工结算是工程竣工后，业主与承包商之间对于承包工程内容进行的建筑安装工程费的结算，是根据合同条款，有关造价法规以及施工阶段发生的工程变更、工程索赔、价格调整等实际变动情况，对原合同协议价格进行调整修正总结的技术经济文件，也是期中结算的最终汇总。

竣工结算是公路工程项目建筑安装工程费用部分的多次计价中，经过投资决策阶段算价，设计阶段的设计概算价、预算价，招投标阶段的标底价、合同价之后最后一次准确、合理确定的造价，是前几阶段“预计”造价的实际修正结果。

公路工程项目根据路基中小桥、大桥、特大桥、互通立交、路面、隧道、交通工程及安全设施、沿线房建等不同的技术施工特点和路线长度划分不同的标段（合同），分不同的承包商负责施工，每个合同的结算造价按各自的工程内容进行计算，整个项目竣工结算是所有工程标段的竣工决算费用之和。

7.1.2　工程费用结算的内容

工程费用结算的实质是根据完成的合格工程量或工作量进行合理计价并办理支付的过程，包括计量、计价、支付等工作内容，是业主、监理工程师、承包商共同参与完成的工作。

以目前普遍采用的单价合同为例，进行结算的内容包括构成合同价格的工程量清单中的工程细目、计日工、暂定金额项目费用，也包括在工程实施过程中引起合同价格发生变化的工程变更、索赔、价格调整等项目费用。对这些项目进行计量、计价并进行支付，就构成了公路工程项目结算的内容。

因此，工程费用结算包括确定已完工程造价（计量、计价）和结算费用支付两大内容。其项目构成如图7－1所示。

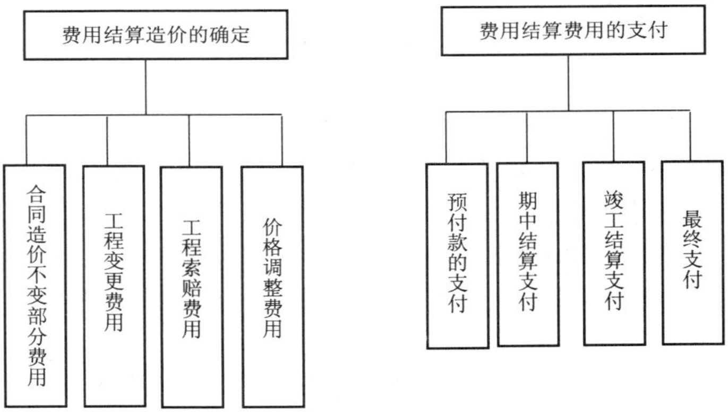

图7－1　工程费用结算构成图

费用结算是以合同价格为基础，经过施工阶段“期中结算”对已完工程量或工作量逐期进行确定及调整，最终确定的实际造价反映在项目竣工后的“竣工结算”中。

1. 合同价格

合同价格是业主与中标承包商签订的合同中的工程数量清单及其造价，是合同文件的组成部分。

（1）合同价格的构成。不同的合同类型，（总价、单价、成本加酬金合同等）有不同的合同价格的构成形式，下面以单价合同加以说明。我国目前实施的单价合同，是按照《公路工程国内（际）招投标文件范本》要求编制，是全费用单价。是把工程技术、法律、经济、管理等有机结合起来的合同条件，特点是固定单价，工程量按实际计量进行结算。单价合同的合同价格是在工程量清单汇总表中的投标总价金额。

（2）工程量清单格式——费用组成。不同工程项目合同文件中的工程数量清单格式与内容不尽相同，交通部颁发的《公路工程国内（际）招标投标文件范本》（以下简称《范本》）中工程量清单是由前言（说明）、工程细目表、计日工表和工程量清单总表四个部分。

1）工程细目表金额。工程细目表是根据公路工程的不同部位和施工内容进行分类的。如《范本》中分总则、路基、路面、桥梁涵洞、隧道、安全设施及预埋管线、绿化及环境保护、房建工程共八章。每章根据工作性质、内容再分为不同的细目，章与细目按顺序进行编号。每一细目的金额是由招标文件中的工程数量与中标单位填报的单价相乘而得，每一章的金额是该章所包括的所有细目金额之和，把合同中所有章的金额汇总就可得到合同价格中工程细目表金额。

工程细目表金额与概预算定额计价形式相似。但在细目划分、内容、单位、单价等方面有所不同，主要体现在：

① 工程细目的划分。为便于承包商投标报价及工程实施过程对工程量计量、计价、支付工作的简化，在预算定额细目划分基础上进行综合与概括，往往一个细目的工作内容及单价是预算定额中几个细目的工作与单价之和。

② 把概预算中的临时工程、临时设施项目，以及实体工程量细目之外，概预算中没有但与工程实施有关的项目列在工程细目表第100章《总则》之中。如各种保险费、承包人驻地建设费等，计量单位一般以总额计。

③ 工程量清单中各细目的单价是综合单价，包括完成每个细目计量单位的工程量所花费的直接费、间接费、利润、税金等一切有关费用，以概预算文件资料进行报价时应进行适当的归纳与调整。

2）计日工金额。计日工是有别于工程概预算定额的一类费用，是指工程实施中，在工程细目表以外，有一些临时性的或新增的小型变更项目，为避免按工程变更处理的繁琐程序，通过监理工程师指示承包商按计日工方式完成，以计日（或计时）使用人工、材料、施工机械所需的费用进行结算。计日工分计日工劳务、材料、施工机械单价表，招标文件中的计日工数量一般是根据经验估计的数量，承包商投标时按估计数量填写单价、金额，并汇总而得到合同价格中这一部分的金额，列于汇总表中。

3）暂定金额。暂定金额是工程细目金额与计日工金额之和为基数，确定一个百分比计算的暂定费用（如3%～7%），与概算计价中的预备费相似。这部分费用一般由业主掌握，用于支付工程细目表与计日工金额超支部分以及由工程变更、索赔、价格调整及施工阶段出现无法意料情况增加的其他费用。其支付的范围、条件、要求等应在合同条款中明确。

由以上几个部分的费用之和构成的合同价格，是以施工前预计数量为依据的，只能作为工程项目结算的基础性资料，工程项目结算要按照完成的准确数量及其他变动情况。

（3）合同价格不变部分结算内容。合同价格不变部分结算是指工程量清单中细目的工作性质及单价均维持不变，以计量的已完合格工程量或工作量确定的造价。

1）工程量清单中第100章《总则》的项目。

2）工程量清单中细目、单价不变的工程项目。

3）计日工结算。

这部分内容结算比较简单，是根据已计量的合格工程量或工作量与工程量清单中相应细目单价相乘并汇总，结果列于有关支付表中。

(4) 合同价格不变部分结算程序

1) 确定已完工程数量。计量是指对承包商已完成的工程量或工作量进行测量、计算并确定的过程，计量必须严格按照合同文件中计量的规定进行，所依据的合同文件与资料有技术规范、图纸、工程量清单及前言、其他合同文件、勘测资料、有关计量的补充协议。

只有完成了项目包括的所有细目的各项工序，形成符合合同中技术规范要求的“产品”，通过有关的质量检验才能计量。

除变更工程外，所有计量项目应该是工程量清单中的所列项目与细目，离开了合同文件的计量，实际上是对合同的一种间接变更。

对于某些特殊部位的细目工程，达不到质量标准但相差不大，在不影响项目正常使用功能且返工困难时，经各方协商同意，以该部分费用的百分比计算结算造价。

2) 计量的程序及结果。计量根据时间、要求不同可分中间计量与完工计量。工程计量一般按实地测量与勘查、室内按图计算、依据现场记录等方式进行。

2. 工程变更造价的结算

(1) 影响合同价格变化的原因。公路工程施工周期较长，各种因素的变化都可能影响工期和造价，使其发生变化。这是工程建设各方所面临的风险。每一影响因素的变化导致工程造价变化的处理方法、程序和由谁承担损失，在合同有关条款中都应明确规定。如何根据具体变化因素及合同条款规定，确定承包商应获取的变更费用，是工程项目结算的一项重要内容。

归纳起来，影响合同价格变更的因素有设计变更、进度计划变更、施工条件变化，技术标准变更等因素。至于由社会因素（物价、法规、汇率、动乱、战争等）、自然因素（洪水、地震等）、业主及其代理人（监理工程师）的工作失误等引起的合同变更对造价的影响，在工程索赔、清单中总则的保险细目、价格调整等相关内容中处理。

(2) 工程变更的内容及调价的判别标准。根据《范本》，工程变更包括以下六个方面的内容：

1) 增加或减少合同中包括的任何工作的数量。

2) 取消合同中的任何单项工程。

3) 改变合同中的任何工作的性质、质量或种类。

4) 改变本工程任何部分的标高、线形、位置和尺寸。

5) 完成本工程所必需的任何种类的附加工作。

6) 改变本工程任何分项工程规定种类的附加工作。

在上述范围内发生的工程变更能否调整承包商工程造价（能否立项），是工程变更结算的关键工作，也是施工过程中争议、扯皮较多的内容，应严格按照合同条款的规定进行处理。根据变更的种类、原因以及不同的合同类型，在常规条件下判别是否调价。

(3) 变更工程估算费用。变更工程立项之后，应进行费用的估算。估算的费用并不是最终的结算，类似于编制的变更工程“工程量清单”，变更工程与合同价格不变部分的结算一样，要经过计量、计价与支付等过程。

变更的形式有：变更工程数量、工程项目内容及单价不变；变更单价，原项目内容及数量不变；项目内容、单价、数量全部变更（包括项目工作被取消）；新增工程，即项目、单价、数量全部是增列的；

变更工程估算的主要工作包括确定细目、计算变更工程量和确定单价与金额。

1）确定细目。通常按下列原则确定：

① 变更工程如与工程量清单中有相同的项目和细目，应与工程量清单中的细目划分及计量要求一致。

② 工程量清单中没有相同的新增项目，必须首先明确工程细目的计量要求、技术标准以及每个计量细目所包括的所有工作内容。

2）计算变更工程量。按照变更工程项目、细目的划分内容，根据变更设计图纸及联测资料计算变更工程各项目、细目的预计工程数量。

变更工程的工程量也应按要求与程序进行计量，计量的结果汇总于“中间计量证书”和“竣工计量证书”等有关表格之中，结算按计量的工程量进行。

3）确定单价与金额

① 单价的确定依据

一般按下列顺序确定变更工程的单价：

a. 采用工程量清单内相同项目、细目的单价。

b. 采用合同内规定的单价计算方法。

c. 采用国家、省（市）级机构颁布的概预算定额及价格参考文件。

d. 采用承包商在投标时所提供的单价分析表及实际支出证明协商单价。

e. 采用计日工单价。

② 确定单价应注意：

a. 有些项目取消，但由于被取消项目是承包商在不平衡报价中单价很高的项目，导致其他单价不合理，承包商提出单价或金额的调整要求，应合理地分析确定。

b. 有的项目规定，第100章总则各细目属于包干项目，如变更工程引起工程量增加较大，承包商提出按其他部分工程造价增大的比例进行调整，也应酌情考虑。

3. 工程索赔费用结算

索赔是当事人一方在工程承包合同履行过程中，由于另一方未履行合同所规定的义务或不可抗力因素而遭受损失，向另一方提出赔偿要求的行为。承包商向业主索赔为施工索赔，业主向承包商索赔为业主反索赔，对于承包商而言，索赔的对象一是业主，一是保险公司。索赔的内容包括工期索赔与费用索赔，费用索赔是索赔的最终目的，工期索赔很大程度上也是为了费用索赔。

索赔费用结算就是把合同履行过程中所发生的每一次施工索赔（如有业主反索赔，则应扣减）费用汇总，是承包商在合同价格之外获得的费用补偿。

我国目前工程管理水平较低，业主、承包商都很难严格执行合同，常常双方都有违约行为，而且索赔的意识不强。随着建筑市场法制化、规范化以及工程管理水平的提高，合同意识特别是索赔行为将会越来越得到重视和应用。

（1）索赔费用项目。索赔费用项目是用来计算索赔额的费用内容，与合同报价包含的内容相似，包括：

1）人工费。

2）材料费。

3）机械使用费。

4）工地管理费。

5）其他费用：如总部管理费、分包费、保险费、利息等附加费等。

（2）索赔费用项目的取值原则

1）停工、窝工的人工费计算方法。

合同中规定了计算方法的，原则按合同中规定的计算方法计算。

合同中未规定计算方法的可参考计日工单价、人工费预算单价、当前的人工工资水平计算。

在此基础上确定停工、窝工的工日单价与实际的停工、窝工时间计算索赔人工费。

2）机械设备停置费的计算。

合同中规定了计算方法的，原则上按合同中规定的计算方法计算；

合同中未规定计算方法的，可参考下列公式计算：

机械停置合计单价 =（折旧费 + 大修理费）×% + 经常修理费 + 机上人员工资 + 车船使用费。

其中，折旧费、大修理费是指机械台班费用定额中每台班的折旧费和大修理费，百分数（%）可查有关规定。机上人员工资按停工、窝工费的计算方法确定。

如果是租赁机械，一般按实际租金和调进调出费的分摊计算。

确定台班单价后，根据停置时间计算机械停置费。

3）材料积压费用（停工使工地材料积压）。

合同中已支付材料预付款的，原则上不考虑材料积压损失费。

合同中未支付材料预付款的，可根据材料费价格及积压材料的费用总额计算利息。

对于有龄期材料，当材料积压时间太长时，应根据实际情况考虑材料超过龄期后报废的损失。

4）停工期间的管理费。

可根据实际情况由业主、监理工程师、承包商协商确定（主要考虑现场管理费）。

按辅助资料表的单价分析表中的管理费比例，测算管理费占合同总价的比例，确定合同总价中的管理费总额，再根据项目合同工期测算承包商每天的现场管理费总额。最后根据停工时间确定停工期间所发生的管理费总额。

5）延长工期后的费用。

工程保费追加可根据保险单或调查所得的保险费率来确定保险费用（当合同规定由承包商办理工程保险时）。

承包商临时设施维修费，如已包含在现场管理费用之中，则不另行计算，否则可根据延长时间由业主、承包商、监理工程师协商确定维护费用。

延长期间的临时租地费可根据租地合同或其他票据参考确定（当合同规定临时租地费用业主承担时）。

临时工程的维护费可根据临时工程的性质及实际情况由业主、承包商、监理工程师协商确定。

（3）计算索赔金额

1）计算的原则。费用索赔以补偿和赔偿实际损失为原则。实际损失包括：

① 直接损失：承包商财产的直接减少，常表现为成本的增加和费用的超支。因不可抗力因素或不可预见事件情况，往往只补偿这部分损失。

② 间接损失：承包商获得利润或其他利益的减少，如管理费、利润等，因业主及其代理违约等原因往往还要赔偿这部分损失。

在索赔值的计算中还必须考虑：

扣除承包商自己责任造成的损失：

符合合同规定的赔（补）偿条件，扣除承包商应承担的风险。

2）计算方法

① 总费用法。总费用法是发生多次索赔事件之后，重新计算竣工工程的实际总费用，实际总费用减去投标时合同价，即为索赔金额。总费用法的实质是合同类型转化为成本加酬金合同的形式进行结算。其计算公式为：

$$索赔金额 = 实际总费用 - 合同价 \tag{7-1}$$

这种计算方法的缺点一是实际总费用中可能包括了承包商自身原因（如管理不善）而增加的费用；二是承包商投低标中标而使承包商无形中得到补偿。因此，只有索赔较多难以计算索赔费用时才采用这种方法。

② 修正的总费用法。修正的总费用法是对总费用法的改进，修正的内容如下：

将计算索赔款的时段局限于受到外界影响的时间，而不是整个施工期。

只计算受影响时期内的某项工程所受影响的损失，不计算竣工时期内所有施工工作所受的损失。

与该项工作无关的费用不列入总费用中。

对投标报价费用重新进行核算。受影响时期内该项工作的实际单价，完成的竣工工作的工作量，得出调整后的报价费用。

修正后的总费用法，有了实质性的改进，准确程度已接近于实际费用，计算公式

$$索赔金额 = 某项工作调整后的实际总费用 - 该项工作的合同费用 \tag{7-2}$$

③ 分项法。按每个索赔事件所引起损失的费用项目分别分析计算索赔值的一种方法。在工程实际中绝大多数工程的索赔都采用分项法计算。

分项法计算分三个步骤：

a. 分析每个或每类索赔事件所影响的费用项目。

b. 计算每个费用项目受索赔事件影响后的数值，通过与合同价的费用值进行比较。得到该项费用索赔值。

c. 将各费用项目的索赔值汇总，得到总费用索赔值。

分项法中索赔费用主要包括该项工程施工过程中所发生的额外人工费，材料费、机用费、相应管理费，以及应得的间接费和利润等。

4. 合同价格调整费用结算

合同价格调整是指合同实施阶段由于物价上涨及法规、政策的变化引起合同价增减，按合同条款规定对承包商合同价进行调整的过程。

这里所指的价格调整并不包括工程变更与索赔等引起的合同价增减。能否进行价格调整，关系到物价上涨及法规、政策变化引起的工程风险由哪方承担的问题。如合同规定允许

调价，风险由业主承担；反之，风险由承包商承担。因此，合同价格调整的前提是合同中有规定调价的条款。

物价上涨引起的调价一般是指在合同执行期间，随着劳务、材料或影响工程施工成本的任何其他事项的价格涨落而引起费用增减时，应根据合同条款的规定给予调价，将此费用加到合同价格中或从合同价格中扣除。

调价方法有公式法与价差法两种。具体方法参见《范本》或招标文件中要求，本书从略。

7.1.3　工程结算费用支付

1. 工程结算费用支付的种类

支付可以分为很多种，通常有以下几种分类方法：

(1) 按时间分类。按时间分类，支付可分为预先支付（即预付）、期中支付和交工支付、最终支付四种。

1) 预付。《范本》规定的预付款主要在两类，开工预付款和材料、设备预付款的支付，是由业主提供给承包人的一笔无息贷款，支付后按一定条件扣回。

2) 期中支付。如前所述，其一般是按月支付，即按本月完成的工程价值及其他有关款项进行综合支付，由监理工程师开出期中支付证书来实施。

3) 交工支付。即在项目完工或基本完工，监理工程师签发交工证书后办理的支付工作。

4) 最终支付。即在缺陷责任期结束后，监理工程师签发缺陷责任证书后，办理的最后一次支付工作。

(2) 按支付的内容分类。按支付的内容可分为工程量清单内的付款和工程量清单外的付款，即基本支付和附加支付。工程量清单内的支付就是按合同条件和技术规范，监理工程师通过计量，确认已完工程量，然后按已确认的工程数量与报价单中的单价估算和支付工程量清单中的各项工程费用，简称为清单支付。工程量清单之外的支付就监理工程师按合同条件的规定，根据工程实际情况和现场证实资料，确认清单以外的各项工程费用，如索赔费用、工程变更费用、价格调整等，简称为附加支付。

(3) 按工程内容分类。可为分总则、路基工程、路面工程、桥涵工程等。

(4) 按合同执行情况分类。根据合同执行是否顺利，可分为正常支付和合同终止支付两类。正常支付，就是为方与承包人双方共同遵守合同，使合同按规定内容顺利完成。合同终止的支付是指合同无法继续执行，可能是承包人违约，受到业主驱除，还可能是特殊风险使合同终止。

2. 开工预付款的支付

《范本》规定：在承包人提交了履约但保和签订了合同协议书并提交了开工预付款担保 14d 内，监理工程师应近按投标书附录中规定的金额签发开工预付款支付证书，并报业主审批。

开工预付款的担保金额应等于开工预付款额，银行保函的正本由业主保存，该保函在业主将开工预付款全部扣回之前一直有效，担保金额将随开工预付款的逐次扣回而减少。

业主应在该支付证书收到后14d内核批，并支付开工预付款的70%的价款；在投标文件载明的主要设备进场后，再支付预付款的30%。

开工预付款在期中支付证书累计金额未达到合同价格的30%之前不予扣回，在达到合同价格30%之后，开始按工程进度以固定的比例（即每完成价格1%，扣回开工预付款的2%）分期从各月的支付证书中扣回。全部金额在期中支付证书的累计金额达到合同价格的80%时扣完。

3. 材料、设备预付款的支付

《范本》规定：业主应给承包人支付一定比例的材料、设备预付款，以供购进将用于和安装永久工程中的各种材料、设备之用。此项金额应按投标书附录中写明的主要材料、设备单据所列费用（进口的材料、设备为到岸价，国内采购的为出厂价或销售价，地方材料为堆场价）的百分比支付。其条件是：

（1）材料、设备符合规范要求并经监理工程师认可。

（2）承包人已出具材料、设备费用凭证或支付单据；以及

（3）材料、设备已在现场交货，且存储良好，监理工程师认为材料、设备的存储方法符合要求。则监理工程师应将此项金额作为材料、设备预付款计入下一次的期中支付证书中，这种支付不应被视为是对上述材料或设备的批准。

预计竣工前3个月，将不再支付材料、设备预付款。

当材料、设备已用于或安装在永久工程之中时，材料、设备预付款应从期中支付证书中扣回，扣回期不得超过3个月。已经支付材料、设备预付款的材料、设备所有权应属于业主，工程竣工时所有剩余的材料、设备的所有权应属承包人。

4. 期中支付

承包人应在每月末向监理工程师提交由其项目经理签署的按监理工程师批准格式填写的月结账单一式6份，该结账单包括以下栏目，承包人应逐项填写清楚：

（1）自开工截至本月末止已完成的工程价款。

（2）自开工截至上月末已完成的（已实际结算的）工程价款。

（3）本月完成的（应结算的）工程价款，即上述（1）、（2）。

（4）本月完成的暂定金额价款。

（5）本月应支付的暂定金额价款。

（6）本月应支付的已进场将用于或安装在永久工程中的材料、设备预付款。

（7）根据合同规定，本月应结算的其他款项。

（8）费用和法规的变更发生的款额。

（9）本月、应扣留的保留金和扣回的材料、设备预付款及开工预付款。按前述办理。

（10）根据合同规定，本月应扣除的其他款项。

监理工程师在收到上述月结账单后21d或专用条款数据表中别行有规定的天数内应签发期中支付证书，签发是应写明他认为应该到期结算的价款及需要扣留和扣回的款额并报业主审批，如果该月应结算的价款经扣留和扣回的款额少于投标书附录中列明的期中支付证书的最低金额，则该月监理工程师可不核证支付，上述款额将按月结转，直至累计应支付的款额达到投标书附录中列明的期中支付证书的最低金额为止。

5. 保留金的支付

（1）保留金的扣留。保留金是业主为了使承包人履行合同而对承包人应得款项的一种扣留，直至完全履行合同后再发还给承包人，保留金的总额应以合同价值 5% 为限，每次扣除额应是期中付款证书中已完工程价值的 10%。

（2）保留金的退还。在整个工程缺陷责任期满并发给缺陷责任终止证书后 14d 内，监理工程师签发保留金支付证书，将保留金退还给承包人。

6. 最终支付

最终支付是工程缺陷责任期满（一般为交工验收后 12 个月），在签发《缺陷责任终止证书》后的规定时间内办理的最后一笔费用。

（1）支付的项目内容。

1）剩余保留金的返还。

2）缺陷期内的剩余工程价款。

3）缺陷期内的变更工程价款。

（2）支付的程序与要求。与期中支付、竣工支付的程序基本相同。承包商因在签发《缺陷责任终止证书》后，按合同规定的时间内（一般为 28d）提交《最终支付申请书》，在合同规定的时间内，监理工程师进行审核并签发。

7.2 竣工决算

7.2.1 竣工决算的概念

竣工决算是在公路、桥梁建设项目完工后，由建设单位（业主）根据工程结算及其他有关工程资料为基础按一定的格式和要求进行编制的。竣工决算全面反映了竣工项目从筹建到交付使用全过程各项资金的使用情况和设计概算执行的结果，是公路建设成果和财务情况的总结性文件。

竣工决算所反映的公路工程项目建设造价，不仅包括上一章所讲述的建筑安装工程结算费用，还包括：设备及工具、器具购置费；工程建设其他费用等用于建设项目全部实际支出费用的总和。

7.2.2 竣工决算的作用

（1）竣工决算是综合全面反映竣工项目建设成果及财务情况的总结性文件，它采用货币指标、实物数量、建设工期和各种技术经济指标综合、全面地反映建设项目自开始建设至竣工为止全部建设成果和财务状况。

（2）考核竣工项目设计概算的执行结果。

竣工决算与设计概算逐项进行比较，可以反映设计概算的实际执行情况。通过比较分析，总结成绩与经验教训，为今后修订概（预）算定额与补充定额，改进设计，推广先进技术，降低建设成本、提高投资效益，提供了参考资料。

（3）竣工决算核定竣工项目的新增固定资产和流动资产价值，是建设单位向使用或管理单位移交财产的依据。

建设单位与使用单位在办理交付资产的验收交接手续时，通过竣工决算反映了交付使用资产的全部价值，它包括固定资产、流动资产、无形资产和其他资产的价值。同时，它还详细提供了交付使用资产的名称、规格、数量、型号和价值等明细资料，是使用单位确定各项新增资产价值并登记入账的依据。

（4）竣工决算全面反映了竣工项目建设全过程的财务情况。

竣工决算报告要求编制的财务有关表格，反映了竣工项目从工程可行性研究至竣工时为止，全部资金来源和运用情况，以及最终的汇总情况与成果，为改进财务管理和贷款监督工作提供了重要资料。

（5）竣工决算界定了项目经营的基础，为项目进行后评估提供依据。

及时编制竣工决算，办理新增固定资产及动资产移交手续，可以缩短建设周期。界定项目经营的期限和资产，核定节约基建投资额。否则，不仅不能及时提取固定资产折旧费，而且公路桥梁项目营运所发生的养护费、设备更新维修费、人工工资等，继续在基建投资中开支，增加了基建费用，也不利于项目管理。

（6）竣工决算报告作为重要的技术经济文件，是存档的需要，也是工程造价积累的基础资料之一。

根据要求，竣工决算报告在竣工验收委员会审查周意及项目通过正式动用验收后三个月内报出。大中型建设项目的竣工决算报告报送交通部一式四份，报送中国人民建设银行总行一份。属经营性投资的建设项目还需报送国家投资公司一式两份。小型建设项目竣工决算报告报送项目主管单位。

7.2.3 编制竣工决算的依据

交通部颁发的《交通基本建设项目竣工决算报告编制办法》，是公路桥梁工程项目编制竣工决算的法定性文件和依据。各省市根据具体实际情况，对《办法》的内容及有关表格进行修改及增减。制订适用于本地区的竣工决算报告的标准及格式也是编制竣工决算的依据。

按《交通基本建设项目竣工决算报告编制办法》规定，竣工决算报告是考核交通基本建设项目投资效益、反映建设成果的文件，是确定交付使用财产价值、办理交付使用手续的依据。

建设单位要有专人负责有关资料的收集、整理、分析、保管工作。项目完建后，要组织工程技术、计划、财务、物资、统计等有关部门的人员共同编制项目竣工决算报告。设计、施工、监理等单位应积极配合建设单位做好竣工决算报告的编制工作。

交通基本建设项目竣工后，应按照国家有关规定及本办法编制竣工决算报告。没有编制竣工决算报告的项目不得进行竣工验收。

竣工决算报告应当依据以下文件、资料编制：

（1）经批准的可行性研究报告、初步设计、概算或调整概算、变更设计以及开工报告等文件。

（2）历年的年度基本建设投资计划。

（3）经审核批复的历年年度基本建设财务决算。

（4）编制的施工图预算，承包合同、工程结算等有关资料。

(5) 历年有关财产物资、统计、财务会计核算、劳动工资、审计及环境保护等有关资料。

(6) 工程质量鉴定、检验等有关文件，工程监理有关资料。

(7) 施工企业交工报告等有关技术经济资料。

(8) 有关建设项目附产品、简易投产、试运营（生产）、重载负荷试车等产生基本建设收入的财务资料。

(9) 有关征地拆迁资料（协议）和土地使用权确权证明。

(10) 其他有关的重要文件。

7.2.4　编制竣工决算的程序及方法

1. 竣工决算报告的内容

按照交通部《交通基本建设项目竣工决算报告编制办法》的要求，公路工程建设项目分公路建设项目、独立的公路桥梁建设项目两种类型编制竣工决算报告。竣工决算报告由以下四个内容组成。

(1) 竣工决算报告的封面、目录。

(2) 竣工工程平面示意图。

(3) 竣工决算报告说明书。

(4) 竣工决算表格。

竣工决算报告表式分为决算审批表、工程概况专用表和财务通用表。

竣工决算审批表（交建竣1表），见表7－1。

工程概况专用表如下：

(1) 公路建设项目工程概况表（交建竣2－1表），见表7－2。

(2) 桥梁隧道建设项目工程概况表（交建竣2－2表）；见表7－3。

(3) 内河航运建设项目工程概况表（交建竣2－3表）；表略。

(4) 港口（码头）建设项目工程概况表（交建竣2－4表）；表略。

(5) 其他建设项目工程概况表（交建竣2－5表）；表略。

财务通用表如下：

(1) 建设项目竣工财务决算总表（交建竣2表），见表7－4。

(2) 财务决算明细表（交建竣工2表附一表），见表7－5。

(3) 资金来源情况表（交建竣2表附二表），见表7－6。

(4) 应核销基建支出及转出投资明细表（交建竣2表附三表），见表7－7。

(5) 工程造价和概算执行情况表（交建竣3表），见表7－8。

(6) 外资使用情况表（交建竣4表），见表7－9。

(7) 基本建设项目交付使用资产总表（交建竣5表），见表7－10。

(8) 基本建设项目交付使用资产明细表（交建竣5附一表），见表7－11。

编制竣工决算报告时，必须填制本类项目工程概况专用表和全套财务通用表。建设项目完建时的收尾工程，建设单位可根据概算所列的投资额或收尾工程的实际情况测算投资支出列入竣工决算报告。但收尾工程投资额不得超过工程总投资的5%。

表 7－1　　交通基本建设项目竣工决算审批表

交建竣 1 表

建设项目法人（建设单位）		建设性质	
建设项目名称		主管部门	

管部门（单位）意见：

盖　章
年　月　日

省级交通主管部门或部属一级单位意见：

盖　章
年　月　日

交通部审批意见：

盖　章
年　月　日

表 7－2　　公路建设项目工程概况表

交建竣 2－1 表

<table>
<tr><td>建设项目或
单项工程名称</td><td colspan="2"></td><td>工程主要特征、完成的主要
工程量及主要技术经济指标</td><td>设计</td><td>实际</td></tr>
<tr><td>建设地址或地理位置</td><td colspan="2"></td><td>1. 公路等级</td><td></td><td></td></tr>
<tr><td rowspan="2">建设时间</td><td>计划</td><td>从　年　月　日开工至年　月　日竣工</td><td>2. 计算行车速度/（km/h）</td><td></td><td></td></tr>
<tr><td>实际</td><td>从　年　月　日开工至年　月　日竣工</td><td>3. 路线总长/km</td><td></td><td></td></tr>
<tr><td rowspan="2">初步设计和概算批准
机关、日期、文号</td><td colspan="2"></td><td>4. 路基宽度/m</td><td></td><td></td></tr>
<tr><td colspan="2"></td><td>5. 路基土石方/万 m^3</td><td></td><td></td></tr>
<tr><td rowspan="2">调整概算批准
机关、日期、文号</td><td colspan="2"></td><td>6. 路面结构</td><td></td><td></td></tr>
<tr><td colspan="2"></td><td>7. 路面铺筑/（万 m^3/km）</td><td></td><td></td></tr>
<tr><td>开工报告批准时间</td><td colspan="2"></td><td>8. 桥梁总长/（m/座）</td><td></td><td></td></tr>
<tr><td>主要设计单位</td><td colspan="2"></td><td>9. 隧道总长/（m/座）</td><td></td><td></td></tr>
<tr><td>主要监理单位</td><td colspan="2"></td><td>10. 涵洞通道/（m/道）</td><td></td><td></td></tr>
<tr><td>主要施工单位</td><td colspan="2"></td><td>11. 互通式立交/处</td><td></td><td></td></tr>
<tr><td>工程质量监督部门</td><td colspan="2"></td><td>12. 分离式立交及平交/处</td><td></td><td></td></tr>
<tr><td rowspan="2">总投资/万元</td><td>批准概算</td><td>竣工决算</td><td>13. 防护工程/万 m^3</td><td></td><td></td></tr>
<tr><td></td><td></td><td>14. 连接线长度/km</td><td></td><td></td></tr>
</table>

续表

建设项目或单项工程名称			工程主要特征、完成的主要工程量及主要技术经济指标	设计	实际
主要材料消耗	设计	实际	15. 管理及养护用房/m^2		
钢材/t			16. 服务区/处		
木材/m^3			17. 停车区/处		
水泥/t			18. 养护工区/处		
沥青/t			19. 封闭工程/km		
			20.		
			21.		
基建支出合计/万元	批准概算	竣工决算	22.		
建筑安装工程			23.		
设备工程器具			24.		
待摊投资			25.		
其中：建设单位管理费			26. 平均每公里造价/万元		
其他投资			27. 拆迁房屋/m^2		
待核销基建支出			28. 迁移人口/人		
非经营项目转出投资			29. 占地面积/亩		
			30.		
			31.		
主要收尾工程			32.		
工程内容或名称	投资额/万元	预计完成时间	33.		
			34.		
			工程质量评定：优良　　项；合格　　项；不合格　　项；总评		

表 7－3　　桥梁隧道建设项目工程概况表

交建竣 2－2 表

建设项目或单项工程名称			工程主要特征、完成的主要工程量及主要技术经济指标	设计	实际
建设地址或地理位置			1. 桥梁、隧道全长/m		
建设时间	计划	从　年　月　日开工至年　月　日竣工	2. 主桥、隧道长度/m		
	实际	从　年　月　日开工至年　月　日竣工	3. 引桥、引道长度/m		
初步设计和概算批准机关、日期、文号			4. 最大跨径、隧道净宽/m		
			5. 通航净空、隧道净高/m		

续表

建设项目或单项工程名称			工程主要特征、完成的主要工程量及主要技术经济指标	设计	实际
调整概算批准机关、日期、文号			6. 桥梁墩数/个		
			7. 桥梁荷载/t		
开工报告批准时间			8. 断面形式		
主要设计单位			9.		
主要监理单位			10.		
主要施工单位			11. 接线公路等级		
工程质量监督部门			12. 连接线长度/km		
总投资/万元	批准概算	竣工决算	13.		
			14.		
主要材料消耗	设 计	实 际	15.		
钢材/t			16.		
木材/m^3			17.		
水泥/t			18.		
沥青/t			19.		
			20.		
			21.		
基建支出合计/万元	批准概算	竣工决算	22.		
建筑安装工程			23.		
设备工程器具			24.		
待摊投资			25.		
其中：建设单位管理费			26. 平均每公里造价/万元		
其他投资			27. 拆迁房屋/m^2		
待核销基建支出			28. 迁移人口/人		
非经营项目转出投资			29. 占地面积/亩		
			30.		
			31.		
主要收尾工程			32.		32
工程内容或名称	投资额/万元	预计完成时间	33.		
			34.		
			工程质量评定：优良 项；合格 项；不合格 项；总评		

表 7－4　　　　**建设项目竣工财务决算总表**

交建竣 2 表 单位：万元

资金占用	行次	金额		资金来源	行次	金额	补充资料
		人民币	折合外币				
一、基本基建支出				一、基建货款合计			
1. 已交付使用财产				1.			
2. 在建工程				2.			
3. 应核销投资				3.			
4. 应核销其他投资				4.			
5. 转出投资				5.			
6.				6.			
7.				7.			
				8.			
二、基建节余资金				二、基建进款合计			
1. 库存材料				1.			
2. 库存设备				2.			
3. 待处理器材损失				3.			
4. 货币资金				4.			
5. 预付及应收款（减应付款）				5.			
6.				6.			
7.				7.			
				8.			
				9. 利用外资借款			
				折合外币			
				平均汇率			
三、专项资产				三、专用基金			
总计				总计			

表 7－5　　财务决算明细表

交建竣 2 表附一表　　单位：万元

年度 项目	年度	年度	年度	年度	年度	年度	年度	合计	备注
一、资金来源合计									
（一）基建贷款合计									
1.									
2.									
3.									
4.									
5.									
6.									
7.									
8.									
（二）基建投资借款合计									
1.									
2.									
3.									
4.									
5.									
6.									
7.									
二、基建支出合计									
1. 交付使用财产									
2. 在建工程									
3. 转出投资									
4. 应核销投资									
5. 应核销其他支出									
本年基建支出合计									
历年累计基建支出合计									
三、基建节余资金									
四、本年投资									

表 7－6　**资金来源情况表**

交建竣 2 表附二表　　单位：万元

资金来源	二×××年度		二×××年度		二×××年度		二×××年度		合　计		累计利息数	
	计划数	实际数	计划数	实际数	计划数	实际数	计划数	实际数	计划数	实际数		
一、基建贷款合计												
1.												
2.												
3.												
4.												
5.												
6.												
7.												
8.												
二、基建投资借款合计												
1.												
2.												
3.												
4.												
5.												
6.												
7.												
8.												
合计												

表 7－7　　应核销基建支出及转出投资明细表

交建竣 2 表附三表　　单位：万元

项　　目	金　　额	内　　容	批准单位	文　　号
一、应核销投资支出合计				
1.				
2.				
3.				
4.				
5.				
二、转出投资明细表				
1.				
2.				
3.				
4.				
5.				
三、应核销其他支出合计				
1.				
2.				
3.				
4.				

表 7－8　　工程造价和概算执行情况表

交建竣 3 表　　单位：万元

项目	工程总概数			概算包干数	工程造价		其中：						概算投资节余				
	合计	人民币	外币		合计	人民币	外币	建安投资	设备投资	其他投资	带摊投资	不计入固定资产价值的支出	合计	人民币	外币	概算投资包干节余	备注
1	2＝3＋4	3	4	5	6＝7＋8 或＝9＋10＋11＋12＋1	7	8	9	10	11	12	13	14＝2－5	15＝3－7	16＝4－8	17＝5－7（或 5）	18

表 7－9　**外资使用情况表**

交建竣 4 表　　单位：外币种类（　）

项　目	计量单位	工程量或数量	外币概算金额（币种）	外币实际支出金额	外币实际支出较概算增	备注	

表 7－10　**基本建设项目交付使用资产总表**

交建竣 5 表　　单位：万元

工程项目名称	总计	其中：外资部分			固定资产				流动资产
		人民币	折合外币	合计	建筑安装工程	设备	其他费用		
一、移交给生产、使用或管理单位的									
二、移交给其他单位的									
合计									

补充资料：由其他单位无偿拨入的资产价值　　设备价值：　　　　外币平均汇率：

表 7-11　　基本建设项目交付使用资产明细表

交建竣 5 表附一表　　单位：万元

工程项目名称	单位	建筑工程		设备、工具、器具					
		结构	价值	名称	规格型号	单位	数量	价值	设备安装费用
一、移交给生产、使用或管理单位的									
二、移交给其他单位的									
合　计									

2. 竣工决算报告的编制

建设单位从项目筹建开始，即应明确专人负责，根据竣工决算报告要求的内容，做好有关资料的收集、整理、积累和分析工作。项目完建后，应组织工程技术、计划、财务、物资、统计等有关人员共同完成竣工决算报告的编制工作。竣工决算报告的具体编制办法如下：

（1）交通基本建设项目竣工决算报告封面。

1）“主管部门”填写需上报竣工决算报告的主管部门或单位。

2）“建设项目名称”填写批准的项目初步设计文件中注名的项目名称。

3）“建设项目类别”是指“大中型”或“小型”。

4）“建设性质”是指建设项目属于新建、改建、扩建、续建等内容。

5）“级别”是指中央级或地方级的建设项目。

（2）竣工工程平面示意图。公路建设项目可按设计文件中的大比例平面示意图编制，独立的公路桥梁项目可按桥位平面图进行编制。

（3）竣工决算报告说明书。竣工决算报告说明书是竣工决算报告的重要组成部分。主要内容包括：工程项目概况，工程建设过程和工程管理工作中的重大事件、经验教训；工程投资支出和业务管理工作的基本情况；以及工程遗留问题和有哪些需要解决的问题。

（4）竣工决算表格。

1）竣工工程概况表（交建竣 1－1 表，交建竣 1－2 表）。

① 初步设计文件、概算数、概算投资包干合同签订单位等栏按照批准文件及合同填写。

② 建设时间开工和竣工日期按照实际开工和办理动用验收的日期填列；如实际开工日期与批准的开工日期不符应做出说明。

③“工程实际投资”是指工程实际累计拨借款投资或工程竣工实际投资额。

④ 占地面积的计量单位按照初步设计中的占地面积计量单位填列（如平方米、亩、公顷等）。

⑤“新增生产能力”按照初步设计规定的内容以及项目竣工时实际可能达到的能力填列。

⑥“完成的主要工程量”按照初步设计和概算的主要内容，工程建设过程中实际完成的工程量填列。

⑦“工程质量”填列经质量检验部门检测评定的单项工程质量评定结果及工程综合评价结果。

⑧“收尾工程”填写工程内容，预计投资额及主要工程量。如果收尾工程内容较多，可增设“收尾工程项目明细表”。

2）财务决算总表及附表。财务决算总表及附表反映竣工工程从开始建设起至竣工时为止全部资金来源和运用情况。

① 财务决算总表（交建竣 2 表）。本表按照竣工项目上一年度核复的财务决算数字加项目竣工时为止的实际发生数字填列（包括收尾工程的估列数）。表中的数字反映建设项目开始建设起的累计发生数。

② 财务决算明细表（交建竣 2 表附一表）。本表反映分年度的基建投资来源和支出情况，按照经复核的各年度财务决算数字填列。本表合计栏填写历年实际拨入的资金来源和尚

未冲转的基建支出数字。

③ 资金来源情况表。反映建设项目投资计划安排和投资资金拨付到位情况。分年度的实际拨借款数不包括基建借款挂账和不挂账的借款利息数。

④ 应核销投资和转出投资明细表（交建竣2表附三表）。反映项目建设过程中不能计入交付使用财产价值的投资资金运用情况，按照规定的内容分项逐笔填列。

3）工程造价和概算执行情况（交建竣3表）。反映工程实际建设成本和总造价，以及概算投资节余和概算投资包干部分节余的情况，本表按照概算的项目或单项工程（费用项目）填列。

待摊投资按照某一单项工程投资占全部投资的比例分摊到单项工程里。不计入固定资产价值的支出不分摊待摊投资。

4）外资使用情况表（交建竣4表）。反映建设项目外资使用情况，按照使用外资支出费用项目比例。应说明批准初步设计时的汇率、计账汇率、竣工时的汇率以及外资贷款转贷金额和转贷单位等情况。各有关表格中，外币折合人民币时，应以项目竣工时的汇率为准。

5）交付使用财产总表（交建竣5表）和明细表（交建竣5表附一表）。反映建设项目建成后新增固定资产和流动资产价值。按照固定资产和流动资产分别列报，并按规定的财产分类目录详细填报。移交给其他单位的资产是按列入工程项目总概算，但建成后不由项目管理单位管理经批准移交其他单位的资产（单项工程）。

交付使用财产明细表作为建设单位管理项目资产使用，不纳入上报的竣工决算报告。

7.3 公路工程建设项目后评估

7.3.1 项目后评价的基本概念

1. 公路工程项目后评价的概念

公路工程项目后评价是指对已经完成的公路工程项目（或规划）的目的、执行过程、效益、作用和影响所进行的系统的、客观的分析；通过项目活动实践的检查总结，确定项目的预期目标是否达到，项目或规划是否合理有效，项目的主要效益指标是否实现；通过分析评价找出成败的原因，总结经验教训；并通过及时有效的信息反馈，为未来新项目的决策和提高完善投资决策管理水平提出建议，同时也为后评价项目实施运营中出现的问题提出改进建议，从而达到提高投资效益的目的。后评价要从投资开发项目实践中吸取经验教训，再运用到未来的开发实践中去。

2. 公路工程项目后评价与项目前评估的主要区别

项目后评价与项目前期准备阶段的评估，在评价原则和方法上没有太大的区别，采用定量与定性相结合的方法。但是，由于两者的评价时点不同，目的也不完全相同。因此，也存在一些区别。前评估的目的是确定项目是否可以立项，它是站在项目的起点，主要应用预测技术来分析评价项目未来的效益，以确定项目投资是否值得并可行。后评价则是在项目建成之后，总结项目的准备、实施、完工和运营，并通过预测对项目的未来进行新的分析评价，其目的是为了总结经验教训，为改进决策和管理服务。所以，后评价要同时进行项目的回顾总结和前景预测。项目后评价是站在项目完工的时点上，一方面检查总结项目的实施过程，找出问题，分析原因；另一方面，要以后评价时点为基点，预测项目未来的发展。前评估的重要判别标准是投资者要求获得的收益率或基准收益率（社会折现率），而后评价的判别标准则重点是前评估的结论，主要采用对比的方法，这就是后评价与前评估的主要区别。

3. 公路工程项目后评价的监督功能

（1）监督功能。后评价实质上是一个向实践学习的过程，同时又是一个对投资活动的监督过程。项目后评价的监督功能与项目的前评估、实施监督结合在一起，构成了对投资活动的监督机制。例如，世界银行对投资活动中的监督，主要依靠在项目准备阶段的评估（派评估团）、在项目实施过程中的监督检查（派检查团）和在项目完成后的后评价（派评价团）来实现的。项目的实施监督和后评价还具有向银行高层及时反馈问题和意见的责任。此外，世行的后评价还要对整个银行的业务执行情况进行监督和评价。

（2）与审计的区别。虽然项目后评价具有监督的功能，但由于它主要的服务对象是投资决策层，主要目的是总结经验教训，评价重点是项目的可持续性及项目的宏观影响和作用，这就确定了后评价与项目审计的根本区别。而审计是以法律和有关规定为准绳审查项目，重点是财务方面的审计，包括财务报表审计、符合性审计和绩效审计。在世界银行，审计和后评价是由两个不同的部门管理，分属两位不同的副行长领导。分管后评价的副行长直接对银行董事会负责。在实际工作中，后评价和审计的侧重点也完全不同。在我国，国家审计署和国家计委是国务院下属的职能部门。审计署负责国家投资的财务审计，国家计委负责国家投资活动的总结和评价。

4. 公路工程项目后评价的特点

项目后评价既不同于项目可行性研究和项目前评价，也不同于项目中期评价，主要表现为所处阶段不同、比较标准不同、评价的内容与作用不同、评价的组织实施不同等。项目可行性研究和项目前评价是指在项目决策之前，在深入广泛的调查研究、科学预测和技术经济论证的基础上，分析评价建设项目的技术适用性、经济合理性和建设可能性，最终为投资决策提供依据。项目中期评价是指在项目实施过程中，通过实施的实际状况与预测计划目标的比较发现偏差，分析原因，提出改进措施，将信息反馈至项目管理部门，以提高实施中的管理水平。而项目后评价的特点表现为以下几点。

（1）客观性。项目后评价是在建设项目竣工投产生产运营一段时间后进行，客观、真实、系统地对项目的立项决策、勘察设计、施工、竣工投产与生产运营作出评价。因此，在后评价分析研究所采纳的数据资料必须客观、真实地反映项目实际状况，做到分析合理、评价公正，从而提出科学客观的后评价报告。

（2）全面性。在进行项目后评价时，既要分析从立项决策到竣工投产全过程的投资状况，又要分析项目实施过程中的物资采购、勘察设计、施工与生产准备等管理状况，还要分析生产运营管理状况与投资经济效益，对建设项目作出全面评价。

（3）独立性。后评价必须保证公正性和独立性，这是一条重要的原则。公正性标志着后评价及评价者的信誉，避免在发现问题、分析原因和做结论时避重就轻，做出不客观的评价。独立性标志着后评价的合法性，后评价应从项目投资者和受援者或项目业主以外的第三者的角度出发，独立地进行，特别要避免项目决策者和管理者自己评价自己的情况发生。公正性和独立性应贯穿后评价的全过程，即从后评价项目的选定、计划的编制、任务的委托、评价者的组成，到评价过程和报告。

（4）可信性。后评价的可信性取决于评价者的独立性和经验，取决于资料信息的可靠性和评价方法的适用性。可信性的一个重要标志是应时时反映出项目的成功经验和失败教训，这就要求评价者具有广泛的阅历和丰富的经验。同时，后评价也提出了“参与”的原则，要求项目执行者和管理者应参与后评价，以利于收集资料和查明情况。为增强评价者的责任感和可信度，评价报告要注明评价者的名称或姓名。评价报告要说明所用资料的来源或出处，报告的分析和结论应有充分可靠的依据。评价报告还应说明评价所采用的方法。

（5）实用性。为了使后评价成果对决策能产生作用，后评价报告必须具有可操作性，即实用性强。因此，后评价报告应针对性强，文字简练明确，避免引用过多的专业术语。报告应能满足多方面的要求。实用性的另一项要求是报告的时间性，报告不应面面俱到，应突出重点。报告所提的建议应与报告其他内容分开表述，建议应能提出具体的措施和要求。

（6）透明性。后评价的透明度要求是评价的另一项原则。从可信度来看，要求后评价的透明度越大越好，因为后评价往往需要引起公众的关注，对国家预算内资金和公众储蓄资金的投资决策活动及其效益和效果实施更有效的社会监督。从后评价成果的扩散和反馈的效果来看，成果及其扩散的透明度也是越大越好，使更多的人借鉴过去的经验教训。

（7）反馈特性。后评价的最主要的特点是后评价应具有反馈特性。项目后评价的结果需要反馈到决策部门，作为新项目的立项和评估的基础，以及调整投资规划和政策的依据，这是后评价的最终目标。因此，后评价结论的扩散和反馈机制、手段和方法成为后评价成败的关键环节之一。国外一些国家建立了“项目管理信息系统”，通过项目周期各个阶段的信息交流和反馈，系统地为后评价提供资料和向决策机构提供后评价的反馈信息。

（8）协作性。建设项目后评价工作需要有关部门协作，不断完善后评价的理论和方法。后评价工作是由项目后评价组织机构或专设的外部机构来进行，需要参与项目的建设和生产运行等多部门的合作，才能保证评价工作顺利进行，及时全面地收集反映实际状况的信息资料，客观、公正地做出后评价结论。

7.3.2 建设工程项目后评价的管理机构及其任务

如前所述，根据项目后评价的任务和特点，其管理机构必须保证后评价的独立性和具有反馈功能。因此，后评价的机构设置是至关重要的。

我国项目后评价机构管理工作实行“统一领导，分级管理”，进行后评价的项目分为地方、部、国家三个管理层次。

地方管理的后评价项目，由各省、自治区、直辖市、计划单列市交通行政主管部门负责。编制后评价报告以项目法人或建设单位为主，组织承担本项目可行性研究、设计、施工、监理、运营、管理、审计等有关部门、单位以及地方政府的有关人员参加，共同开展工作。后评价报告应按照《公路建设项目后评价报告编制办法》编制。

交通部一般选择四分之一的后评价项目进行部管理，按年度下达计划。

国家管理的后评价项目由国家发改委确定。

地方管理的项目，其后评价报告由项目法人或建设单位报省、自治区、直辖市、计划单列市交通行政主管部门，由省、自治区、直辖市、计划单列市交通行政主管部门组织审查，并将修改后的报告连同审查意见报交通运输部综合计划司备案。

部管理的项目，其后评价报告一般先由省、自治区、直辖市、计划单列市交通行政主管部门进行初审，初审通过后，再由省、自治区、直辖市、计划单列市交通行政主管部门报部，由部组织有关部门进行正式审查，并写出《建设项目后评价审查报告》，报国家发改委备案。

国家发改委确定的后评价项目，按国家发改委有关规定的组织审查。

7.3.3　项目后评价的工作程序

1. 项目后评价的范围和依据

项目后评价应从国家和投资者的利益出发，遵循客观、公正、科学的原则，完成后评价工作。

（1）项目后评价的范围。

后评价工作的重点是国家重点公路建设项目或符合下列条件之一的公路建设项目：

1）40km 以上的国道主干线项目或 100 公里以上的国道及省道高等级公路项目。

2）利用外资的公路项目。

3）特大型独立公路桥隧项目。

4）上级主管部门指定的项目。

进行项目后评价的必备条件为：

1）根据预定目标已全部建成并通过竣工验收。

2）至少经过 2 ~3 年的通车运营实践。

（2）项目后评价工作的依据。

项目后评价工作的依据包括以下几项。

1）立项决策阶段的资料依据：

项目建议书、项目建议书咨询评估意见、国家或有关部门批准项目建议书的文件。

项目可行性研究报告、对项目可行性研究评估咨询资料、国家或有关部门对可行性研究报告的批准文件。

经国家或有关部门批准的土地征用文件及开工报告。

初步设计及扩大初步设计，设计委托方式与费用。

投资概算及资金来源等资料。

建设项目筹建机构的组织与人员构成。

国家经济政策文件、法规等资料。

2）项目实施阶段的资料依据：

设备、材料采购的实施资料。

设备采购招标、投标文件及议标、评标、定标的资料。

设备材料采购合同。合同中明确的对设备、材料的质量、价格、储运和供应进度的要求等。

设备、材料出厂合格证明及资料。

工程合同文件。如施工总承包合同与分包合同、工程招标投标文件、建设监理合同等。

有关设计变更、调整投资和工程预算等资料。

建设项目管理模式及组织机构。

建设监理及质量监督机构的有关记录与文件。

工程中间交工（隐蔽工程）验收报告及评估意见。

建设项目竣工验收报告与国家验收文件、竣工决算和审计资料等。

缺陷责任期内的工程清单。

有关项目建设工期、建设成本、工程质量的控制资料。

3）建设项目运行后的效益资料。

4）涉外项目应准备涉外方面的资料依据：

询价、报价、招标、投标文件资料。

谈判协议、议定书及所签订的合同及合同附件。

国外设备材料检验、运输、开箱检验等资料及有关索赔方面的文件。

2. 项目后评价的工作程序

项目后评价的工作程序分以下几项。

（1）选定进行项目后评价的建设项目。国家计划部门、建设（或开发）银行、主管部门、投资主体或生产经营企业，可按项目后评价的范围选定某一建设项目进行项目后评价。以报告的形式说明选定的依据、评价目的与具体要求、评价工作的初步设想等。

（2）项目后评价的筹划准备。项目后评价工作的实施机构可由提出单位或委托工程咨询单位、专家评估组承担。首先组建后评价领导小组与实施机构，然后按评价具体要求制订项目后评价工作计划。在计划内明确各组织机构评价人员的配备、后评价的内容范围、后评价的方法、后评价经费及工作进度的安排、后评价工作具体要求等。

（3）深入调查与广泛收集资料。通过调查收集有关政策法规、技术经济、运营及涉及建设项目全过程的有关文件与资料，为项目后评价的分析研究提供依据。为了更好完成调查收集工作，必须制订调查提纲，明确调查范围、调查方法和调查收集中的具体要求。

（4）分析研究。按项目后评价的分析方法对评价内容进行分析研究、总结经验、发现问题，提出改进措施。

（5）编制项目后评价报告。项目后评价报告是建设项目后评价工作的成果汇总，最终提交委托单位和被评价的项目单位。

7.3.4 工程项目后评价的内容

项目后评价的内容应包括从项目提出到竣工投产运行全过程的评价。项目类型不同，后评价的内容侧重也有所不同。

与项目前评价内容相应，后评价的内容可分为以下几个方面：项目建设必要性的后评价；项目建设条件的后评价；项目技术方案的后评价；项目经济后评价。

由于项目建设的全过程是消耗财力、物力，逐步形成固定资产的过程，因此，项目后评价的内容又可划分为以下几个方面：

（1）建设项目的过程评价：依据国家现行的有关法令规定，分析和评价项目前期工作、建设实施、运营管理等执行过程，从中找出变化原因，总结经验教训。

（2）建设项目的效益评价：根据实际发生的数据和后评价时国家颁布的参数进行国民经济评价和财务评价，并与前期工作阶段按预测数据进行和评价相比较，分析其差别和原因。

（3）建设项目的影响评价：分析、评价对影响区域的经济、社会、文化以及自然环境等方面所产生的影响。评价一般可分为社会经济影响评价和环境影响评价。

（4）建设项目目标持续性评价：根据对建设项目的公路网状况、配套设施建设、管理体制、方针政策等外部条件和运行机制、内部管理、运营状况、公路收费、服务情况等的内部条件分析，评价项目目标（服务交通量、社会经济效益、财务效益、环境保护等）的持续性，并提出相应的解决措施和建议。

7.3.5　公路工程项目后评价的指标

项目后评价是运用控制论的基本原理，通过项目实际实施结果与预测结果的对比，寻找项目实施中存在的偏差，通过对产生偏差因素的分析，采用相应的控制措施，保证项目投资实现预期目标。为定量的分析项目实施过程中各主要目标的实际情况，一般主要采用指标计算和指标对比等分析研究方法。指标计算就是通过计算项目实际投资利润率、实际内部收益率等反映项目实施和营运各阶段实际效果的指标，来衡量和分析建设项目的投资效果；指标对比是通过各种项目后评价指标与预测指标或国内外同类项目的相关指标进行对比，来衡量实际建设效果。

一般来说，项目后评价主要是通过以下一些指标的计算和对比，来分析项目实施中的偏差，并寻求解决问题的方案。

1. 项目前期和实施阶段的后评价指标

（1）竣工项目定额工期率。反映项目实际建设工期与国家统一制定的定额工期或与确定的、计划安排的计划工期的偏离程度。

竣工项目定额工期率＝竣工项目实际工期/竣工项目定额（计划）工期×100%

（2）实际建设成本变化率。反映项目实际建设成本与批准的概（预）算所规定的建设成本的偏离程度。

实际建设成本变化率＝（实际建设成本－预计建设成本）/预计建设成本×100%

（3）实际工程合格（优良）品率。反映建设项目的工程质量。

实际工程合格（优良）品率＝实际单位工程合格（优良）品数量/验收签订的单位工程总数×100%

（4）实际投资总额变化率。反映实际投资总额与项目前评估中预计投资额的偏差程度，包括静态投资总额变化率和动态投资总额变化率。

2. 项目运营阶段的后评价指标

（1）国民经济效益变化率。反映公路竣工以后实际国民经济效益与预测国民经济效益的偏离程度，用于非收费项目社会效益评估。

国民经济效益变化率＝（实际国民经济效益－预计国民经济效益）/预计国民经济效益×100%

（2）实际营运利润变化率。反映收费项目实际投资效益并衡量项目实际投资效益与预期投资效益的偏差。其计算分为两步进行：

1）计算考核期内各年实际运营利润变化率：

各年实际运营利润变化率＝（该年实际运营利润率－预期该年运营利润）/预计该年运营利润×100%

2）计算实际运营利润变化率：

实际运营利润变化率 = 各年实际运营利润变化率之和/考核年限 × 100%

3）实际投资利润（利税）率。指项目达到实际交通能力后的年实际利润（利税）总额与项目实际投资额的比率，也是反映建设项目投资效果的一个重要指标。

实际投资利润（利税）率 = 年实际利润（利税）或年平均实际利润（利税）额/实际投资 × 100%

4）实际投资利润（利税）年变化率。反映项目实际投资利润（利税）率与预测投资利润（利税）率或国内外其他同类项目实际投资利润（利税）率的偏差。

实际投资利润（利税）变化率 = [实际投资利润（利税）率 − 预测（其他项目）投资利润（利税）率]/预测（其他项目）投资利润（利税）率 × 100%

5）实际净现值。是反映收费项目生命期内获利能力的动态评价指标，它的计算是依据项目运营后年的实际净现金流量或根据情况重新预测的项目生命期内各年的净现金流量，并按重新选定的折现率，将各年现金流量折现到建设期，求现值之和。

6）实际内部收益率（RIRR）。是根据实际发生的年净现金流量和重新预测的项目生命周期计算的各年净现金流量现值为零的折现率。

7）实际投资回收期。是以项目实际产生的净收益或根据实际情况重新预测的项目净收益抵偿实际投资总额所需要的时间，分为实际静态投资回收期和实际动态投资回收期。

7.3.6 公路建设项目后评价报告文本格式及内容要求

1. 概述

(1) 建设项目概况：项目的起讫点（位置），项目立项、决策、设计、开工、竣工、通车时间等，突出反映项目的特点。

(2) 建设标准、规模及主要技术经济指标。

(3) 建设项目各阶段主要指标的变化情况。

(4) 资金来源及使用情况。

(5) 主要结论。

2. 建设项目过程评价

(1) 前期工作情况和评价。

1）前期工作基本情况。

2）项目建设的必要性。

3）前期工作各阶段审批文件的主要内容。

4）前期工作各阶段主要指标的变化分析。

(2) 项目实施情况和评价。

1）施工图设计和项目实施情况：包括施工图设计单位及施工单位的选择、建设环境及施工条件、施工监理和施工质量检验、施工计划与实际进度的比较分析等。

2）项目开工、竣工、验收等文件内容。

3）工程验收的主要结论。

4）实施阶段主要指标的变化分析：包括变更设计原因、施工难易、投资增减、工程质量、工期进度的影响等情况分析。

(3) 投资执行情况和评价。

1）建设资金筹措。若有变化，分析其变化的原因及影响。

2）施工期各年度资金到位情况及投资完成情况（内资、外资数额及其当年利率或汇率）。

3）工程竣工决算与初步设计概算、立项决策估算的比较分析（按单项工程分内资和外资）。

4）工程投资节余或超支的原因分析。

（4）运营情况和评价。

1）运营情况：包括运营交通量（含路段及各互通立交出入交通量）、车速等运行参数的调查情况。

2）运营评价：评价建设项目是否达到预期的效果，分析实际交通量与预测交通量的差别及其原因，并对项目达到预期目标的情况进行分析。

（5）管理、配套及服务设施情况和评价。

1）管理情况和评价、包括项目前期至实施全过程的各阶段各项制度、规定和程序的管理情况，各种管理机构的设置及其功能、组织形式和作用，并对其管理效果进行评价。

2）配套及服务设施情况和评价：建设项目与配套及服务设施（包括通信、收费、管理所、服务区、停车场、安全防护设施、标志标线、监控系统等）的设计、方案比选及其实施情况，并对其设置的必要性和适宜性进行分析评价。

3. 建设项目效益评价

（1）国民经济效益评价。参照《公路建设项目经济评价方法》，根据通车运营的实际车速、经济成本等各项数据，评价项目的国民经济效益，并与决策阶段预测的结论比较，分析其差别及原因。

（2）财务效益评价。

1）对于收费公路（包括独立大桥、隧道），根据实际财务成本和实际收费收入，进行项目的财务效益分析，并与决策阶段预测的结论比较，分析其差别和原因。

2）进一步做出收费分析，明确贷款偿还能力。并分析物价上涨、汇率变化及收费标准变化对财务效益产生的影响。

（3）资金筹措方式评价。根据建设资金来源、投资执行情况及财务效益分析，对项目的资金筹措方式进行评价。

4. 建设项目影响评价

（1）社会经济影响评价。分析项目对所在地区社会经济发展所产生的影响，包括土地利用、就业、地方社区发展、生产力布局、扶贫、技术进步等方面的影响和评价。

（2）环境影响评价。对照项目前评估时批准的《环境影响报告书》，重点从项目建设所引起的区域生态平衡、环境质量变化及自然资源的利用和文物保护等方面评价项目环境影响的实际效果。

5. 建设项目目标持续性评价

（1）外部条件对项目目标持续性的影响：包括社会经济发展、管理体制、公路网状况、配套设施建设、政策法规等外部条件。

（2）内部条件对项目目标持续性的影响：包括运行机制、内部管理、服务情况、公路收费、运营状况等内部条件。

6. 结论

（1）结论。

（2）存在问题。

（3）经验与教训。

（4）措施与建议。

复习思考题

1. 简述什么是工程费用结算。
2. 工程费用结算内容。
3. 简述竣工决算的作用。
4. 简述编制竣工决算的程序及方法。

习　题

1. 某合同价格 8000 万元，预付款 10%，第 12 月的累计支付金额为 300 万元，则应从第 12 个月扣回的预付款应为多少？

2. 某工程土方合同 30 000m^3，合同单价 13 元/m^3，超过合同工程量 15% 以上的单价按照 11 元/m^3 计算，低于合同工程量 20% 的单价按照 14 元/m^3 计算。现完成合同工程量为 38 000m^3，试进行工程结算。

附录一　概（预）算表格样式

总概（预）算汇总表

建设项目名称：　　　　　　　　　　　　　　　　第　　页 共　　页　01—1表

项次	工程或费用名称	单位	总数量	概（预）算金额/元				技术经济指标	各项费用比例（%）	备注
							合计			
1	2	3	4	5	6	7	8	9	10	11

编制：　　　　　　　　　　　　　　　　　　　　　　复核：

填表说明：1. 一个建设项目分若干单项工程编制概（预）算时，应通过本表汇总全部建设项目概（预）算金额。

2. 本表反映一个建设项目的各项费用组成、概（预）算总值和技术经济指标。

3. 本表“项次”、“工程或费用名称”、“单位”、“总数量”、“概（预）算金额”应由各单项或单位工程总概（预）算表（01表）转来，“目”、“节”可视需要增减，“项”应保留。

4. “技术经济指标”以各项概（预）算金额汇总合计除以相应总数量计算；“各项费用比例”以汇总的各项目概（预）算金额合计除以总概（预）算金额合计计算。

总概（预）算人工、主要材料、机械台班数量汇总表

建设项目名称：　　　　　　　　　　　　　　　　第　　页 共　　页　02—1表

序号	规格单位	单位	总数量	编制范围									

编制：　　　　　　　　　　　　　　　　　　　　　　复核：

填表说明：1. 一个建设项目分若干个单项工程编制概（预）算时，应通过本表汇总全部建设项目的人工、主要材料、机械台班数量。

2. 本表各栏数据均由各单项或单位工程概（预）算中的人工、主要材料、机械台班数量汇总表（02表）转来，“编制范围”指单项或单位工程。

总概（预）算表

建设项目名称：

编制范围：　　　　　　　　　　　　　　　　　　　　　第　　页　共　　页　01表

项	目	节	细目	工程或费用名称	单位	数量	概（预）算金额/元	技术经济指标	各项费用比例（%）	备注

编制：　　　　　　　　　　　　　　　　　　　　　　　　　　复核：

填表说明：1. 本表反映一个单项或单位工程的各项费用组成、概（预）算金额、技术经济指标等。

2. 本表“项”、“目”、“节”、“细目”、“工程或费用名称”、“单位”等应按概（预）算项目表的序列及内容填写。“目”、“节”、“细目”可视需要增减，但“项”应保留。

3. “数量”、“概（预）算金额”由建筑工程费计算表（03表），设备、工具、器具购置费计算表（05表）、工程建设其他费用及回收金额计算表（06）转来。

4. “技术经济指标”以各项目概（预）算金额除以相应数量计算；“各项费用比例”以各项概（预）算金额除以总概（预）算金额计算。

人工、主要材料、机械台班数量汇总表

建设项目名称：

编制范围：　　　　　　　　　　　　　　　　　　　　　第　　页　共　　页　02表

序号	规格名称	单位	总数量	分项统计								场外运输损耗	
												%	数量

编制：　　　　　　　　　　　　　　　　　　　　　　　　　　复核：

填表说明：1. 本表各栏数据由分项工程概（预）算基础数据表（08表）及辅助生产工、料、机械台班单位数量表（12表）经分析计算后统计而来。

2. 发生的冬、雨季及夜间施工增工及临时设施用工，根据有关附录规定计算后列入本表有关项目内。

建筑安装工程费计算表

建设项目名称：

编制范围：　　　　　　　　　　　　　　　　　　　　　第　　页　共　　页　03表

序号	工程名称	单位	工程量	直接费/元						间接费/元	利润/元 费率%	税金/元 综合税率%	建筑安装工程费	
				直接工程费				其他工程费	合计				合计/元	单价/元
				人工费	材料费	机械使用费	合计							
1	2	3	4	5	6	7	8	9	10	11	12	13	14	15

编制：　　　　　　　　　　　　　　　　　　　　　　　　　　复核：

填表说明：本表各栏数据之间关系，5~7均由08表经计算转来；8=5+6+7；9=8×9的费率或（5+7）×9的费率；10=8+9；11=5×规费综合费率+10×企业管理费综合费率；12=（10+11－规费）×12的费率；13=（10+11+12）×综合税率；14=10+11+12+13；15=14÷4。

其他工程费及间接费综合费率计算表

建设项目名称：

编制范围：　　　　　　　　　　　　　　　　　　第　　页 共　　页 04 表

序号	工程类别	其他工程费费率（%）													间接费费率（%）											
		冬季施工增加费	雨季施工增加费	夜间施工增加费	高原地区施工增加费	风沙地区施工增加费	沿海地区施工增加费	行车干扰工程施工增加费	安全及文明施工措施费	临时设施费	施工辅助费	工地转移费	综合费率		规费						企业管理费					
													Ⅰ	Ⅱ	养老保险费	失业保险费	医疗保险费	住房公积金	工伤保险费	综合费率	基本费用	主副食运输补费	职工探亲路费	职工取暖补费	财务费用	综合费率
1	2	3	4	5	6	7	8	9	10	11	12	13	14	15	16	17	18	19	20	21	22	23	24	25	26	27

编制：　　　　　　　　　　　　　　　　　　　　　　复核：

填表说明：本表应根据建设工程项目具体情况，按概（预）算编制办法有关规定填入数据计算。其中：14 = 3 + 4 + 5 + 8 + 10 + 11 + 12 + 13；15 = 6 + 7 + 9；21 = 16 + 17 + 18 + 19 + 20；27 = 22 + 23 + 24 + 25 + 26。

设备、工具、器具购置费计算表

建设项目名称：

编制范围：　　　　　　　　　　　　　　　　　　第　　页 共　　页 05 表

序号	设备、工具、器具规格名称	单位	数量	单价/元	金额/元	说明

编制：　　　　　　　　　　　　　　　　　　　　　　复核：

填表说明：本表应根据具体的设备、工具、器具购置清单进行计算，包括设备规格、单位、数量、单价以及需要说明的有关问题。

工程建设其他费用及回收金额计算表

建设项目名称：

编制范围：　　　　　　　　　　　　　　　　　　第　　页 共　　页 06 表

序号	费用名称及回收金额项目	说明及计算式	金额/元	备　注

编制：　　　　　　　　　　　　　　　　　　　　　　复核：

填表说明：本表应按具体发生的工程建设其他费用项目填写，需要说明和具体计算的费用项目依次相应在说明及计算式栏内填写或具体计算，各项费用具体填写如下：

1. 土地征用及拆迁补偿费应填写土地补偿单价、数量和安置补助费标准、数量等，列式计算所需费用，填入金额栏。
2. 建设项目管理费包括建设单位（业主）管理费、工程质量监督费、工程监理费、工程定额测定费、设计文件审查费、竣（交）工验收试验检测费，按“建筑安装工程费 × 费率”或有关定额列式计算。
3. 研究试验费应根据设计需要进行研究试验的项目分别填写项目名称及金额，或列式计算或进行说明。
4. 建设项目前期工作费按国家有关规定填入本表，列式计算。
5. 其余有关工程建设其他费用的填入和计算方法，根据规定依此类推。

人工、材料、机械台班单价汇总表

建设项目名称：

编制范围： 第 页 共 页 07 表

序号	名称	单位	代号	预算单位/元	备注	序号	名称	单位	代号	预算单位/元	备注

编制： 复核：

填表说明：本表预算单价主要由材料预算单价计算表（09 表）和机械台班单价计算表（11 表）转来。

建筑安装工程费计算数据表

建设项目名称： 编制范围： 数据文件编号： 公路等级：

路线或桥梁长度/km： 路线或桥梁宽度/m： 第 页 共 页 08－1 表

项的代号	本项数目	目的代号	本目节数	节的代号	本节细目数	细目的代号	费率编号	定额个数	定额代号	项或目或节或细目或定额的名称	单位	数量	定额调整情况

编制： 复核：

填表说明：1. 本表应逐行从左到右横向跨栏填写。

2. “项”、“目”、“节”、“细目”、“定额”等的代号应根据实际需要按本办法附录四“概、预算项目表”及现行《公路工程概算定额》（JTG/T B06—01）、《公路工程预算定额》（JTG/T B06—02）的序列及内容填写。

3. 本表主要是为利用计算机软件编制概、预算提供基础数据，具体填表规则由软件用户手册详细制定。

分项工程概（预）算表

建设项目名称：

编制范围： 第 页 共 页 08－2 表

编号	工程项目												合计	
	工程细目													
	定额单位													
	工程数量													
	定额表号													
	工、料、机名称	单位	单价/元	定额	数量	金额/元	定额	数量	金额/元	定额	数量	金额/元	数量	金额/元
1	人工	工日												
2	……													
	定额 基价	元												
	直接工程费	元												
	其他工程费 Ⅰ	元												
	其他工程费 Ⅱ	元												
	间接费 规费	元												
	间接费 企业管理费	元												

续表

	利润及税金	元												
	建筑安装工程费	元												

编制：　　　　　　　　　　　　　　　　　　　　　　　　　　复核：

填表说明：1. 本表按具体分项工程项目数量、对应概（预）算定额子目填写，单价由07表转来，金额＝工、料、机各项的单价×定额×数量。

2. 其他工程费按相应项目的直接工程费或人工费与施工机械使用费之和×规定费率计算。

3. 规费按相应项目的人工费×规定费率计算。

4. 企业管理费按相应项目的直接费×规定费率计算。

5. 利润按相应项目的（直接费＋间接费－规费）×利润率计算。

6. 税金按相应项目的（直接费＋间接费＋利润）×税率计算。

材料预算单价计算表

建设项目名称：

编制范围：　　　　　　　　　　　　　　　　　　　　第　　页　共　　页　09表

序号	规格名称	单位	原价/元	运杂费					原价运费合计/元	场外运输损耗		采购及保管费		预算单价/元
				供应地点	运输方式、比重及运距	毛重系数或单位毛重	运杂费构成说明或计算式	单位运费/元		费率（%）	金额/元	费率（%）	金额/元	

编制：　　　　　　　　　　　　　　　　　　　　　　　　　　复核：

填表说明：1. 本表计算各种材料自供应地点或料场至工地的全部运杂费与材料原价及其他费用组成预算单价。

2. 运输方式按火车、汽车、船舶等及所占运输比重填写。

3. 毛重系数、场外运输损耗、采购及保管费按规定填写。

4. 根据材料供应地点、运输方式、运输单价、毛重系数等，通过运杂费构成说明或计算式，计算得出材料单位运费。

5. 材料原价与单位运费、场外运输损耗、采购及保管费组成材料预算单价。

自采材料料场价格计算表

建设项目名称：

编制范围：　　　　　　　　　　　　　　　　　　　　第　　页　共　　页　10表

序号	定额号	材料规格名称	单价	料场价格/元	人工/工日单价/元		间接费/元（占人工费%）	（　）单价/元		（　）单价/元		（　）单价/元		（　）单价/元	
					定额	金额		定额	金额	定额	金额	定额	金额	定额	金额

编制：　　　　　　　　　　　　　　　　　　　　　　　　　　复核：

填表说明：

1. 本表主要用于分析计算自采材料料场价格，应将选用的定额人工、材料、机械台班数量全部列出，包括相应的工、料、机单价。
2. 材料规格用途相同而生产方式（如人工捶碎石、机械轧碎石）不同时，应分别计算单价，再以各种生产方式所占比重根据合计价格加权平均计算料场价格。
3. 定额中机械台班有调整系数时，应在本表内计算。

机械台班单价计算表

建设项目名称：

编制范围：　　　　　　　　　　　　　　　　　　第　页 共　页 11表

序号	定额号	机械规范名称	台班单价/元	不变费用/元		可变费用（元）								
				调整系数		人工/（元/台班）		汽油/（元/kg）		柴油/（元/kg）		……		合计
				定额	调整值	定额	金额	定额	金额	定额	金额	定额	金额	

编制：　　　　　　　　　　　　　　　　　　　　复核：

填表说明：1. 本表应根据公路工程机械台班费用定额进行计算。不变费用如有调整系数，应填入调整值；可变费用各栏填入定额数量。

2. 人工、动力燃料的单价由材料预算单价计算表（09表）中转来。

辅助生产工、料、机械台班单位数量表

建设项目名称：

编制范围：　　　　　　　　　　　　　　　　　　第　页 共　页 12表

序号	规格名称	单位	人工/工日						

编制：　　　　　　　　　　　　　　　　　　　　复核：

填表说明：本表各栏数据由自采材料料场价格计算表（10表）统计而来。

附录二　概（预）算项目表样式

概预算项目表

项	目	节	细目	工程或费用名称	单位	备　注
				第一部分　建筑安装工程费	公路公里	建设项目路线总长度（主线长度）
一				临时工程	公路公里	
	1			临时道路	km	新建便道与利用原有道路的总长
			1	临时便道的修建与维护	km	新建便道长度
			2	原有道路的维护与恢复	km	利用原有道路长度
				……		
	2			临时便桥	m/座	指汽车便桥
	3			临时轨道铺设	km	
	4			临时电力线路	km	
	5			临时电信线路	km	不包括广播线
	6			临时码头	座	按不同的形式划分节或细目
二				路基工程	km	扣除桥梁、隧道和互通立交的主线长度，独立桥梁或隧道为引道或接线长度
	1			场地清理	km	
		1		清理与掘除	m^2	按清除内容的不同划分细目
			1	清除表土	m^3	
			2	伐树、挖根、除草	m^2	
				……		
		2		挖除旧路面	m^2	按不同的路面类型和厚度划分细目
			1	挖除水泥混凝土路面	m^2	
			2	挖除沥青混凝土路面	m^2	
			3	挖除碎（砾）石路面	m^2	
				……		
		3		拆除旧建筑物、构筑物	m^3	按不同的构筑材料划分细目
			1	拆除钢筋混凝土结构	m^3	
			2	拆除混凝土结构	m^3	
			3	拆除砖石及其他砌体	m^3	
				……		
	2			挖方	m^3	
		1		挖土方	m^3	按不同的地点划分细目
			1	挖路基土方	m^3	
			2	挖改路、改河、改渠土方	m^3	
				……		
		2		挖石方	m^3	按不同的地点划分细目
			1	挖路基石方	m^3	
			2	挖改路、改河、改渠石方	m^3	
				……		
		3		挖非适用材料	m^3	
		4		弃方运输	m^3	
	3			填方	m^3	

续表

项	目	节	细目	工程或费用名称	单位	备　注
		1		路基填方	m^3	按不同的填筑材料划分细目
			1	换填土	m^3	
			2	利用土方填筑	m^3	
			3	借土方填筑	m^3	
			4	利用石方填筑	m^3	
			5	填砂路基	m^3	
			6	粉煤灰及填石路基	m^3	
				……		
		2		改路、改河、改渠填方	m^3	按不同的填筑材料划分细目
			1	利用土方填筑	m^3	
			2	借土方填筑	m^3	
			3	利用石方填筑	m^3	
				……		
		3		结构物台背回填	m^3	按不同的填筑材料划分细目
			1	填碎石	m^3	
				……		
	4			特殊路基处理	km	指需要处理的软弱路基长度
		1		软土处理	km	按不同的处治方法划分细目
			1	抛石挤淤	m^3	
			2	砂、砂砾垫层	m^3	
			3	灰土垫层	m^3	
			4	预压与超载预压	m^2	
			5	袋装砂井	m	
			6	塑料排水板	m	
			7	粉喷桩与旋喷桩	m	
			8	碎石桩	m	
			9	砂桩	m	
			10	土工布	m^2	
			11	土工格栅	m^2	
			12	土工格室	m^2	
				……		
		2		滑坡处理	处	按不同的处治方法划分细目
			1	卸载土石方	m^2	
			2	抗滑桩	m^3	
			3	预应力锚索	m	
				……		
		3		岩溶洞回填	m^3	按不同的回填材料划分细目
			1	混凝土	m^3	
				……		
		4		膨胀土处理	km	按不同的处理方法划分细目
			1	改良土	m^3	
				……		
		5		黄土处理	m^3	按黄土的不同特性划分细目
			1	陷穴	m^3	
			2	湿陷性黄土	m^2	
				……		
		6		盐渍土处理	m^2	按不同的厚度划分细目
				……		

续表

项	目	节	细目	工程或费用名称	单位	备　注
	5			排水工程	km	按不同的结构类型分节
		1		边沟	m^3/m	按不同的材料、尺寸划分细目
			1	现浇混凝土边沟	m^3/m	
			2	浆砌混凝土预制块边沟	m^3/m	
			3	浆砌片石边沟	m^3/m	
			4	浆砌块石边沟	m^3/m	
				……		
		2		排水沟	处	按不同的材料、尺寸划分细目
			1	现浇混凝土排水沟	m^3/m	
			2	浆砌混凝土预制块排水沟	m^3/m	
			3	浆砌片石排水沟	m^3/m	
			4	浆砌块石排水沟	m^3/m	
				……		
		3		截水沟	m^3/m	按不同的材料、尺寸划分细目
			1	浆砌混凝土预制块截水沟	m^3/m	
			2	浆砌片石截水沟	m^3/m	
				……		
		4		急流槽	m^3/m	按不同的材料、尺寸划分细目
			1	现浇混凝土急流槽	m^3/m	
			2	浆砌片石急流槽	m^3/m	
				……		
		5		暗沟	m^3	按不同的材料、尺寸划分细目
				……		
		6		渗（盲）沟	m^3/m	按不同的材料、尺寸划分细目
				……		
		7		排水管	m	按不同的材料、尺寸划分细目
				……		
		8		集水井	m^3/个	按不同的材料、尺寸划分细目
				……		
		9		泄水槽	m^3/个	按不同的材料、尺寸划分细目
				……		
	6			防护与加固工程	km	按不同的结构类型分节
		1		坡面植物防护	m^2	按不同的材料划分细目
			1	播种草籽	m^2	
			2	铺（植）草皮	m^2	
			3	土工织物植草	m^2	
			4	植生袋植草	m^2	
			5	液压喷播植草	m^2	
			6	客土喷播植草	m^2	
			7	喷混植草	m^2	
				……		
		2		坡面圬工防护	m^3/m^2	按不同的材料和形式划分细目
			1	现浇混凝土护坡	m^3/m^2	
			2	预制块混凝土护坡	m^3/m^2	
			3	浆砌片石护坡	m^3/m^2	
			4	浆砌块石护坡	m^3/m^2	
			5	浆砌片石骨架护坡	m^3/m^2	
			6	浆砌片石护面墙	m^3/m^2	

续表

项	目	节	细目	工程或费用名称	单位	备　注
			7	浆砌块石护面墙	m^3/m^2	
				……		
		3		坡面喷浆防护	m^2	按不同的材料划分细目
			1	抹面、捶面护坡	m^2	
			2	喷浆护坡	m^2	
			3	喷射混凝土护坡	m^3/m^2	
				……		
		4		坡面加固	m^2	按不同的材料和形式划分细目
			1	预应力锚索	t/m	
			2	锚杆、锚钉	t/m	
			3	锚固板	m^3	
				……		
		5		挡土墙	m^3/m	
			1	现浇混凝土挡土墙	m^3/m	
			2	锚杆挡土墙	m^3/m	
			3	锚碇板挡土墙	m^3/m	
			4	加筋土挡土墙	m^3/m	
			5	扶壁式、悬臂式挡土墙	m^3/m	
			6	桩板墙	m^3/m	
			7	浆砌片石挡土墙	m^3/m	
			8	浆砌块石挡土墙	m^3/m	
			9	浆砌护肩墙	m^3/m	
			10	浆砌（干砌）护脚	m^3/m	
				……		
		6		抗滑桩	m^3	按不同的规格划分细目
				……		
		7		冲刷防护	m^3	按不同的材料和形式划分细目
			1	浆砌片石河床铺砌	m^3	
			2	导流坝	m^3/处	
			3	驳岸	m^3/m	
			4	石笼	m^3/处	
				……		
		8		其他工程	km	根据具体情况划分细目
				……		
三				路面工程	km	
	1			路面垫层	m^2	按不同的材料分节
		1		碎石垫层	m^2	按不同的厚度划分细目
		2		砂砾垫层	m^2	按不同的厚度划分细目
				……		
	2			路面底基层	m^2	按不同的材料分节
		1		石灰稳定类底基层	m^2	按不同的厚度划分细目
		2		水泥稳定类底基层	m^2	按不同的厚度划分细目
		3		石灰粉煤灰稳定类底基层	m^2	按不同的厚度划分细目
		4		级配碎（砾）石底基层	m^2	按不同的厚度划分细目
				……		
	3			路面基层	m^2	按不同的材料分节
		1		石灰稳定类基层	m^2	按不同的厚度划分细目
		2		水泥稳定类基层	m^2	按不同的厚度划分细目

续表

项	目	节	细目	工程或费用名称	单位	备　注
		3		石灰粉煤灰稳定类基层	m^2	按不同的厚度划分细目
		4		级配碎（砾）石基层	m^2	按不同的厚度划分细目
		5		水泥混凝土基层	m^2	按不同的厚度划分细目
		6		沥青碎石混合料基层	m^2	按不同的厚度划分细目
				……		
	4			透层、黏层、封层	m^2	按不同的形式分节
		1		透层	m^2	
		2		黏层	m^2	
		3		封层	m^2	按不同的材料划分细目
			1	沥青表处封层	m^2	
			2	稀浆封层	m^2	
				……		
		4		单面烧毛纤维土工布	m^2	
		5		玻璃纤维格栅	m^2	
				……		
	5			沥青混凝土面层	m^2	指上面层面积
		1		粗粒式沥青混凝土面层	m^2	按不同的厚度划分细目
		2		中粒式沥青混凝土面层	m^2	按不同的厚度划分细目
		3		细粒式沥青混凝土面层	m^2	按不同的厚度划分细目
		4		改性沥青混凝土面层	m^2	按不同的厚度划分细目
		5		沥青玛瑶脂碎石混合料面层	m^2	按不同的厚度划分细目
				……		
	6			水泥混凝土面层	m^2	按不同的材料分节
		1		水泥混凝土面层	m^2	按不同的厚度划分细目
		2		连续配筋混凝土面层	m^2	按不同的厚度划分细目
		3		钢筋	t	
	7			其他面层	m^2	按不同的类型分节
		1		沥青表面处治面层	m^2	按不同的厚度划分细目
		2		沥青贯入式面层	m^2	按不同的厚度划分细目
		3		沥青上拌下贯式面层	m^2	按不同的厚度划分细目
		4		泥结碎石面层	m^2	按不同的厚度划分细目
		5		级配碎（砾）石面层	m^2	按不同的厚度划分细目
		6		天然砂砾面层	m^2	按不同的厚度划分细目
				……		
	8			路槽、路肩及中央分隔带	km	
		1		挖路槽	m^2	按不同的土质划分细目
			1	土质路槽	m^2	
			2	石质路槽	m^2	
		2		培路肩	m^2	按不同的厚度划分细目
		3		土路肩加固	m^2	按不同的加固方式划分细目
			1	现浇混凝土	m^2	
			2	铺砌混凝土预制块	m^2	
			3	浆砌片石	m^2	
				……		
		4		中央分隔带回填土	m^3	
		5		路缘石	m^3	按现浇和预制安装划分细目
				……		
	9			路面排水	km	按不同的类型分节

续表

项	目	节	细目	工程或费用名称	单位	备　注
		1		拦水带	m	按不同的材料划分细目
			1	沥青混凝土	m	
			2	水泥混凝土	m	按不同的类型划分细目
		2		排水沟	m	
			1	路肩排水沟	m	
			2	中央分隔带排水沟	m	
				……		
		3		排水管	m	按不同的类型划分细目
			1	纵向排水管	m	
			2	横向排水管	m/道	
				……		
		4		集水井	m^3/个	按不同的规格划分细目
				……		
四				桥梁涵洞工程	km	指桥梁长度
	1			漫水工程	m/处	
		1		过水路面	m/处	
		2		混合式过水路面	m/处	
	2			涵洞工程	m/道	按不同的结构类型分节
		1		钢筋混凝土管涵	m/道	按管径和单、双孔划分细目
			1	1－1.0m 圆管涵	m/道	
			2	1－1.0m 圆管涵	m/道	
			3	倒虹吸管	m/道	
				……		
		2		盖板涵	m/道	按不同的材料和涵径划分细目
			1	2.0m×2.0m 石盖板涵	m/道	
			2	2.0m×2.0m 钢筋混凝土盖板涵	m/道	
				……		
		3		箱涵	m/道	按不同的涵径划分细目
			1	4.0m×4.0m 钢筋混凝土箱涵	m/道	
				……		
		4		拱涵	m/道	按不同的材料和涵径划分细目
			1	4.0m×4.0m 石拱涵	m/道	
			2	4.0m×4.0m 钢筋混凝土拱涵	m/道	
	3			小桥工程	m/座	按不同的结构类型分节
		1		石拱桥	m/座	按不同的跨径划分细目
		2		钢筋混凝土矩形板桥	m/座	按不同的跨径划分细目
		3		钢筋混凝土空心板桥	m/座	按不同的跨径划分细目
		4		钢筋混凝土 T 形梁桥	m/座	按不同的跨径划分细目
		5		预应力混凝土空心板桥	m/座	按不同的跨径划分细目
				……		
	4			中桥工程	m/座	按不同的结构类型或桥名分节
		1		钢筋混凝土空心板桥	m/座	按不同的跨径或工程部位划分细目
		2		钢筋混凝土 T 形梁桥	m/座	按不同的跨径或工程部位划分细目
		3		钢筋混凝土拱桥	m/座	按不同的跨径或工程部位划分细目
		4		预应力混凝土空心板桥	m/座	按不同的跨径或工程部位划分细目
				……		

续表

项	目	节	细目	工程或费用名称	单位	备　　注
	5			大桥工程	m/座	按桥名或不同的工程部位分节
		1		××大桥	m^3/m	按不同的工程部位划分细目
			1	天然基础	m^2/m	
			2	桩基础	m^3	
			3	沉井基础	m^3	
			4	桥台	m^3	
			5	桥墩	m^3	
			6	上部构造	m^3	注明上部构造跨径组成及结构形式
				……		
		2		……		
	6			××特大桥工程	m^2/m	按桥名分目，按不同的工程部位分节
		1		基础	m^3/座	按不同的形式划分细目
			1	天然基础	m^3	
			2	桩基础	m^3	
			3	沉井基础	m^3	
			4	承台	m^3	
				……		
		2		下部构造	m^3/座	按不同的形式划分细目
			1	桥台	m^3	
			2	桥墩	m^3	
			3	索塔	m^3	
				……		
		3		上部构造	m^3	按不同的形式划分细目，并注明其跨径成
			1	预应力混凝土空心板	m^3	
			2	预应力混凝土T形梁	m^3	
			3	预应力混凝土连续梁	m^3	
			4	预应力混凝土连续刚构	m^3	
			5	钢管拱桥	m^3	
			6	钢箱梁	t	
			7	斜拉索	t	
			8	主缆	t	
			9	预应力钢材	t	
				……		
		4		桥梁支座	个	
			1	矩形板式橡胶支座	dm^3	按不同规格划分细目
			2	圆形板式橡胶支座	dm^3	
			3	矩形四氟板式橡胶支座	dm^3	
			4	圆形四氟板式橡胶支座	dm^3	
			5	盆式橡胶支座	个	
				……		
		5		桥梁伸缩缝	m	指伸缩缝长度，按不同规格划分细目
			1	橡胶伸缩装置	m	
			2	模数式伸缩装置	m	
			3	填充式伸缩装置	m	
				……		
		6		桥面铺装	m^3	按不同的材料划分细目
			1	沥青混凝土桥面铺装	m^3	
			2	水泥混凝土桥面铺装	m^3	

续表

项	目	节	细目	工程或费用名称	单位	备　注
			3	水泥混凝土垫平层	m^3	
			4	防水层	m^2	
				……		
		7		人行道系	m	指桥梁长度，按不同的类型划分细目
			1	人行道及栏杆	m^3/m	
			2	桥梁钢防撞护栏	m	
			3	桥梁波形梁护栏	m	
			4	桥梁水泥混凝土防撞墙	m	
			5	桥梁防护网	m	
				……		
		8		其他工程	m	指桥梁长度，按不同类型划分细目
			1	看桥房及岗亭	座	
			2	砌筑工程	m^3	
			3	混凝土构件装饰	m^2	
				……		
五				交叉工程	处	按不同的交叉形式分目
	1			平面交叉道	处	按不同的类型分节
		1		公路与铁路平面交叉	处	
		2		公路与公路平面交叉	处	
		3		公路与大车道平面交叉	处	
				……		
	2			通道	m/处	按结构类型分节
		1		钢筋混凝土箱式通道	m/处	
		2		钢筋混凝土板式通道	m/处	
				……		
	3			人行天桥	m/处	
		1		钢结构人行天桥	m/处	
		2		钢筋混凝土结构人行天桥	m/处	
	4			渡槽	m/处	按结构类型分节
		1		钢筋混凝土渡槽	m/处	
		2		……		
	5			分离式立体交叉	处	按交叉名称分节
		1		××分离式立体交叉	处	按不同的工程内容划分细目
			1	路基土石方	m^3	
			2	路基排水防护	m^3	
			3	特殊路基处理	km	
			4	路面	m^2	
			5	涵洞及通道	m^3/m	
			6	桥梁	m^2	
				……		
		2		……		
	6			××互通式立体交叉	处	按互通名称分目（注明其类型），按不同的分部工程分节
		1		路基土石方	m^3/km	
			1	清理与掘除	m^2	
			2	挖土方	m^3	

续表

项	目	节	细目	工程或费用名称	单位	备　注
			3	挖石方	m^3	
			4	挖非适用材料	m^3	
			5	弃方运输	m^3	
			6	换填土	m^3	
			7	利用土方填筑	m^3	
			8	借土方填筑	m^3	
			9	利用石方填筑	m^3	
			10	结构物台背回填	m^3	
		2		特殊路基处理	km	
			1	特殊路基垫层	m^3	
			2	预压与超载预压	m^2	
			3	袋装砂井	m	
			4	塑料排水板	m	
			5	粉喷桩与旋喷桩	m	
			6	碎石桩	m	
			7	砂桩	m	
			8	土工布	m^2	
			9	土工格栅	m^2	
			10	土工格室	m^2	
				……		
		3		排水工程	m^3	
			1	混凝土边沟、排水沟	m^3/m	
			2	砌石边沟、排水沟	m^3/m	
			3	现浇混凝土急流槽	m^3/m	
			4	浆砌片石急流槽	m^3/m	
			5	暗沟	m^3	
			6	渗（盲）沟	m^3/m	
			7	拦水带	m	
			8	排水管	m	
			9	集水井	m^3/个	
				……		
		4		防护工程	m^3	
			1	播种草籽	m^2	
			2	铺（植）草皮	m^2	
			3	土工织物植草	m^2	
			4	植生袋植草	m^2	
			5	液压喷播植草	m^2	
			6	客土喷播植草	m^2	
			7	喷混植草	m^2	
			8	现浇混凝土护坡	m^3/m^2	
			9	预制块混凝土护坡	m^3/m^2	
			10	浆砌片石护坡	m^3/m^2	
			11	浆砌块石护坡	m^3/m^2	
			12	浆砌片石骨架护坡	m^3/m^2	
			13	浆砌片石护面墙	m^3/m^2	
			14	浆砌块石护面墙	m^3/m^2	
			15	喷射混凝土护坡	m^3/m^2	
			16	现浇混凝土挡土墙	m^3/m	

续表

项	目	节	细目	工程或费用名称	单位	备　注
			17	加筋土挡土墙	m^3/m	
			18	浆砌片石挡土墙	m^3/m	
			19	浆砌块石挡土墙	m^3/m	
				……		
		5		路面工程	m^2	
			1	碎石垫层	m^2	
			2	砂砾垫层	m^2	
			3	石灰稳定类底基层	m^2	
			4	水泥稳定类底基层	m^2	
			5	石灰粉煤灰稳定类底基层	m^2	
			6	级配碎（砾）石底基层	m^2	
			7	石灰稳定类基层	m^2	
			8	水泥稳定类基层	m^2	
			9	石灰粉煤灰稳定类基层	m^2	
			10	级配碎（砾）石基层	m^2	
			11	水泥混凝土基层	m^2	
			12	透层、黏层、封层	m^2	
			13	沥青混凝土面层	m^2	
			14	改性沥青混凝土面层	m^2	
			15	沥青玛蹄脂碎石混合料面层	m^2	
			16	水泥混凝土面层	m^2	
			17	中央分隔带回填土	m^3	
			18	路缘石	m^3	
				……		
		6		涵洞工程	m/道	
			1	钢筋混凝土管涵	m/道	
			2	倒虹吸管	m/道	
			3	盖板涵	m/道	
			4	箱涵	m/道	
			5	拱涵	m/道	
		7		桥梁工程	m/道	
			1	天然基础	m^3	
			2	桩基础	m^3	
			3	沉井基础	m^3	
			4	桥台	m^3	
			5	桥墩	m^3	
			6	上部构造	m^3	
				……		
		8		通道	m/处	
六				隧道工程	km/座	按隧道名称分目，并注明其形式
	1			××隧道	m	按明洞、洞门、洞身开挖、衬砌等分节
		1		洞门及明洞开挖	m^3	
			1	挖土方	m^3	
			2	挖石方	m^3	
				……		
		2		洞门及明洞修筑	m^3	
			1	洞门建筑	m^3/座	
			2	明洞衬砌	m^3/m	

续表

项	目	节	细目	工程或费用名称	单位	备　注
			3	遮光棚（板）	m^3/m	
			4	洞口坡面防护	m^3	
			5	明洞回填	m^3	
				……		
		3		洞身开挖	m^3/m	
			1	挖土石方	m^3	
			2	注浆小导管	m	
			3	管棚	m	
			4	锚杆	m	
			5	钢拱架（支撑）	t/榀	
			6	喷射混凝土	m^3	
			7	钢筋网	t	
				……		
		4		洞身衬砌	m^3	
			1	现浇混凝土	m^3	
			2	仰拱混凝土	m^3	
			3	管、沟混凝土	m^3	
				……		
		5		防水与排水	m^3	
			1	防水板	m^2	
			2	止水带、条	m	
			3	压浆	m^3	
			4	排水管	m	
				……		
		6		洞内路面	m^2	按不同的路面结构和厚度划分细目
			1	水泥混凝土路面	m^2	
			2	沥青混凝土路面	m^2	
				……		
		7		通风设施	m	按不同的设施划分细目
			1	通风机安装	台	
			2	风机启动柜洞门	个	
				……		
		8		消防设施	m	按不同的设施划分细目
			1	消防室洞门	个	
			2	通道防火闸门	个	
			3	蓄（集）水池	座	
			4	喷防火涂料	m^2	
				……		
		9		照明设施	m	按不同的设施划分细目
			1	照明灯具	m	
				……		
		10		供电设施	m	按不同的设施划分细目
		11		其他工程	m	按不同的内容划分细目
			1	卷帘门	个	
			2	检修门	个	
			3	洞身及洞门装饰	m^2	
				……		
	2			××隧道	m	

续表

项	目	节	细目	工程或费用名称	单位	备　注
七				公路设施及预埋管线工程	公路公里	
	1			安全设施	公路公里	按不同的设施分节
		1		石砌护栏	m^3/m	
		2		钢筋混凝土防撞护栏	m^3/m	
		3		波形钢板护栏	m	按不同的形式划分细目
		4		隔离栅	km	按不同的材料划分细目
		5		防护网	km	
		6		公路标线	km	按不同的类型划分细目
		7		轮廓标	根	
		8		防眩板	m	
		9		钢筋混凝土护柱	根/m	
		10		里程碑、百米桩、公路界碑	块	
		11		各类标志牌	块	按不同的规格和材料划分细目
		12		……		
	2			服务设施	公路公里	按不同的设施分节
		1		服务区	处	按不同的内容划分细目
		2		停车区	处	按不同的内容划分细目
		3		公共汽车停靠站	处	按不同的内容划分细目
	3			管理、养护设施	公路公里	按不同的设施分节
		1		收费系统设施	处	按不同的内容划分细目
			1	设备安装	公路公里	
			2	收费亭	个	
			3	收费天棚	m^2	
			4	收费岛	个	
			5	通道	m/道	
			6	预埋管线	m	
			7	架设管线	m	
				……		
		2		通信系统设施	公路公里	按不同的内容划分细目
			1	设备安装	公路公里	
			2	管道工程	m	
			3	人（手）孔	个	
			4	紧急电话平台	个	
				……		
		3		监控系统设施	公路公里	按不同的内容划分细目
			1	设备安装	公路公里	
			2	光（电）缆敷设	km	
				……		
		4		供电、照明系统设施	公路公里	按不同的内容划分细目
			1	设备安装	公路公里	
				……		
		5		养护工区	处	按不同的内容划分细目
			1	区内道路	km	
				……		
	4			其他工程	公路公里	
			1	悬出路台	m/处	
			2	渡口码头	处	
			3	辅道工程	km	

续表

项	目	节	细目	工程或费用名称	单位	备　注
			4	支线工程	km	
			5	公路交工前养护费	km	按附录一计算
八				绿化及环境保护工程	公路公里	
	1			撒播草种和铺植草皮	m^2	按不同的内容分节
		1		撒播草种	m^2	按不同的内容划分细目
		2		铺植草皮	m^2	按不同的内容划分细目
		3		绿地喷灌管道	m	按不同的内容划分细目
	2			种植乔、灌木	株	按不同的内容分节
		1		种植乔木	株	按不同的树种划分细目
			1	高山榕	株	
			2	美人蕉	株	
				……		
		2		种植灌木	株	按不同的树种划分细目
			1	夹竹桃	株	
			2	月季	株	
				……		
		3		种植攀缘植物	株	按不同的树种划分细目
			1	爬山虎	株	
			2	葛藤	株	
		4		……		
		5		种植竹类植物	株	按不同的内容划分细目
		6		种植棕榈类植物	株	按不同的内容划分细目
		7		栽植绿篱	m	
	3			栽植绿色带	m^2	
		1		声屏障	m	按不同的类型分节
		2		消声板声屏障	m	
		3		吸音砖声屏障	m^3	
				砖墙声屏障	m^3	
				……		
	4			污水处理	处	按不同的内容分节
	5			取、弃土场防护	m^3	按不同的内容分节
				……		
九				管理、养护及服务房屋	m^2	
	1			管理房屋	m^2	
		1		收费站	m^2	
		2		管理站	m^2	
		3		……		
	2			养护房屋	m^2	按房屋名称分节
		1		……		
	3			服务房屋	m^2	按房屋名称分节
		1		……		
				第二部分　设备及工具、器具购置费	公路公里	
一				设备购置费	公路公里	
	1			需安装的设备	公路公里	
		1		监控系统设备	公路公里	按不同设备分别计算
		2		通信系统设备	公路公里	按不同设备分别计算
		3		收费系统设备	公路公里	按不同设备分别计算

续表

项	目	节	细目	工程或费用名称	单位	备　注
		4		供电照明系统设备	公路公里	按不同设备分别计算
	2			不需安装的设备	公路公里	
		1		监控系统设备	公路公里	按不同设备分别计算
		2		通信系统设备	公路公里	按不同设备分别计算
		3		收费系统设备	公路公里	
		4		供电照明系统设备	公路公里	
		5		养护设备	公路公里	
二				工具、器具购置	公路公里	
三				办公及生活用家具购置	公路公里	
				第三部分 工程建设其他费用	公路公里	
一				土地征用及拆迁补偿费	公路公里	
二				建设项目管理费	公路公里	
	1			建设单位（业主）管理费	公路公里	
	2			工程质量监督费	公路公里	
	3			工程监理费	公路公里	
	4			工程定额测定费	公路公里	
	5			设计文件审查费	公路公里	
	6			竣（交）工验收试验检测费	公路公里	
三				研究试验费	公路公里	
四				建设项目前期工作费	公路公里	
五				专项评价（估）费	公路公里	
六				施工机构迁移费	公路公里	
七				供电贴费	公路公里	
八				联合试运转费	公路公里	
九				生产人员培训费	公路公里	
十				固定资产投资方向调节税	公路公里	
十一				建设期贷款利息	公路公里	
				第一、二、三部分费用合计	公路公里	
				预备费	元	
				1．价差预备费	元	
				2．基本预备费	元	
				概（预）算总金额	元	
				其中：回收金额	元	
				公路基本造价	公路公里	

附录三　公路交工前养护费指标

公路交工前养护费为陆续完工的路段，在路段交工初验时止，以路面为主包括路基构造物在内的养护费用。该费用按全线里程及平均养护月数，以下列标准计算：

三、四级公路每月养护费按每公里每月60个工日计算；

二级及二级以上公路每月养护费按每公里每月30个工日计算；

另按路面工程类别计算其他工程费和间接费。

附录四　绿化补助费指标

新建公路的绿化补助费指标如下：

平原微丘陵区：5000元/km；

山岭重丘陵区：1000元/km。

以上费用标准内已包括其他工程费和间接费。

本指标仅适用于无绿化设计的二级以下等级公路建设项目。

附录五　冬雨季及夜间施工增工百分率、临时设施用工指标

1. 冬雨季及夜间施工增工百分率按下表计算：

项　目	雨季施工（雨量区）		冬　季　施　工							
			冬一区		冬二区		冬三区	冬四区	冬五区	冬六区
	Ⅰ	Ⅱ	Ⅰ	Ⅱ	Ⅰ	Ⅱ				
路线	0.30	0.45	0.70	1.00	1.40	1.80	2.40	3.00	4.50	6.75
独立大中桥	0.30	0.45	0.30	0.40	0.50	0.60	0.80	1.00	1.50	2.25

注：冬雨季施工增加工以各类工程概、预算工数之和为依据，表中雨季施工增工百分率为每个雨季月的增加率，如雨季期（不是施工期）为两个半月时，表列数值应乘2.5，余类推。夜间施工增加工按夜间施工工程项目概、预算工数的4%计。

2. 临时设施用工指标按下表计算：

项目	路线（1km）					独立大中桥（$100m^2$ 桥面）
	公路等级					
	高速公路	一级公路	二级公路	三级公路	四级公路	
工日	2340	1160	340	160	100	60

附录六　设备与材料的划分标准

工程建设设备与材料的划分，直接关系到投资构成的合理划分、概（预）算的编制以及施工产值的计算等方面，为合理确定工程造价，加强对建设过程投资管理，统一概（预）算编制口径，现对交通工程中设备与材料的划分提出如下划分原则和规定。本规定如与国家主管部门新颁布的规定相抵触时，按国家规定执行。

一、设备与材料的划分原则

（1）凡是经过加工制造，由多种材料和部件按各自用途组成生产加工、动力、传送、储存、运输、科研等功能的机器、容器和其他机械、成套装置等均为设备。

设备分为标准设备和非标准设备。

标准设备（包括通用设备和专用设备）：是指按国家规定的产品标准批量生产的、已进入设备系列的设备。

非标准设备：是指国家未定型、非批量生产的、由设计单位提供制造图纸，委托承制单位或施工企业在工厂或施工现场制作的设备。

设备一般包括以下各项：

① 各种设备的本体及随设备到货的配件、备件和附属于设备本体制作成型的梯子、平台、栏杆及管道等。

② 各种计量器、仪表及自动化控制装置、实验的仪器及属于设备本体部分的仪器仪表等。

③ 附属于设备本体的油类、化学药品等设备的组成部分。

④ 无论用于生产或生活或附属于建筑物的水泵、锅炉及水处理设备、电气、通风设备等。

（2）为完成建筑、安装工程所需的原料和经过工业加工在工艺生产过程中不起单元工艺生产用的设备本体以外的零配件、附件、成品、半成品等均为材料。

材料一般包括以下各项：

① 设备本体以外的不属于设备配套供货，需由施工企业进行加工制作或委托加工的平台、梯子、栏杆及其他金属构件等，以及成品、半成品形式供货的管道、管件、阀门、法兰等。

② 设备本体以外的各种行车轨道、滑触线、电梯的滑轨等均为材料。

二、设备与材料的划分界限

1. 设备。

（1）通信系统。

市内、长途电话交换机、程控电话交换机、微波、载波通信设备，电报和传真设备，中、短波通信设备及中短波电视天馈线装置，移动通信设备、卫星地球站设备，通信电源设备，光纤通信数字设备，有线广播设备等各种生产及配套设备和随机附件等。

（2）监控和收费系统。

自动化控制装置、计算机及其终端、工业电视、检测控制装置、各种探测器、除尘设备、分析仪表、显示仪表、基地式仪表、单元组合仪表、变送器、传送器及调节阀、盘上安装器、压力、温度、流量、差压、物位仪表，成套供应的盘、箱、柜、屏（包括箱和已经安装就位的仪表、元件等）及随主机配套供应的仪表等。

（3）电气系统。

各种电力变压器、互感器、调压器、感应移相器、电抗器、高压断路器、高压熔断器、稳压器、电源调整器、高压隔离开关、装置式空气开关、电力电容器、蓄电池、磁力启动器、交直流报警器、成套箱式变电站、共箱母线、封密式母线槽、成套供应的箱、盘、柜、屏及其随设备带来的母线和支持瓷瓶等。

（4）通风及管道系统。

空气加热器、冷却器、各种空调机、风尘管、过滤器、制冷机组、空调机组、空调器、各类风机、除尘设备、风机盘管、净化工作台、风淋室、冷却塔、公称直径300以上的人工阀门和电动阀门等。

（5）房屋建筑。

电梯、成套或散装到货的锅炉及其附属设备、汽轮发电机及其附属设备、电动机、污水处理装置、电子秤、地中衡、开水炉、冷藏箱，热力系统的除氧器水箱和疏水箱，工业水系统的工业水箱，油冷却系统的油箱，酸碱系统的酸碱储存槽，循环水系统的旋转滤网、启闭装置的启闭机等。

（6）消防及安全系统。

隔膜式气压水罐（气压罐）、泡沫发生器、比例混合器、报警控制器、报警信号前端传输设备、无线报警发送设备、报警信号接收机、可视对讲主机、联动控制器、报警联动一体机、重复显示器、远程控制器、消防广播控制柜、广播功放、录音机、广播分配器、消防通信电话交换机、消防报警备用电源、X射线安全检查设备、金属武器探测门、摄像设备、监视器、镜头、云台、控制台、监视器柜、支台控制器、视频切换器、全电脑视频切换设备、音频、视频、脉冲分配器、视频补偿器、视频传输设备、汉字发生设备、录像、录音设备、电源、CRT显示终端、模拟盘等。

（7）炉窑砌筑。

装置在炉窑中的成品炉管、电机、鼓风机和炉窑传动、提升装置，属于炉窑本体的金属铸体、锻件、加工件及测温装置、仪器仪表、消烟、回收、除尘装置，随炉供应已安装就位的金具、耐火衬里、炉体金属预埋件等。

（8）各种机动车辆。

（9）各种工艺设备在试车时必须填充的一次性填充材料（如各种瓷环、钢环、塑料环、钢球等），各种化学药品（如树脂、珠光砂、触煤、干燥剂、催化剂等）及变压器油等，不论是随设备带来的，还是单独订货购置的，均视为设备的组成部分。

2. 材料。

（1）各种管道、管件、配件、公称直径300以内的人工阀门、水表、防腐保温及绝缘材料、油漆、支架、消火栓、空气泡沫枪、泡沫炮、灭火器、灭火机、灭火剂、泡沫液、水泵接合器、可曲橡胶接头、消防喷头、卫生器具、钢制排水漏斗、水箱、分气缸、疏水器、减压器、压力表、温度计、调压板、散热器、供暖器具、凝结水箱、膨胀水箱、冷热水混合器、除污器、分水缸（器）、各种风管及其附件和各种调节阀、风口、风帽、罩类、消声器及其部（构）件、散流器、保护壳、风机减震台座、减震器、凝结水收集器、单双人焊接装置、煤气灶、煤气表、烘箱灶、火管式沸水器、水型热水器、开关、引火棒、防雨帽、放散管拉紧装置等。

（2）各种电线、母线、绞线、电缆、电缆终端头、电缆中间头、吊车滑触线、接地母线，接地极、避雷线、避雷装置（包括各种避雷器、避雷针等）、高低压绝缘子、线夹、穿墙套管、灯具、开关、灯头盒、开关盒、接线盒、插座、闸盒保险器、电杆、横担、铁塔、各种支架、仪表插座、桥架、梯架、立柱、托臂、人孔手孔、挂墙照明配电箱、局部照明变压器、按钮、行程开关、刀闸开关、组合开关、转换开关、铁壳开关、电扇、电铃、电表、蜂鸣器、电笛、信号灯、低音扬声器、电话单机、熔断器等。

（3）循环水系统的钢板闸门及拦污栅、启闭构架等。

（4）现场制作与安装的炉管及其他所需的材料或填料、现场砌筑用的耐火、耐酸、保温、防腐、捣打料、绝热纤维、天然白泡石、玄武岩、金具、炉门及窥视孔、预埋件等。

（5）所有随管线（路）同时组合安装的一次性仪表、配件、部件及元件（包括就地安装的温度计、压力表）等。

（6）制造厂以散件或分段分片供货的塔、器、罐等，在现场拼接、组装、焊接、安装内件或改制时所消耗的物料均为材料。

（7）各种金属材料、金属制品、焊接材料、非金属材料、化工辅助材料、其他材料等。

3. 对于一些在制造厂未整体制作完成的设备，或分片压制成型，或分段散装供货的设备，需要建筑安装工人在施工现场加工、拼装、焊接的，按上述划分原则和其投资构成应属于设备购置费。为合理反映建筑安装工人付出的劳动和创造的价值，可按其在现场加工组装焊接的工作量，将其分片或组装件按其设备价值的一部分以加工费的形式计入安装工程费内。

4. 供应原材料，在施工现场制作安装或施工企业附属生产单位为本单元承包工程制作并安装的非标准设备，除配套的电机、减速机外，其加工制作消耗的工、料（包括主材）、机等均应计入安装工程费内。

5. 凡是制造厂未制造完成的设备，已分片压制成型、散装或分段供货，需要建筑安装工人在施工现场拼装、组装、焊接及安装内件的，其制作、安装所需的物料为材料，内件、塔盘为设备。

附录七　全国冬季施工气温区划分表

<table>
<tr><th>省、自治区、直辖市</th><th>地区、市、自治州、盟（县）</th><th>气温区</th><th></th></tr>
<tr><td>北京</td><td>全境</td><td>冬二</td><td>Ⅰ</td></tr>
<tr><td>天津</td><td>全境</td><td>冬二</td><td>Ⅰ</td></tr>
<tr><td rowspan="5">河北</td><td>石家庄、邢台、邯郸、衡水市（冀州市、枣强县、故城县）</td><td>冬一</td><td>Ⅱ</td></tr>
<tr><td>廊坊、保定（涞源县及以北除外）、衡水（冀州市、枣强县、故城县除外）、沧州市</td><td rowspan="2">冬二</td><td>Ⅰ</td></tr>
<tr><td>唐山、秦皇岛市</td><td>Ⅱ</td></tr>
<tr><td>承德（围场县除外）、张家口（沽源县、张北县、尚义县、康保县除外）、保定市（涞源县及以北）</td><td colspan="2">冬三</td></tr>
<tr><td>承德（围场县）、张家口市（沽源县、张北县、尚义县、康保县）</td><td colspan="2">冬四</td></tr>
<tr><td rowspan="5">山西</td><td>运城市（万荣县、夏县、绛县、新绛县、稷山县、闻喜县除外）</td><td>冬一</td><td>Ⅱ</td></tr>
<tr><td>运城（万荣县、夏县、绛县、新绛县、稷山县、闻喜县）、临汾（尧都区、侯马市、曲沃县、翼城县、襄汾县、洪洞县）、阳泉（盂县除外）、长治（黎城县）、晋城市（城区、泽州县、沁水县、阳城县）</td><td rowspan="2">冬二</td><td>Ⅰ</td></tr>
<tr><td>太原（娄烦县除外）、阳泉（盂县）、长治（黎城县除外）、晋城（城区、泽州县、沁水县，阳城县除外）、晋中（寿阳县、和顺县、左权县除外）、临汾（尧都区、侯马市、曲沃县、翼城县、襄汾县、洪洞县除外）、吕梁市（孝义市、汾阳市、文水县、交城县、柳林县、石楼县、交口县、中阳县）</td><td>Ⅱ</td></tr>
<tr><td>太原（娄烦县）、大同（左云县除外）、朔州（右玉县除外）、晋中（寿阳县、和顺县、左权县）、忻州、吕梁市（离石区、临县、岚县、方山县、兴县）</td><td colspan="2">冬三</td></tr>
<tr><td>大同（左云县）、朔州市（右玉县）</td><td colspan="2">冬四</td></tr>
<tr><td rowspan="5">内蒙古</td><td>乌海市，阿拉善盟（阿拉善左旗、阿拉善右旗）</td><td>冬二</td><td>Ⅰ</td></tr>
<tr><td>呼和浩特（武川县除外）、包头（固阳县除外）、赤峰、鄂尔多斯、巴彦淖尔、乌兰察布市（察哈尔右翼中旗除外），阿拉善盟（额济纳旗）</td><td colspan="2">冬三</td></tr>
<tr><td>呼和浩特（武川县）、包头（固阳县）、通辽、乌兰察布市（察哈尔右翼中旗），锡林郭勒（苏尼特右旗、多伦县）、兴安盟（阿尔山市除外）</td><td colspan="2">冬四</td></tr>
<tr><td>呼伦贝尔市（海拉尔区、新巴尔虎右旗、阿荣旗），兴安（阿尔山市）、锡林郭勒盟（冬四区以外各地）</td><td colspan="2">冬五</td></tr>
<tr><td>呼伦贝尔市（冬五区以外各地）</td><td colspan="2">冬六</td></tr>
</table>

续表

省、自治区、直辖市	地区、市、自治州、盟（县）	气温区	
辽宁	大连（瓦房店市、普兰店市、庄河市除外）、葫芦岛市（绥中县）	冬二	I
	沈阳（康平县、法库县除外）、大连（瓦房店市、普兰店市、庄河市）、鞍山、本溪（桓仁县除外）、丹东、锦州、阜新、营口、辽阳、朝阳（建平县除外）、葫芦岛（绥中县除外）、盘锦市	冬三	
	沈阳（康平县、法库县）、抚顺、本溪（桓仁县）、朝阳（建平县）、铁岭市	冬四	
吉林	长春（榆树市除外）、四平、通化（辉南县除外）、辽源、白山（靖宇县、抚松县、长白县除外）、松原（长岭县）、白城市（通榆县），延边自治州（敦化市、汪清县、安图县除外）	冬四	
	长春（榆树市）、吉林、通化（辉南县）、白山（靖宇县、抚松县、长白县）、白城（通榆县除外）、松原市（长岭县除外），延边自治州（敦化市、汪清县、安图县）	冬五	
黑龙江	牡丹江市（绥芬河市、东宁县）	冬四	
	哈尔滨（依兰县除外）、齐齐哈尔（讷河市、依安县、富裕县、克山县、克东县、拜泉县除外）、绥化（安达市、肇东市、兰西县）、牡丹江（绥芬河市、东宁县除外）、双鸭山（宝清县）、佳木斯（桦南县）、鸡西、七台河、大庆市	冬五	
	哈尔滨（依兰县）、佳木斯（桦南县除外）、双鸭山（宝清县除外）、绥化（安达市、肇东市、兰西县除外）、齐齐哈尔（讷河市、依安县、富裕县、克山县、克东县、拜泉县）、黑河、鹤岗、伊春市，大兴安岭地区	冬六	
上海	全境	准二	
江苏	徐州、连云港市	冬一	I
	南京、无锡、常州、淮安、盐城、宿迁、扬州、泰州、南通、镇江、苏州市	准二	
浙江	杭州、嘉兴、绍兴、宁波、湖州、衢州、舟山、金华、温州、台州、丽水市	准二	
安徽	亳州市	冬一	I
	阜阳、蚌埠、淮南、滁州、合肥、六安、马鞍山、巢湖、芜湖、铜陵、池州、宣城、黄山市	准一	
	淮北、宿州市	准二	
福建	宁德（寿宁县、周宁县、屏南县）、三明市	准一	
江西	南昌、萍乡、景德镇、九江、新余、上饶、抚州、宜春市	准一	
山东	全境	冬一	I
河南	安阳、商丘、周口（西华县、淮阳县、鹿邑县、扶沟县、太康县）、新乡、三门峡、洛阳、郑州、开封、鹤壁、焦作、济源、濮阳、许昌市	冬一	I
	驻马店、信阳、南阳、周口（西华县、淮阳县、鹿邑县、扶沟县、太康县除外）、平顶山、漯河市	准二	
湖北	武汉、黄石、荆州、荆门、鄂州、宜昌、咸宁、黄冈、天门、潜江、仙桃市，恩施自治州	准一	
	孝感、十堰、襄樊、随州市，神农架林区	准二	

续表

省、自治区、直辖市	地区、市、自治州、盟（县）	气温区	
湖南	全境	准一	
四川	阿坝（黑水县）、甘孜自治州（新龙县、道浮县、泸定县）	冬一	Ⅰ
	甘孜自治州（甘孜县、康定县、白玉县、炉霍县）	冬二	Ⅰ
	阿坝（壤塘县、红原县、松潘县）、甘孜自治州（德格县）		Ⅱ
	阿坝（阿坝县、若尔盖县、九寨沟县）、甘孜自治州（石渠县、色达县）	冬三	
	广元市（青川县），阿坝（汶川县、小金县、茂县、理县）、甘孜（巴塘县、雅江县、得荣县、九龙县、理塘县、乡城县、稻城县）、凉山自治州（盐源县、木里县）	准一	
	阿坝（马尔康县、金川县）、甘孜自治州（丹巴县）	准二	
贵阳	贵阳、遵义（赤水市除外）、安顺市，黔东南、黔南、黔西南自治州	准一	
	六盘水市，毕节地区	准二	
云南	迪庆自治州（德钦县、香格里拉县）	冬一	Ⅱ
	曲靖（宣威市、会泽县）、丽江（玉龙县、宁蒗县）、昭通市（昭阳区、大关县、威信县、彝良县雄县、鲁甸县），迪庆（维西县）、怒江（兰坪县）、大理自治州（剑川县）	准一	
西藏	拉萨市（当雄县除外），日喀则（拉孜县）、山南（浪卡子县、错那县、隆子县除外）康县、左贡县、类乌齐县、丁青县、洛隆县除外、林芝地区	冬一	Ⅰ
	山南（隆子县）、日喀则地区（定日县、聂拉木县、亚东县、拉孜县除外）		Ⅱ
	昌都地区（洛隆县）	冬二	Ⅰ
	昌都（芒康县、左贡县、类乌齐县、丁青县）、山南（浪卡子县）、日喀则（定日县、聂拉木县）、阿里地区（普兰县）		Ⅱ
	拉萨市（当雄县），那曲（安多县除外）、山南（错那县）、日喀则（亚东县）、阿里地区（普兰县除外）	冬三	
	那曲地区（安多县）	冬四	
陕西	西安、宝鸡、渭南、咸阳（彬县、旬邑县、长武县除外）、汉中（留坝县、佛坪县）、铜川市（耀州区）	冬一	
	铜川（印台区、王益区）、咸阳市（彬县、旬邑县、长武县）		
	延安（吴起县除外）、榆林（清涧县）、铜川市（宜君县）	冬二	Ⅱ
	延安（吴起县）、榆林市（清涧县除外）	冬三	
	商洛、安康、汉中市（留坝县、佛坪县除外）	准二	
甘肃	陇南市（两当县、徽县）	冬一	Ⅱ
	兰州、天水、白银（会宁县、靖远县）、定西、平凉、庆阳、陇南市（西和县、礼县、宕昌县），临夏、甘南自治州（舟曲县）	冬二	Ⅱ
	嘉峪关、金昌、白银（白银区、平川区、景泰县）、酒泉、张掖、武威市，甘南自治州（舟曲县除外）	冬三	
	陇南市（武都区、文县）	准一	
	陇南市（成县、康县）	准二	

续表

省、自治区、直辖市	地区、市、自治州、盟（县）	气温区	
青海	海东地区（民和县）	冬二	Ⅱ
	西宁市，海东地区（民和县除外），黄南（泽库县除外）、海南、果洛（班玛县、达日县、久治县）、玉树（囊谦县、杂多县、称多县、玉树县）、海西自治州（德令哈市、格尔木市、都兰县、乌兰县）	冬三	
	海北（野牛沟、托勒除外）、黄南（泽库县）、果洛（玛沁县、甘德县、玛多县）、玉树（曲麻莱县、治多县）、海西自治州（冷湖、茫崖、大柴旦、天峻县）	冬四	
	海北（野牛沟、托勒）、玉树（清水河）、海西自治州（唐古拉山区）	冬五	
宁夏	全境	冬二	Ⅱ
新疆	阿拉尔市，喀什（喀什市、伽师县、巴楚县、英吉沙县、麦盖提县、莎车县、叶城县、泽普县）、哈密（哈密市泌城镇）、阿克苏（沙雅县、阿瓦提县）、和田地区，伊犁（伊宁市、新源县、霍城县霍尔果斯镇）、巴音郭楞（库尔勒市、若羌县、且末县、尉犁县铁干里可）、克孜勒苏自治州（阿图什市、阿克陶县）	冬二	Ⅰ
	喀什地区（岳普湖县）		Ⅱ
	乌鲁木齐市（牧业气象试验站、达板城区、乌鲁木齐县小渠子乡），塔城（乌苏市、沙湾县、额敏县除外）、阿克苏（沙雅县、阿瓦提县除外）、哈密（哈密市十三间房、哈密市红柳河、伊吾县淖毛湖）、喀什（塔什库尔干县）、吐鲁番地区，克孜勒苏（乌恰县、阿合奇县）、巴音郭楞（和静县、焉耆县、和硕县、轮台县、尉犁县、且末县塔中）、伊犁自治州（伊宁市、霍城县、察布查尔县、尼勒克县、巩留县、昭苏县、特克斯县）	冬三	
	乌鲁木齐市（牧业气象试验站、达板城区、乌鲁木齐县小渠子乡），塔城（乌苏市、沙湾县、额敏县除外）、阿克苏（沙雅县、阿瓦提县除外）、哈密（哈密市十三间房、哈密市红柳河、伊吾县淖毛湖）、喀什（塔什库尔干县）、吐鲁番地区，克孜勒苏（乌恰县、阿合奇县）、巴音郭楞（和静县、焉耆县、和硕县、轮台县、尉犁县、且末县塔中）、伊犁自治州（伊宁市、霍城县、察布查尔县、尼勒克县、巩留县、昭苏县、特克斯县）	冬四	
	克拉玛依、石河子市，塔城（沙湾县）、阿勒泰地区（布尔津县、福海县、富蕴县、青河县），博尔塔拉（博乐市）、昌吉（阜康市、玛纳斯县、呼图壁县、吉木萨尔县、奇台县、米泉市蔡家湖）、巴音郭楞自治州（和静县巴音布鲁克乡）	冬五	

注：表中行政区划以2006年地图出版社出版的《中华人民共和国行政区划简册》为准。为避免繁冗，各民族自治州名称予以简化，如青海省的“海西蒙古族藏族自治州”简化为“海西自治州”。

附录八　全国雨季施工雨量区及雨季期划分表

省、自治区、直辖市	地区、市、自治州、盟（县）	雨量区	雨季期（月数）
北京	全境	Ⅱ	2
天津	全境	Ⅰ	2
河北	张家口、承德地区（围场县）	Ⅰ	1.5
	承德（围场县除外）、保定、沧州、石家庄、廊坊、邢台、衡水、邯郸、唐山、秦皇岛市	Ⅱ	2
山西	全境	Ⅰ	1.5
内蒙古	呼和浩特、通辽、呼伦贝尔（海拉尔区、满洲里市、陈巴尔虎旗、鄂温克旗）、鄂尔多斯（东胜区、准格尔旗、伊金堆洛旗、达拉特旗、乌审旗）、赤峰、包头、乌兰察布市（集宁区、化德县、商都县、兴和县、四子王旗、察哈尔右翼中旗、察哈尔右翼后旗、卓资县及以南）、锡林郭勒盟（锡林浩特市、多伦县、太仆寺旗、西乌珠穆沁旗、正蓝旗、正镶白旗）	Ⅰ	1
	呼伦贝尔市（牙克石市、额尔古纳市、鄂伦春旗、扎兰屯市及以东）、兴安盟		2
辽宁	大连（长海县、瓦房店市、普兰店市、庄河市除外）、朝阳市（建平县）	1	2
	沈阳（康平县）、大连（长海县）、锦州（北宁市除外）、营口（盖州市）、朝阳市（凌原市、建平县除外）		2.5
	沈阳（康平县、辽中县除外）、大连（瓦房店市）、鞍山（海城市、台安县、岫岩县除外）、锦州（北宁市）、阜新、朝阳（凌原市）、盘锦、葫芦岛（建昌县）、铁岭市		3
	抚顺（新宾县）、辽阳市		3.5
	沈阳（辽中县）、鞍山（海城市、台安县）、营口（盖州市除外）、葫芦岛市（兴城市）	Ⅱ	2.5
	大连（普兰店市）、葫芦岛市（兴城市、建昌县除外）		3
	大连（庄河市）、鞍山（岫岩县）、抚顺（新宾县除外）、丹东（凤城市、宽甸县除外）、本溪市		3.5
	丹东市（凤城市、宽甸县）		4
吉林	辽源、四平（双辽市）、白城、松原市	Ⅰ	2
	吉林、长春、四平（双辽除外）、白山市、延边自治州	Ⅱ	2
	通化市		3

续表

省、自治区、直辖市	地区、市、自治州、盟（县）	雨量区	雨季期（月数）
黑龙江	哈尔滨（市区、呼兰区、五常市、阿城市、双城市）、佳木斯（抚远县）、双鸭山（市区、集贤县除外）、齐齐哈尔（拜泉县、克东县除外）、黑河（五大连池市、嫩江县）、绥化（北林区、海伦市、望奎县、绥棱县、庆安县除外）、牡丹江、大庆、鸡西、七台河市，大兴安岭地区（呼玛县除外）	Ⅰ	2
	哈尔滨（市区、呼兰区、五常市、阿城市、双城市除外）、佳木斯（抚远县除外）、双鸭山（市区、集贤县）、齐齐哈尔（拜泉县、克东县）、黑河（五大连池市、嫩江县除外）、绥化（北林区、海伦市、望奎县、绥棱县、庆安县）、鹤岗、伊春市、大兴安岭地区（呼玛县）	Ⅱ	2
上海	全镜	Ⅱ	4
江苏	徐州、连云港市	Ⅱ	2
	盐城市		3
	南京、镇江、淮安、南通，宿迁、扬州、常州、泰州市		4
	无锡、苏州市		4.5
浙江	舟山市	Ⅱ	4
	嘉兴、湖州市		4.5
	宁波、绍兴市		6
	杭州、金华、温州、衢州、台州、丽水市		7
安徽	亳州、淮北、宿州、蚌埠、淮南、六安、合肥市	Ⅱ	1
	阜阳市		2
	滁州、巢湖、马鞍山、芜湖、铜陵、宣城市		3
	池州市		4
	安庆、黄山市		5
福建	泉州市（惠安县崇武）	Ⅰ	4
	福州（平潭县）、泉州（晋江市）、厦门（同安区除外）、漳州市（东山县）	Ⅱ	5
	三明（永安市）、福州（市区、长乐市）、莆田市（仙游县除外）		6
	南平（顺昌县除外）、宁德（福鼎市、霞浦县）、三明（永安市、龙溪县、大田县除外）、福州（市区、长乐市、平潭县除外）、龙岩（长汀县、连城县）、泉州（晋江市、惠安县崇武、德化县除外）、莆田（仙游县）、厦门（同安区）、漳州市（东山县除外）		7
	南平（顺昌县）、宁德（福鼎市、霞浦县除外）、三明（龙溪县、大田县）、龙岩（长汀县、连城县除外）、泉州市（德化县）		8
江西	南昌、九江、吉安市	Ⅱ	6
	萍乡、景德镇、新余、鹰潭、上饶、抚州、宜春、赣州市		7

续表

省、自治区、直辖市	地区、市、自治州、盟（县）	雨量区	雨季期（月数）
山东	济南、潍坊、聊城市	Ⅰ	3
	淄博、东营、烟台、济宁、威海、德州、滨洲市		4
	枣庄、泰安、莱芜、临沂、菏泽市		5
	青岛市	Ⅱ	3
	日照市		4
河南	郑州、许昌、洛阳、济源、新乡、焦作、三门峡、开封、濮阳、鹤壁市	Ⅰ	2
	周口、驻马店、漯河、平顶山、安阳、商丘市		3
	南阳市		4
	信阳市	Ⅱ	2
湖北	十堰、襄樊、随州市、神农架林区	Ⅰ	3
	宜昌（秭归县、远安县、兴山县）、荆门市（钟祥市、京山县）	Ⅱ	2
	武汉、黄石、荆州、孝感、黄冈、咸宁、荆门（钟祥市、京山县除外）、天门、潜江、仙桃、鄂州、宜昌市（秭归县、远安县、兴山县除外）、恩施自治州		6
湖南	全境	Ⅱ	6
广东	茂名、中山、汕头、潮州市	Ⅰ	5
	广州、江门、肇庆、顺德、湛江、东莞市		6
	珠海市	Ⅱ	5
	深圳、阳江、汕尾、佛山、河源、梅州、揭阳、惠州、云浮、韶关市		6
	清远市		7
广西	百色、河池、南宁、崇左市	Ⅱ	5
	桂林、玉林、梧州、北海、贵港、钦州、防城港、贺州、柳州、来宾市		6
海南	全境	Ⅱ	6
重庆	全境	Ⅱ	4
四川	甘孜自治州（巴塘县）		1
	阿坝（若尔盖县）、甘孜自治州（石渠县）		2
	乐山（峨边县）、雅安市（汉源县），甘孜自治州（甘孜县、色达县）		3
	雅安（石棉县）、绵阳（平武县）、泸州（古蔺县）、遂宁市、阿坝（若尔盖县、汶川县除外）、甘孜自治州（巴塘县、石渠县、甘孜县、色达县、九龙县、得荣县除外）		4
	南充（高坪区）、资阳市（安岳县）		5
	宜宾市（高县）、凉山自治州（雷波县）	Ⅱ	3
	成都、乐山（峨边县、马边县除外）、德阳、南充（南部县）、绵阳（平武县除外）、资阳（安岳县除外）、广元、自贡、攀枝花、眉山市、凉山（雷波县除外）、甘孜自治州（九龙县）		4
	乐山（马边县）、南充（高坪区、南部县除外）、雅安（汉源县、石棉县除外）、广安（邻水县除外）、巴中、宜宾（高县除外），泸州（古蔺县除外）、内江市		5
	广安（邻水县）、达州市		6

续表

省、自治区、直辖市	地区、市、自治州、盟（县）	雨量区	雨季期（月数）
贵州	贵阳、遵义市、毕节地区	Ⅱ	4
	安顺市、铜仁地区、黔东南自治州		5
	黔西南自治州		6
	黔南自治州		7
云南	昆明（市区、嵩明县除外）、玉溪、曲靖（富源县、师宗县、罗平县除外）、丽江（宁蒗县、永胜县）、思茅（墨江县）、昭通市、怒江（兰坪县、泸水县六库镇）、大理（大理市、漾鼻县除外）、红河（个旧市、开远市、蒙自县、红河县、石屏县、建水县、弥勒县、泸西县）、迪庆、楚雄自治州	Ⅰ	5
	保山（腾冲县、龙陵县除外）、临沧市（凤庆县、云县、永德县、镇康县）、怒江（福贡县、泸水县）、红河自治州（元阳县）		6
	昆明（市区、嵩明县）、曲靖（富源县、师宗县、罗平县）、丽江（古城区、华坪县）、思茅市（翠云区、景东县、镇沅县、普洱县、景谷县），大理（大理市、漾鼻县）、文山自治州	Ⅱ	5
	保山（腾冲县、龙陵县）、临沧（临祥区、双江县、耿马县、沧源县）、思茅市（西盟县、澜沧县、孟连县、江城县）怒江（贡山县）、德宏、红河（绿春县、金平县、屏边县、河口县）、西双版纳自治州		6
西藏	那曲（索县除外）、山南（加查县除外）、日喀则（定日县）、阿里地区	Ⅰ	1
	拉萨市、那曲（索县）、昌都（类乌齐县、丁青县、芒康县除外）日喀则（拉孜县）、林芝地区（察隅县）		2
	昌都（类乌齐县）、林芝地区（米林县）		3
	昌都（丁青县）、林芝地区（米林县、波密县、察隅县除外）		4
	林芝地区（波密县）		5
	山南（加查县）、日喀则地区（定日县、拉孜县除外）	Ⅱ	1
	昌都地区（芒康县）		2
陕西	榆林、延安市	Ⅰ	1.5
	铜川、西安、宝鸡、咸阳、渭南市、杨凌区		2
	商洛、安康、汉中市		3
甘肃	天水（甘谷县、武山县）、陇南县（武都区、文县、礼县），临夏（康乐县、广河县、永靖县）、甘南自治州（夏河县）	Ⅰ	1
	天水（北道区、秦城区）、定西（渭源县）、庆阳（西蜂区）、陇南市（西和县）、临夏（临夏市）、甘南自治州（临潭县、卓尼县）		1.5
	天水（秦安县）、定西（临洮县、岷县）、平凉（崆峒区）、庆阳（华池县、宁县、环县）、陇南市（宕昌县）、临夏（临夏县、东乡县、积石山县）、甘南自治州（合作市）	Ⅰ	2
	天水（张家川县）、平凉（静宁县、庄浪县）、庆阳（镇原县）、陇南市（两当县）、临夏（和政县）、甘南自治州（玛曲县）		2.5
	天水（清水县）、平凉（泾川县、灵台县、华亭县、崇信县）、庆阳（西峰区、合水县、正宁县）、陇南市（徽县、成县、康县）、甘南自治州（碌曲县、迭部县）		3

续表

省、自治区、直辖市	地区、市、自治州、盟（县）	雨量区	雨季期（月数）
青海	西宁市（湟源县）、海东地区（平安县、乐都县、民和县、化隆县）、海北（海晏县、祁东县、刚察县、拖勒）、海南（同德县、贵南县）、黄南（泽库县、同仁县）、海西自治州（天峻县）		1
	西宁市（湟源县除外），海东地区（互助县），海北（门源县）、果洛（达日县、久治县、班玛县）、玉树自治州（称多县、杂多县、囊谦县、玉树县）、河南自治县		1.5
宁夏	固原地区（隆德县、泾源县）	Ⅰ	2
新疆	乌鲁木齐市（小渠子乡、牧业气象试验站、大西沟乡）、昌吉地区（阜康市天池）、克孜勒苏（吐尔尕特、托云、巴音库鲁提）、伊犁自治州（昭苏县、霍城县二台、松树头）	Ⅰ	1
台湾	（资料暂缺）		

注：1. 表中未列的地区除西藏林芝地区墨脱县因无资料未划分外，其余地区均因降雨天数或平均日降雨量未达到计算雨季施工增加费的标准，故未划分雨量区及雨季期。

2. 行政区划依据资料及自治州、市的名称列法同冬季施工气温区划分说明。

附录九　全国风沙地区公路施工区划表

区划	沙漠（地）名称	地理位置	自然特征
风沙一区	呼伦贝尔沙地、嫩江沙地	呼伦贝尔沙地位于内蒙古呼伦贝尔平原，嫩江沙地位于东北平原西北部嫩江下游	属半干旱、半湿润严寒区，年降水量280～400mm，年蒸发量1400～1900mm，干燥度1.2～1.5
	科尔沁沙地	散布于东北平原西辽河中，下游主干及支流沿岸的冲积平原上	属半湿润温冷区，年降水量300～450mm，年蒸发量1700～2400mm，干燥度1.2～2.0
	浑善达克沙地	位于内蒙古锡林郭勒盟南部和昭乌达盟西北部	属半湿润温冷区，年降水量100～400mm，年蒸发量2200～2700mm，干燥度1.2～2.0，年平均风速3.5～5m/s，年大风日数50～80d
	毛乌素沙地	位于内蒙古鄂尔多斯中南部和陕西北部	属半干旱温热区，年降水量东部400～440mm，西部仅250～320mm，年蒸发量2100～2600mm，干燥度1.6～2.0
	库布齐沙漠	位于内蒙古鄂尔多斯北部、黄河河套平原以南	属半干旱温热区，年降水量150～400mm，年蒸发量2100～2700mm，干燥度2.0～4.0，平均风速3～4m/s
风沙二区	乌兰布和沙漠	位于内蒙古阿拉善东北部、黄河河套平原西南部	属干旱温热区，年降水量100～145mm，年蒸发量2400～2900mm，干燥度8.0～16.0，地下水相当丰富，埋深一般为1.5～3m
	腾格里沙漠	位于内蒙古阿拉善东南部及甘肃武威部分地区	属干旱温热区，沙丘、湖盆、山地、残丘及平原交错分布，年降水量116～148mm，年蒸发量3000～3600mm，干燥度4.0～12.0
	巴丹吉林沙漠	位于内蒙古阿拉善西南边缘及甘肃酒泉部分地区	属干旱温热区，沙山高大密集，形态复杂，起伏悬殊，一般高在200～300m，最高可达420m，年降水量40～80mm，年蒸发量1720～3320mm，干燥度7.0～16.0
	柴达木沙漠	位于青海柴达木盆地	属极干旱寒冷区，风蚀地、沙丘、戈壁、盐湖和盐土平原相互交错分布，盆地东部年均气温2～4℃，西部为1.5～2.5℃，年降水量东部为50～170mm，西部为10～25mm，年蒸发量2500～3000mm，干燥度16.0～32.0
	古尔班通古特沙漠	位于新疆北部准噶尔盆地	属干旱温冷区，其中固定、半固定沙丘面积占沙漠面积的97%，年降水量70～150mm，年蒸发量1700～2200mm，干燥度2.0～10.0

续表

区划	沙漠（地）名称	地理位置	自然特征
风沙三区	塔克拉玛干沙漠	位于新疆南部塔里木盆里	属极干旱炎热区，年降水量东部为20mm左右，南部为30mm左右，西部40mm左右，北部50mm以上，年蒸发量1500～3700mm，中部达高限，干燥度>32.0
	库姆达格沙漠	位于新疆东部、甘肃西部、罗布泊低地南部和阿而金山北部	属极干旱炎热区，全部为流动沙丘，风蚀严重，年降水量10～20mm，年蒸发量2800～3000mm，干燥度>32.0，8级以上大风天数在100d以上

附录十　河北省公路工程基本建设项目概算预算编制补充规定

为更好地贯彻落实交通部2007年第33号公告颁布的《公路工程基本建设项目概预算编制办法》（以下简称《部办法》），结合我省的具体情况，补充以下规定。

一、总则

（一）本规定适用于省内新建和改建公路工程基本建设项目的概算和预算的编制。

公路养护大、中修工程可参照本规定执行。

（二）概、预算的编制必须由具有相应资格的单位和人员负责，并对其编制质量负责。概预算造价文件的扉页次页上，必须有编制、复核人员签名，并加盖资格印章。

（三）概、预算的编制一律采用《部办法》规定格式、表格、计算程序和公式。

（四）高速公路除人工费按本规定执行外，其他一律执行《部办法》；一级及以下等级公路取费按本规定执行，本规定未明确的执行《部办法》。

二、直接工程费

1. 人工费的工日标准全省统一执行46.85元/工日。

2. 材料费由省公路工程定额站定期调查公布公路材料价格信息，供有关单位编制概预算参考，运杂费计算应根据实际调查取定。

三、其他工程费

1. 不计高原施工增加费和风沙地区施工增加费。

2. 沿海地区工程施工增加费一般情况下不计，确有跨海构造物时按《部办法》计列此项费用。

3. 新建工程不计行车干扰工程施工增加费，改建工程按《部办法》规定执行，若已计交通便道费用，不得再计列此项费用。

4. 临时设施费，工程投资估算在1亿元以内按《部办法》执行，1亿元以上的取费费率乘0.7的系数。

四、间接费

1. 主副食运费补贴

为计算方便，平原微丘区综合里程统一按5km计，山岭重丘区统一按10公里计。

2. 职工取暖补贴

按《部办法》规定的取费标准，乘0.6系数。

3. 规费

养老保险按20%，失业保险按2%，医疗保险按6.5%，住房公积金按10%，工伤保险按1%，生育保险按0.5%，以各类工程的人工费之和为基数计算费用。

五、利润

按直接费与间接费之和扣除规费的4%计算。

六、研究试验费

应由业主和设计单位提出研究课题，并根据研究内容逐项编制需要开支的费用。

参 考 文 献

[1] 张起森．公路施工组织与概预算［M］．北京：人民交通出版社，1998.
[2] 杨子敏．公路工程造价指南［M］．北京：人民交通出版社，1999．
[3] 刘义生．公路工程概预算编制与应用［M］．天津：河海大学出版社，1997.
[4] 交通部．公路工程基本建设工程概算、预算编制办法［M］．北京：人民交通出版社，2007.
[5] 交通部．公路工程机械额台班费用定额［M］．北京：人民交通出版社，2007.
[6] 交通部．公路工程概算定额［M］．北京：人民交通出版社，2007.
[7] 交通部．公路工程预算定额［M］．北京：人民交通出版社，2007.
[8] 交通部．公路工程估算指标［M］．北京：书目文献出版社，1996.
[9] 交通部．公路基本建设工程投资估算编制办法［M］．北京：书目文献出版社，1996.
[10] 交通部工程管理司．公路工程国内招标文件范本［M］．北京：人民交通出版社，2003.
[11] 张晓妮．公路工程造价编制与案例［M］．重庆：重庆大学出版社，2007.
[12] 陆春其．公路工程造价［M］．北京：人民交通出版社，2007.
[13] 丁永灿．公路工程造价［M］．北京：人民交通出版社，2007.
[14] 沈其明．公路工程概预算手册［M］．北京：人民交通出版社，2004.
[15] 崔新媛．公路工程定额与概、预算［M］．重庆：重庆大学出版社，1996.
[16] 全国造价工程师考试培训教材编写委员会．全国造价工程师执业资格考试培训教材［M］．北京：中国计划出版社，2000.